高等职业教育汽车类专业新型活页工作手册式系列教材

系列教材主编：戚文革　邹玉清

汽车销售服务实务

刘　凯　刘明新◎编著

中国铁道出版社有限公司
CHINA RAILWAY PUBLISHING HOUSE CO., LTD.

内 容 简 介

本书为贯彻国务院印发“职教20条”文件精神，落实“新型活页式、工作手册式”职业教育教材的类型要求而编写，是依据学生中心、能力本位、成果导向等理论，充分考虑“1+X”证书要求，融专业教育、课程思政、创新教育于一体，充分体现职业教育是“学习如何工作的教育”的本质要求，面向学生，校企双元合作开发的新型活页式、工作手册式能力本位教材。

全书共十个项目，按照汽车销售的工作流程进行编写，内容包括集客到店、售前准备、展厅接待、需求分析、产品介绍、试乘试驾、异议处理、报价成交、新车交付、售后跟踪。

书中配备视频、动画等电子资源，读者可扫描二维码学习，并配套开发了教学工作页和助教课件等教学资源。

本书可作为高职高专院校和其他职业学校汽车类专业学生的教材，也可作为有关人员的岗位培训教材。

图书在版编目（CIP）数据

汽车销售服务实务 / 刘凯，刘明新编著 . —北京：中国铁道出版社有限公司，2022.2（2025.9 重印）
高等职业教育汽车类专业新型活页工作手册式系列教材
ISBN 978-7-113-28613-2

Ⅰ.①汽… Ⅱ.①刘… ②刘… Ⅲ.①汽车－销售服务－高等职业教育－教材 Ⅳ.①F766

中国版本图书馆 CIP 数据核字（2021）第 249404 号

书　　名：**汽车销售服务实务**
作　　者：刘　凯　刘明新

策　　划：尹　鹏　　　　编辑部电话：（010）63560043
责任编辑：钱　鹏　李学敏
封面设计：刘　颖
责任校对：焦桂荣
责任印制：赵星辰

出版发行：中国铁道出版社有限公司（100054，北京市西城区右安门西街 8 号）
网　　址：https://www.tdpress.com/51eds
印　　刷：北京联兴盛业印刷股份有限公司
版　　次：2022 年 2 月第 1 版　2025 年 9 月第 2 次印刷
开　　本：880 mm×1 230 mm 1/16　印张：13.25　字数：358 千
书　　号：ISBN 978-7-113-28613-2
定　　价：59.80 元

高等职业教育汽车类专业新型活页工作手册式系列教材

编审委员会

作者简介

刘凯，就职于吉林电子信息职业技术学院，汽车技术服务与营销专业主任，汽车技术服务与营销教研室主任，副教授，工程师，技师，主要讲授汽车销售与服务接待等课程，合计800多学时，并指导学生参加实习被吉林市多家4S店评为“最佳指导教师”，并多次参与服务地方汽车产业的大型车展活动。2019获得第五届“立信杯”全国职业院校汽车专业教师能力大赛汽车营销二等奖，指导学生获得吉林省高职院校技能大赛二等奖2次，三等奖2次。作为专家，先后参加执裁2018年度机械行业职业教育技能大赛高职新车销售及促销策划能力竞赛、2019年度机械行业职业教育技能大赛高职汽车营销与二手车鉴定评估竞赛。作为裁判先后执裁2019年、2020年、2021年吉林省中等职业院校技能大赛汽车营销赛项。作为主编编写教材4部，作为副主编编写教材9部，发表省级以上论文多篇，其中核心论文3篇，获得吉林市优秀学术论文二等奖1项、吉林市自然科学学术成果奖二等奖1项。作为主持人完成了多项省级课题，包括2020年吉林市社科联“吉林市关于拉动汽车销售市场促销费稳增长”课题为上级部门作了咨政建议。

刘明新，现就职于吉林兴孚汽车销售服务有限公司，在一汽大众厂家体系考核中获得资深销售内训师认证，连续三年获得广汇汽车北区销售精英奖，是广汇汽车北区合作高校资深讲师。2018年广汇汽车北区销售精英大赛获得黄金王牌、同年通过了一汽大众厂家认证内训师。2019在广汇汽车北区“我是王牌”大赛中获得白银王牌、同年通过了一汽大众厂家资深内训师认证。2020年通过一汽大众全国外聘讲师考试。现担任公司销售主管兼内训师，带领销售团队服务于售前工作，对销售顾问技巧、产品/竞品知识培训的制订计划，培养专业的销售人员，并对培训结果进行分析，提出整改意见和实施方案。

序

自从2019年国务院发布的《国家职业教育改革实施方案》提出“倡导使用新型活页式、工作手册式教材”之后，教材建设就成为职业教育改革的热词，2020年国家教材建设奖的设立极大地提升了教材的地位，更是将教材建设推到了职业教育改革的浪尖潮头。

教材里有什么？

这是必须明确的一件事。

是不是知识本位教材里有知识而能力本位教材里有能力呢？答案是明确的，无论知识本位教材还是能力本位教材，教材里都只有知识。

区别何在？

知识本位教材是将学科知识从命题概念出发，在空间上按照演绎逻辑进行组织、呈现的。

能力本位教材是将工作知识从具体事物出发，在时间上按照归纳逻辑进行组织、呈现的。

知识本位教材的功能是培养学生演绎推理能力，目的是发现更多知识，探索未知领域。

能力本位教材的功能是培养学生归纳推理能力，目的是处理具体事务，解决现实问题。

这是一个大概的区分，但这是一个直指本源的区分，这一内在逻辑的区别决定了职业教育与普通教育教材类型的基因差异。

职业教育教材应该“长什么样，内容如何呈现，具备什么功能”，是由职业教育类型属性决定的，职业教育就是“学习如何工作的教育”，那么教材就应该呈现“工作原貌”，只有将“工作原貌”呈现出来，才能够实现学习“如何工作”的目的。抓住了这一根本性的问题，就能将职业教育教材与普通教育教材彻底区别开来。

怎样呈现“工作原貌”呢？

任何一项工作都是由六个要素构成的，即工作对象、工作内容、工作手段、工作组织、工作产品和工作环境。

工作六要素所对应的知识，即工作对象知识、工作内容知识、工作手段知识、工作组织知识、工作产品知识和工作环境知识。

对于一项工作，如果将工作六要素知识寻找并罗列出来，合辑成册，是不是可以看做是职业教育的教材呢？

按照教材里只有“知识”和职业教育就是“学习如何工作的教育”这两条标准判断，显然这一合辑成册的书无疑就是职业教育的教材。

继续深入分析，工作六要素知识两种有价值的排列方式，一种是并列排列，将六要素知识平铺在纸上就可以了，这是工作六要素知识的静态呈现——这种排列方式并不鲜见，如常见的机械设计手册等。

如果将工作六要素里的工作内容知识按照其在工作中出现的时间顺序排列就会发现，这构成了一项具体工作的职业行动体系，其他五个工作要素知识构成了支撑这个职业行动得以进行下去的职业知识，按照这一逻辑，我们发现工作六要素知识可以如图 1 排列，这样排列的好处就是将工作要素知识的内在联系通过职业行动建立起来了，使工作六要素动态呈现出来，不仅能够更好地表达了“工作原貌”，更是表达了“工作逻辑”，使学习者更易理解“工作本身”以及实现学习“如何工作”这一目的。

职业行动＝工作内容知识序化	职业知识＝其余工作五要素知识
1	工作对象知识 工作手段知识 工作组织知识 工作产品知识 工作环境知识
2	
⋮	
n	

图 1　工作六要素知识时序逻辑

仅此还是不够的，职业教育教材不仅要呈现工作要素知识，表达“工作逻辑”，还要服务于学生学习这一根本要求，因此，职业教育教材必须按照认知规律和职业成长规律选取和呈现工作要素知识。

认知规律通常表述为从“从低级到高级，从简单到复杂”，什么是“低级和高级”“简单和复杂”呢？布鲁姆的教育目标分类是我们可以依据的一个科学原理。

本耐、德莱福斯、劳耐尔对职业能力成长规律的研究成果得到了普遍的认同，从初学者 / 新手—生手—熟手—能手—专家 / 高手的职业能力成长的过程中，使我们得以窥见职业教育与普通教育互为起点与终点的正好相反的学习过程。

综上所述，工作要素知识以静态或者动态方式按照认知规律、职业成长规律排列，构成职业教育教材的知识种类与排列的基本的序化逻辑。

本系列教材是以工作要素知识的动态形式，按照认知规律和职业成长规律选取工作内容来组织、呈现工作原貌的。

教材以活页装订、留白处理、多元目录索引、职业行动与职业知识左右对应排版、知识表格化处理，全书用色块区分不同内容等手段，表达重点清晰醒目，并配以二维码视频动画资源，极大地方便了检索查阅，充分体现自主学习功能和手册性质。

同时，以标语彰显、主题镶嵌和星火相融三种方式将创新教育以及课程思政融于专业教育始终，使教材具备了“专业、创新、思政”三育融合的内容与功能。

采用镶嵌、替换方式将“1+X”融入相关内容之中，满足职业技能等级鉴考评定需求。每一个学习项目设置一个迁移性学习考核项目，满足了学分银行学习成果认证需要。

吉林电子信息职业技术学院在汽车专业群、机械专业群、冶金专业群系统开展的提高育人有效性的教学改革中，从 2016 年开始尝试“活页式、工作手册式”教材编写与教学实践，取得了良好效果。

是为序。

戚文革

2021 年 8 月 20 日

前　言

职业教育教材建设进入了新时代。2019年国务院颁布的《国家职业教育改革实施方案》（简称《职教20条》）开篇就明确了职教与普教的类型区别，更是第一次以国家文件的高度对教材形式提出了具体要求。《职教20条》第（九）条："建设一大批校企'双元'合作开发的国家规划教材，倡导使用新型活页式、工作手册式教材并配套开发信息化资源。"这背后的逻辑是什么？职业教育教材建设必须思考：新型活页式、工作手册式教材的内涵是什么？职业教育教材如何体现"新型""活页式""工作手册式"三个关键要素？"新型活页式、工作手册式"教材须具备什么样功能？

本书着重把握新型活页式、工作手册式教材的深刻内涵和承载的功能，遵循能力本位、学生中心、成果导向等职业教育基本规律，将专业教育、创新教育、课程思政以及"1+X"融为一体，教材功能指向职业能力培养，充分体现职业教育类型特征。

职业教育是"学习如何工作的教育"。因此，本书将完整展现职业活动的工作原貌作为第一原则，将工作内容序化为职业活动，构成职业行动体系，辅以支撑职业行动的职业知识。为了清晰表达工作原貌，在具体版面设计上，横版编辑，一页纸分为左右对称两部分，左侧为职业行动，右侧为支撑职业行动得以开展的职业知识。

具体表现：页面左侧为序化的职业行动——作业准备—拆卸—检修—安装，形成职业行动体系，作为教材结构逻辑；页面右侧为支撑职业行动的技术标准、规范、要求、原则、方法、原理等技术理论知识、技术实践知识以及经验性知识，其中以技术实践知识为主，并进行表格化处理以方便查阅，体现手册式特征。

全书共十个项目，包括集客到店、售前准备、展厅接待、需求分析、产品介绍、试乘试驾、异议处理、报价成交、新车交付、售后跟踪。

书中配备视频、动画等电子资源读者可扫二维码学习，并配套开发了教学工作页和助教课件等教学资源。

每个项目包含四部分内容：第一部分是项目概述，包括项目描述、项目要求、学习目标和学习载体；第二部分是项目实施，包括职业行动、职业知识和任务测评；第三部分是学习考评，包括考评项目、实施准备、验证方法与标准和考评报告；第四部分是课程思政，包括页脚标语、拓展阅读。

本书编写紧紧围绕新型活页式、工作手册式教材本质特征，具备如下特点：

1. 体现能力本位功能，突出职业能力培养

将项目或任务的工作内容序化为完整的工作过程，建立工

作六要素（对象、内容、手段、组织、产品、环境）之间的内在联系，展示工作原貌，在完成职业活动过程中不断积淀职业能力。

2. 体现学生中心思想，以方便学生学习为第一原则

活页装订方便学生增添新知识、新技能以及学习心得，页面留白处理方便学生学习记录，多元目录索引方便学生学习查阅，职业知识表格化处理简洁明了，充分体现手册功能特征。

3. 体现成果导向教育思想，满足学分银行认证要求

《职教 20 条》第（八）条指出要“加快推进职业教育国家‘学分银行’建设，从 2019 年开始，探索建立职业教育个人学习账号，实现学习成果可追溯、可查询、可转换”。学习成果认定是学分银行实施的基础，为此，本书每一个项目最后，都设计了一个学习成果认定考核方案，供师生参考选择。

4. 适应“1+X”证书制度，内容选取参考职业技能等级标准

在“1”的基础上，针对职业要求进行拓展和补充，将汽车职业技能等级标准有关内容及要求有机融入教材中，实现课证融通。

5. 体现“专业 + 思政 + 创新”时代要求，实现三育融合

本书每个项目的页脚采用蕴含思政元素和创新元素的标语式语句，寓教于警示励志语言——标语彰显式。本书选定汽车销售的新业态发展作为创新和思政主题，按此主题选取编辑十个拓展阅读，每个项目一个主题故事，寓教于故事之中——主题镶嵌式。每个任务拓展训练中紧密结合任务内容，通过思维导图将思政元素和创新元素融入其中，寓教于水乳交融之中——星火相融式，实现了在专业教育中突出“人的底色”与创新素质的培养目标。

6. 辅以信息化数字资源，教材内容立体呈现

本书配套开发设计了教学工作页、教学课件、任务工单、习题作业及视频动画等数字资源，方便师生学习查阅。

7. 图文并茂，职业知识表格化处理，突出“手册式”功能

本书编写时选用了大量图例，文字力求简练、通俗，内容简明扼要，职业知识表格化处理，表达直接易懂，便于快速查阅。

8. 校企双元合作开发，校企双主编，充分融入职业要素

本书由刘凯、刘明新编著，王旭荣、于鸿飞审稿。刘凯编写了项目 1 ～ 8，刘明新编写了项目 9 ～ 10。

参加审稿的各位老师对全书进行了认真细致的审阅，并提出了宝贵的意见和建议，在此表示衷心的感谢！

由于编著者水平有限，书中难免有疏漏之处，恳请读者批评指正。

编著者

2021 年 8 月

目　录

视频 / 动画目录

项目一　集客到店

一、项目描述

完成邀请客户到店。

二、项目要求

依据王先生的网站浏览留下的个人信息，对王先生进行电话邀约，并记录王先生到店的时间。

（1）对王先生进行自我介绍（销售顾问介绍）。

（2）对潜在客户王先生进行开发和转化。

（3）对王先生进行电话邀约。

三、学习目标

（1）描述潜客开发的渠道。

（2）描述店面邀约的流程。

（3）描述电话邀约的流程。

（4）正确完成潜客开发。

（5）正确完成店面邀约。

（6）正确完成电话邀约。

（7）自觉遵守岗位职责要求和相关规定（行为规范、安全规定、环保规定、“5S”作业要求），并养成团结协作的好习惯。

（8）树立诚信为本的销售理念。

（9）认识到汽车营销思想处在不断发展中。

四、学习载体

今天天气晴朗，销售顾问李想来到了工作单位——红旗汽车销售有限公司，开始了今天的工作，通过网络、微信、报纸等方式开发客户，集客到店。李想发现王先生在网站上浏览了一汽红旗的 20 万元左右的几款车型，并在网页上留下了个人信息。

销售顾问邀约工作

视频

集客到店（1）

学习笔记

任务一　开发潜在客户

职业行动

流程一：工作准备

1. 工作地点

汽车销售顾问办公区。

2. 工作设施

办公桌、座椅。

3. 工作用品（见表 1-1-1）

表 1-1-1　开发潜在客户工具

办公计算机	办公电话	手机	写字板

客户资料	客户姓名		微信	
	通信地址		邮编	
	工作单位		行业	
	单位地址			
客户信息来源	电视□　微信□　邮件□　平面广告□　其他 □			
邀约方式	展厅□　来电□　微信□　其他□			
客户状态	支付定金□　继续跟进□　休眠□			
意向客户信息卡				

客户管理系统			
姓名		性别	
证件类型		证件号码	
手机号码		微信/QQ	
地址			
单位名称		公司	
来电需求		留档渠道	
意向车型		当前预算	
DMS 客户管理系统			

职业知识

办公电话的功能

办公电话按键	功　能
1、2、3、4、5、6、7、8、9、0	拨打号码按键
*、#	特殊字符按键
重拨	重拨
免提	免提播放
记录键	翻查来电信息和回拨电话
去电键	翻查已拨打过的电话号码
保留键	在通话过程中，按保留键后话机会发出音乐并保持连线

开发潜在客户工作要求

- 必须熟练操作计算机，能够查询网站；
- 正确使用标准沟通方式；
- 注意商务礼仪行为规范；
- 注意敏感问题的询问方式

推销的要点不是推销商品，而是推销自己。

学习笔记

流程二：开发潜在客户

1. 识别潜在客户

（1）分析自身品牌，识别潜在客户。

① 销售顾问李想分析自身品牌的特性，查看客户孙先生浏览网站车型信息，识别潜在客户；

② 销售顾问李想制定销售用语，用于接待客户孙先生。

（2）分析车辆，识别潜在客户。

① 销售顾问李想分析车辆的特性，查看客户孙先生车辆信息，识别潜在客户；

② 销售顾问李想制定销售用语，用于接待客户。

（3）分析市场环境，识别潜在客户。

① 销售顾问李想分析市场属性，查看客户孙先生浏览网站车型信息，识别潜在客户；

② 销售顾问李想制定销售用语，用于接待客户。

（4）分析竞争对手，识别潜在客户。

① 销售顾问李想分析竞争对手，查看客户孙先生浏览网站，对比车型信息，识别潜在客户；

② 销售顾问李想制定销售用语，用于接待客户。

2. 通过媒体渠道开发客户

（1）通过网络渠道开发客户。

① 销售顾问李想查看网络平台，如图 1-1-1 所示；

② 销售顾问李想查看了客户交流信息；

③ 销售顾问李想解答网上客户的疑虑；

④ 销售顾问李想收集客户肖先生信息；

⑤ 销售顾问李想发送微信邀约客户肖先生先生到店看车；

⑥ 销售顾问李想跟进客户肖先生。

潜在客户

释义	有购车需求，同时又具备购买能力的待开发、有可能成为现实客户的个人或者组织
三要素	客户有购车需求，具备购买能力、决定权

潜在客户分类

有望客户	已经接触，有望购买汽车产品的客户	忠诚 满意客户 基盘客户(既有) 有望客户 潜在客户、竞争对手客户 客户维护进度示意图
无望客户	已经接触，但无法联系的客户	
基盘客户	已经接触，但放弃购买、购买其他品牌或在其他经销商处购买的客户	
战败客户	已经接触，并且已经购车的客户（成交客户、保有客户）	

潜在客户识别

特性	内　　容	销 售 用 语
品牌属性	品牌属性、品牌特征、品牌偏爱人群	先生，我们发现您最近浏览了官方网站，我们这里现在有优惠政策，让我来给您介绍下
车辆属性	车型、价位、配置、油耗、空间、性能	先生，看您和您的爱人开的都是我们品牌的车辆，一看您家就是我们品牌的拥护者
市场属性	环境、行情、同价位车型的销量情况、本品牌车型整体销量情况以及本品牌区域性销量情况分析	先生，我们发现您最近关注我们的热门车型红旗 HSX 的销量情况，并留下了个人信息，让我来为您做一个全面的介绍
竞争对手属性	竞争车型的销量情况、与本品牌车型的对比及优劣情况	先生，我们发现您最近把我们的热门车型红旗 HSX 和一汽集团 ×× 车型进行了对比，并留下了个人信息，让我来为您做个全面的对比介绍

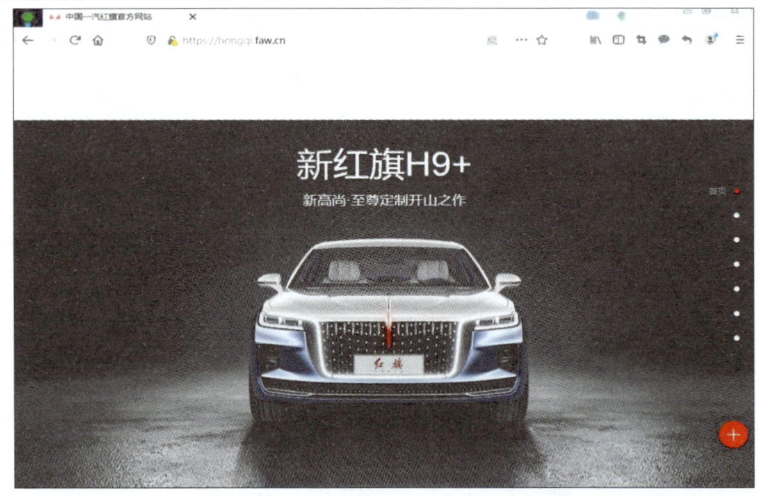

图 1-1-1　中国一汽红旗官方网站

（2）通过广告渠道开发客户。

① 汽车销售有限公司在广播、电视、网站投放品牌车型介绍；

② 销售顾问李想通过反馈记录，确定客户到店量；

③ 销售顾问李想通过广播、电视、网站的优惠信息，为到店客户介绍车辆；

④ 销售顾问李想跟进意向客户。

（3）通过报纸渠道开发客户。

① 汽车销售有限公司将促销优惠信息，在报纸上公布，吸引客户到店；

② 销售顾问李想通过报纸的优惠信息，为到店客户介绍车辆；

③ 销售顾问李想跟进意向客户。

媒体开发渠道	
网络渠道	• 公司网站：公司的“窗户”，包括公司的历史、产品、订购方式、付款方式、联系方式等方面的信息，必然能够吸引一些对公司及其产品感兴趣的人。通过对网络浏览者的统计查询就可能发现潜在客户。 • 合作建立的网站：4S 店与汽车相关网站合作建立的网站，随时与网络客户进行交流。 • 其他网站：在其他网站能查阅到本店汽车的车型信息。由于网络之便，很多客户在计划买车时都会先在网上查看感兴趣的品牌车型的信息，进行对比筛选，再决定去 4S 店看实车
广告渠道	• 广告宣传也是客户开发常用的方法，虽然常常只有短短几秒播放时间，但经过重复的播放亦能使人留下印象。 • 引起客户的注意，引发客户的兴趣。 • 销售人员通过查阅公司的各种广告反馈记录，可以了解到可能的客户，这比大海捞针式地普遍搜索客户范围要小得多，而且相对较为可靠，推销成交的概率会大大提高。 • 广告反馈信息应加工分类，分别传送到汽车销售顾问手中，成为发掘客户的线索
报纸渠道	• 报纸渠道也是开发客户的一种常用方法。虽然目前网络盛行，但报纸依然占有一席之地，报纸这类传统媒介依旧广受大众喜爱。 • 将近期的促销活动、政策动态等信息在报纸上公布，会吸引众多的客户关注这些信息，汽车销售顾问可利用这一机会开发客户

推销的要点不是推销商品，而是推销自己。

学习笔记

（4）通过 4S 店外部开发渠道开发客户。

① 汽车顾问李想在现有客户中寻找潜在客户。

a. 汽车顾问李想请老客户杨先生写一封推荐信，将厂商、品牌、价格及服务情况简略地介绍给潜在的新客户白小姐；

b. 请老客户杨先生将汽车销售顾问李想推荐给新的客户白小姐；

c. 汽车销售顾问李想持介绍信走访推销，上门服务。

② 通过市场调查，走访开发新客户。

③ 销售顾问李想在认识的人中开发客户白小姐。

④ 销售顾问李想通过商业联系开发客户白小姐。

⑤ 销售顾问李想统通过统计资料开发客户白小姐。

⑥ 销售顾问李想通过名录类资料开发客户白小姐。

⑦ 销售顾问李想通过各种贸易展销会开发客户白小姐。

（5）通过 4S 店内部开发客户。

① 销售顾问李想在企业的财务部门开发客户房小姐。

② 销售顾问李想在 4S 店的售后服务部门开发高小姐。

③ 销售顾问李想通过公司销售记录开发客户张小姐。

④ 销售顾问李想通过来电记录客户开发客户白小姐，如图 1-1-2 所示。

图 1-1-2　电话记录

4S 店外部开发客户渠道	
现有客户	• 汽车销售顾问可以请现有客户向未来的新客户推荐介绍，以身示范，使老客户成为企业的宣传员和“业余推销员”。 • 汽车销售顾问还可以采用其他形式和手法来获得老客户的启示与帮助
市场调查	通过文献调查、问卷调查、入户调查、电话调查和街头拦截访问等方法，都可以开发大量的潜在客户
在认识的人	大家都是社会中的人，都有自己的关系网，这些都是推销的宝贵资源。通过他们的互相介绍、推荐，建立一个无限扩展的“链条式”的客户网来开发客户
商业联系	• 借助于各种社交活动，可以更快地进行商业联系。 • 行业协会或俱乐部，在那里可以发现绝佳的商业机会
统计资料	国家相关部门的统计报告，行业、研究机构和咨询机构在报纸或期刊等刊登有关的调查资料，从中可以开发客户
名录类资料	汽车销售顾问经常利用的资料有：客户名录、同学名录、会员名录、协会名录、职员名录、名人录、公司年鉴、企业年鉴、报纸、杂志和有关的专业出版物等，这是一条最有效的开发客户的途径
各种贸易展销会	用展销的形式，以现货或者订货的方式销售商品的集中交易活动，还可以通过一系列的公共关系活动宣传企业，同时还可以为开发客户提供线索
4S 店内部开发客户渠道	
财务部门	汽车销售顾问可以从财务部门或科室机构寻找客户的线索
售后部门	汽车销售顾问应当设法与服务部门、服务人员保持稳定的联系，经常与他们交换意见，从那里获得有关客户的信息资料
公司销售记录	汽车销售顾问首先应检查公司的原始记录，列出在汽车销售公司 5 年以上的客户清单，分析这些客户是否需要更换产品了
客户来电记录	客户服务电话除接受现有客户对公司产品的使用查询、申请服务以及投诉外，也对其他的非客户公布，还可作为公司的咨询电话，从而成为开发客户的一种渠道

学习笔记

3. 运用客户开发方法开发客户

（1）销售顾问李想利用个人观察法（见图 1-1-3）开发客户王先生。

图 1-1-3　个人观察寻找客户

（2）销售顾问李想利用普遍寻找法开发客户王先生。

（3）销售顾问李想利用连锁介绍法开发客户王先生。

（4）销售顾问李想利用中心开花法开发客户王先生。

（5）销售顾问李想利用资料调查法开发客户王先生。

（6）销售顾问李想利用广告“轰炸法”开发客户王先生。

（7）销售顾问李想利用“猎犬法”开发客户王先生。

通过销售顾问李想的努力，客户王先生同意李想的建议，准备到店进行车辆体验。

客户开发的方法	
个人观察法	汽车销售顾问根据个人的知识、经验，通过对周围环境的直接观察和判断寻找准客户的方法。个人观察法主要是依据推销人员个人的职业素质和观察能力，通过察言观色，运用逻辑判断和推理来确定潜在客户
普遍寻找法	也称逐户寻找法或者地毯式寻找法，是指汽车销售顾问在不太熟悉或完全不熟悉推销对象的情况下，直接访问某一特定地区或某一特定职业的所有个人或组织，从中寻找客户的方法
连锁介绍法	推销人员依靠他人，特别是现有客户，来推荐和介绍有可能购买产品的潜在客户的一种方法。这种方法要求汽车销售顾问设法从自己的每一次推销谈话中寻找到更多的潜在客户，为下一次推销做好准备
中心开花法	也称为“名人介绍法”“中心辐射法”“权威介绍法”等，是指汽车销售顾问在一定的推销范围内发展一些具有较大影响力的中心人物或组织来消费自己的推销品，然后再通过他们的影响力把该范围内的其他个人或组织变为自己的潜在客户
资料调查法	也叫资料查询法，是指通过查阅各种有关的情报资料来寻找客户方法。目前，我国可供查询的有关资料有：工商企业名录、商标公告、产品目录、各类统计年鉴、专业团体会员名册、市场介绍、专业书报杂志、电话号码簿、邮政编码册等
广告“轰炸”法	是指利用广告宣传攻势，向广大的消费者告知有关产品的信息，刺激或引导消费者的购买动机，然后，汽车销售顾问再向被广告宣传所吸引的客户进行一系列的推销活动
“猎犬法”	又称委托助手法，就是汽车销售顾问雇用他人寻找客户的一种方法。一些汽车销售顾问常雇用有关人士来寻找潜在客户，自己则集中精力从事具体的推销访问工作。这些受雇人员一旦发现潜在客户，便立即通知推销人员，安排推销访问
网络搜寻法	借助互联网寻找潜在客户的方法
交易会寻找法	利用各种交易会寻找潜在客户的方法。一般来说，众多的汽车厂商和经销商都会有针对性地派人去参加车展。借此机会来拓展自己客户源
企业各类活动寻找法	企业通过公共关系活动、市场调研活动、促销活动、技术支持和售后服务活动等寻找潜在客户

推销的要点不是推销商品，而是推销自己。

4. 根据客户信息进行客户资格审查

（1）销售顾问李想审查客户王先生资格。

（2）销售顾问李想筛选客户王先生信息。

① 销售顾问李想查看是否有重复信息，合并同类项。

② 销售顾问李想查看客户王先生联系方式是否真实有效，确认客户王先生在销售区域内，且电话为真实信息。

③ 销售顾问李想查看信息资料里是否包含反映客户王先生购车需求方面的信息，包括购车用途、购车意向等方面的信息资料。

④ 销售顾问李想查看信息是否包含反映客户王先生个性化特征方面的信息，并制订针对性销售跟进计划。

（3）销售顾问李想评价客户王先生购买资料，进行客户资格审查。

① 销售顾问李想评价客户王先生需求。

② 销售顾问李想评价客户王先生购买能力。

③ 销售顾问李想评价客户王先生购买权力。

④ 销售顾问李想评价客户王先生购买信用。

（4）客户信息确认。

① 销售顾问李想确认客户王先生基本信息。记录客户的姓名、联系方式和目前使用的车型。记录客户购买能力评价。

② 销售顾问李想评价客户王先生需求信息。记录客户的购车需求及客户购买信用评价。

③ 销售顾问李想评价客户王先生个人特征。记录客户性格特点以及个人爱好。

④ 销售顾问李想评价客户王先生获取信息的途径。记录客户获取本店信息的渠道途径。

⑤ 销售顾问李想确认对客户王先生的跟进状况。记录销售顾问目前跟进客户的情况。

潜在客户开发原则

潜在客户开发的原则	购买能力 M（Money）	Money 代表购买能力，所选择的对象必须有一定的购买能力。即 M（有）、m（无）	• M+A+N：有希望的客户，理想的销售对象。 • M+A+n：可以接触，配上熟练的销售技术，有成功的希望。 • M+a+N：可以接触，并设法找到具有 A 类之人（有决定权的人）。 • m+A+N：可以接触，需调查其业务状况、信用条件等给予融资。 • m+a+N：可以接触，应长期观察、培养，使之具备另一个条件。 • M+A+n：可以接触，应长期观察、培养，使之具备另一个条件。 • M+a+n：可以接触，应长期观察、培养，使之具备另一个条件。 • M+a+n：非客户，停止接触
	决定权 A（Authority）	Authority 代表购买“决定权”。该对象对购买行为有决定、建议或反对的权力。即 A（有）、a（无）	
	需求 N（Need）	该对象有这方面（产品、服务）的需求。即 N（有）、n（无）	

客户资格审查

客户需求评价	目的在于确定客户名单上的具体对象是否真正需要推销人员所推销的商品，估计客户需求的可能性和估计客户的需求时间
客户购买能力评价	客户购买能力评价的目的，在于选择具有推销价值的目标客户，通过了解客户买车的预算，了解其购买能力。通过汽车消费担保贷款，了解客户现有收入水平及有无偿还贷款的能力
客户购买权力评价	对客户购买权力评价的目的就在于缩小推销对象的范围，避免盲目性，进一步提高推销的效率
客户购买信用评价	信用评价主要是通过对支付能力的分析来进行判断，确保货款的安全。对客户信用评价不仅要调查了解新客户的信用状况，而且也要注意老客户信用状况的变化

学习笔记

推销的要点不是推销商品，而是推销自己。

学习笔记

任务测评

一、知识测评

确定本任务关键词,按重要程度进行关键词排序并举例解读。

根据自己对重要信息捕捉、排序、表达、创新和划分权重能力进行自评，满分 100 分，见表 1-1-2。

表 1-1-2　开发潜在客户知识测评表

序号	关　键　词	举 例 解 读	评分自定
1			
2			
3			
4			
5			
总分			

二、能力测评

对表 1-1-3 所列作业内容，行为规范即得分，行为错误或未执行得零分。

表 1-1-3　开发潜在客户能力测评表

序号	作 业 内 容	配分	得分
1	正确运用客户开发方法	10	
2	能正确与客户交谈，语气适中	10	
3	能正确遵守礼仪礼节	20	
4	正确对客户进行开发和分类	20	
5	能够对潜在客户进行管理	40	
总分		100	

三、素养测评

对表 1-1-4 所列素养点，做到即得分，未做到得零分。

表 1-1-4　开发潜在客户素养测评表

序号	素 养 点	配分	得分
1	安全作业，无安全隐患	20	
2	保护环境，无乱扔乱倒	20	
3	行为规范，无不当行为	20	
4	团队协作，无不洽关系	20	
5	场地“5S”	20	
总分		100	

四、拓展训练

（1）请列举出开发潜在客户的过程中易出现的问题，分析产生问题的原因并制定解决问题的措施（满分 25 分）。

（2）现发现经过销售人员与客户的沟通和交流，客户仍对购车存在一些异议。试分析产生异议问题原因，依据开发潜在客户原则和方法进行异议处理，再次进行邀约客户的探询，消除客户异议（满分 25 分）。

（3）销售顾问李想按照客户的购车需求，利用 DSM 系统，把客户分成了 O、H、A、B、C 五大类，并及时把汽车 4S 店的优惠信息推荐给不同类型的客户，同时将透明车辆价格和促销政策完完全全告知客户，获得了客户们的信任好评，业绩提升很快。让李想深深感受到了诚信的重要性。

请按照图 1-1-4 所示思维导图格式，对开发潜在客户的学习收获进行总结，同时结合自身以及身边事谈谈对“诚信为本”的理解（满分 50 分）。

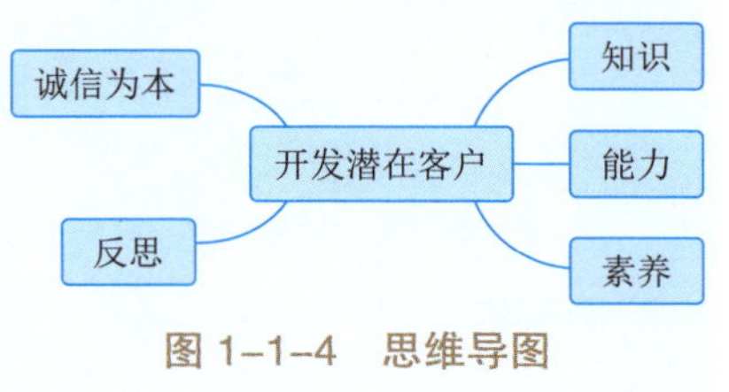

图 1-1-4　思维导图

推销的要点不是推销商品，而是推销自己。

任务二　店面邀约

职业行动

流程一：工作准备

1. 工作地点

汽车销售顾问办公区。

2. 工作设施

办公桌、座椅、座机。

3. 工作用品（见表 1-2-1）

表 1-2-1　工作用品

办公计算机	办公电话	手机	写字板

意向客户信息卡

客户资料				
客户资料	客户姓名		微信	
	通信地址		邮编	
	工作单位		行业	
	单位地址			
客户信息来源	电视□　微信□　邮件□ 平面广告□　其他 □			
邀约方式	展厅□　来电□　微信□　其他□			
客户状态	支付定金□　继续跟进□　休眠□			

DMS 客户管理系统

客户管理系统			
姓名		性别	
证件类型		证件号码	
手机号码		微信/QQ	
地址			
单位名称		公司	
来电需求		留档渠道	
意向车型		当前预算	

职业知识

名片的功能

名片的内容	功　　能
品牌标识	销售品牌的图标和名称
姓名	×××
职位	按照实际工作岗位填写
公司名称	写明公司的全称
地址	写明某个城市某个地区某个街道
邮编	清楚明了
电话	座机号码
手机	自己的手机号码，区分开个人和客户
电子邮箱	尽量注册与品牌或者公司一致的字母
微信二维码	印刷清楚，可以扫码识别

店面邀约工作要求

- 必须着正装，穿深色皮鞋，男生打领带，女生戴丝巾；
- 正确使用标准销售用语；
- 注意商务礼仪行为规范；
- 注意敏感问题的询问方式

学习笔记

流程二：店面邀约

1. 观察店面周围客户

（1）观察店面活动的周围客户。

（2）寻找有意进店看车的客户。

2. 邀约客户

（1）先向对方点头致意，得到回应后走到客户身边。

（2）询问客户到店的目的，确定到店购车。

3. 销售顾问自我介绍

（1）向客户介绍自己的姓名、身份和职位。

（2）递送准备好的个人名片。

（3）请教客户的姓名和随行人员的称呼。

（4）销售顾问李想引导客户张先生及随行人员去洽谈区休息一下，客户张先生希望先自行看看车。

（5）销售顾问李想遵循客户张先生意愿，请其随意参观。

（6）销售顾问李想告诉张先生自己服务的意愿和位置，让客户张先生知道李想在旁边随时恭候。

（7）销售顾问李想与客户张先生保持一定距离，观察客户的关注车型。

（8）客户张先生对车辆配置有疑问，销售顾问李想主动上前进行解答。

（9）李想主动向客户张先生介绍卖点和特性。

（10）客户张先生有事需要离开，李想询问张先生的联系方式，并表示下次来店可以预约。

4. 送别客户

（1）感谢张先生的到店，送别张先生到门口。

（2）挥手与张先生告别，直到张先生消失在视野中。

职业素养	
计划与执行能力	工作要有计划性。竞争日益激烈，如何应对？唯一的办法就是比别人更有效率地工作。要想提高工作效率就必须提高工作的计划性，汽车销售顾问每天要接触很多新客户，又要维系老客户，还要进行工作的总结和填写各种报表，每月还要对销售业绩进行分析、对客户进行分类管理等，日常工作非常繁杂。如果缺乏计划性，销售人员在客户维系方面就容易出现漏洞，从而降低客户的满意度，因此，计划性决定了汽车销售顾问的工作效率
随机应变能力	应变能力是在有压力的情境下，思考、解决问题时能够迅速而灵活地转移角度、随机应变、触类旁通。一件事情每个人都会有不同的想法和看法，和人交往，每天会遇到不同的事情，销售顾问应该知道怎样去应变，怎样才能抓住客户？一辆车每个人也会有不同的见解
自我激励与自我管理能力	自我激励能力，是汽车销售顾问必须具有的一种内在的能力。汽车销售顾问必须具备自我激励能力。一名专业的汽车销售顾问的成长往往需要长期经验的累积，需要掌握多学科的知识，因此，对于一名刚从事汽车销售工作的新人来说，制订合理的事业规划和人生规划就显得尤为重要。一方面要找到自身存在的差距；另一方面要明确发展目标，在心目中树立理想的榜样。销售工作是完全体现自身工作意愿的一项工作，因此，自我管理实际上就是自我约束、自我调整、自我激励。这也是汽车销售顾问快速成长的关键因素
团队协作能力	工作虽然体现的是个人能力，但是也离不开集体的配合和支持。在汽车销售的过程中汽车销售顾问会与企业的各个部门和各个岗位的同事进行工作的衔接和配合。作为汽车销售顾问，在整个销售业务流程中要主动协调与各个部门和各个岗位的关系，如前台接待、财务部、售后服务部、客户服务部、行政部、市场部、保险部、精品部、零件部等。因此，汽车销售顾问的团队协作能力也是非常重要的
建立客户资源能力	汽车销售顾问应该清楚并应具备建立客户资源的能力，他所做的不是去讨客户的欢喜，而是应该真正去关心客户的利益，关心客户的业务发展方向，从而提升竞争力。提升竞争力的守则是： • 建立守信用的形象； • 增加自己社会价值属性； • 乐于与别人分享； • 把握每一个帮助别人的机会

如果要完成一件推销需要与客户接触 5 至 10 次，那你不惜一切也要熬到那第 10 次。

任务测评

一、知识测评

确定本任务关键词，按重要程度进行关键词排序并举例解读。

根据自己对重要信息捕捉、排序、表达、创新和划分权重能力进行自评，满分 100 分，见表 1-2-2。

表 1-2-2　店面邀约知识测评表

序号	关　键　词	举 例 解 读	评分自定
1			
2			
3			
4			
5			
总分			

二、能力测评

对表 1-2-3 所列作业内容，行为规范即得分，行为错误或未执行得零分。

表 1-2-3　店面邀约能力测评表

序号	作 业 内 容	配分	得分
1	能够正确认知岗位职责	10	
2	能正确与客户交谈，语气适中	10	
3	能正确遵守礼仪礼节	20	
4	能够正确遵守职业道德规范	20	
5	能够向客户介绍汽车销售顾问	40	
总分		100	

三、素养测评

对表 1-2-4 所列素养点，做到即得分，未做到得零分。

表 1-2-4　店面邀约素养测评表

序号	素　养　点	配分	得分
1	安全作业，无安全隐患	20	
2	保护环境，无乱扔乱倒	20	
3	行为规范，无不当行为	20	
4	团队协作，无不洽关系	20	
5	场地“5S”	20	
总分		100	

四、知识测评

（1）请列举出店面邀约的过程中易出现的问题，分析产生问题的原因并制定解决问题的措施（满分 25 分）。

（2）现发现经过销售人员与客户的沟通和交流，客户仍对汽车销售顾问自我介绍存在一些异议。试分析产生异议问题原因，依据客户的类型，有针对性地进行异议消除（满分 25 分）。

（3）请按照图 1-2-1 所示思维导图格式，对店面邀约的学习收获进行总结，同时搜集至少 2 个成功邀约到店客户案例进行研读后分析客户到店的原因，将分析的过程用思维导图表达出来（满分 50 分）。

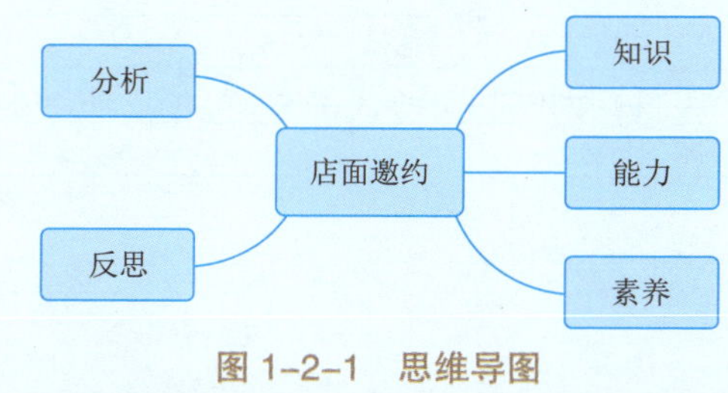

图 1-2-1　思维导图

学习笔记

任务三　电话邀约客户

职业行动

流程一：工作准备

1. 工作地点

汽车销售顾问办公区。

2. 工作设施

办公桌、座椅、座机。

3. 工作用品（见表 1-3-1）

表 1-3-1　工作用品

办公计算机	办公电话	手机	写字板

意向客户信息卡

客户资料	客户姓名		微信	
	通信地址		邮编	
	工作单位		行业	
	单位地址			
客户信息来源	电视□　微信□　邮件□ 平面广告□　其他 □			
邀约方式	展厅□　来电□　微信□　其他□			
客户状态	支付定金□　继续跟进□　休眠□			

DMS 客户管理系统

客户管理系统			
姓名		性别	
证件类型		证件号码	
手机号码		微信/QQ	
地址			
单位名称		公司	
来电需求		留档渠道	
意向车型		当前预算	

职业知识

办公电话的功能

办公电话按键	功　　能
1、2、3、4、5、6、7、8、9、0	拨打号码按键
*、#	特殊字符按键
重拨	重拨
免提	免提播放
记录键	翻查来电信息和回拨电话
去电键	翻查已拨打过的电话号码
保留键	在通话过程中，按保留键后话机会发出音乐并保持连线

电话邀约客户工作要求

- 即使熟悉的声音，也应进行确认，避免出错；
- 接电话中，若有客户进店，销售顾问应起立、微笑、点头致意；
- 打错电话要有礼貌地回答，并与客户重新确认对方电话号码；
- 电话中应避免使用对方不能理解的专业术语或简略语；
- 对自己不了解且不能解决的问题，要做好详细的电话记录，然后转交给相关人员处理

客户用逻辑来思考问题，但使他们采取行动的则是感情。

学习笔记

流程二：电话邀约客户

1. 准备电话邀约

（1）销售顾问李想准备电话邀约，使用“您好”“请”“谢谢”“对不起”“再见”等礼貌用语。

（2）销售顾问李想调整说话语调，语调温和，语速适中。

（3）销售顾问李想准备应对客户提问。

（4）销售顾问李想准备个人仪态行为，如图 1-3-1 所示。

（5）销售顾问李想准备物品。

图 1-3-1　销售顾问准备图

2. 电话邀约

（1）接听呼入电话。

① 销售顾问李想接听客户张先生电话。

② 销售顾问李想倾听客户张先生需求。

③ 销售顾问李想记录客户张先生问题。

④ 销售顾问李想解答客户张先生问题。

⑤ 销售顾问李想邀请客户张先生到店看车。

⑥ 销售顾问李想感谢客户张先生致电。

⑦ 销售顾问李想填客户张先生登记表，见表 1-3-2。

电话邀约准备要求	
礼仪	• 当我们使用电话交谈时，要将对方看作正在交谈的具体人，每次接打电话都是向公众展示企业的形象。 • 礼貌的语言、柔和的声调往往会给对方留下亲切之感
语速	通话时应语调温和、语速适中，这种有节奏、有魅力的声音容易使对方产生愉悦感，从而保证双方在心情舒畅的情况下完成信息传递
应对	• 电话用语要言简意赅，将自己所要讲的事情用最简洁明了的语言表达出来。 • 一般在打电话前，应想清楚要说什么、怎么说。要做到思路清晰、要点明确。 • 如果谈话内容较多，怕内容遗漏，可以事前将通话的内容要点归纳在便条上。不管在什么情况下，电话接通后应先打招呼问候，然后直言主题
行为	• 接打电话时，要面带笑容，坐姿端正，口齿清晰，发出的声音柔和，充满活力。 • 打电话过程中绝对不能吸烟、喝茶、吃零食等
物品	电话旁边要准备好笔记本、笔、公司内部联络表等。将这些东西放在伸手可得的地方，对客户问到的问题，如公司的地址、到公司的路线等应随口说出，如果有记不起来的时候，要马上翻阅身边的资料
时间	把握通话时间，电话属于远程交流方式，通常时间宜短不宜长。电话交谈形式根据不同情况有多种方式，有些需要花时间，有些则三言两语即可解决问题。如果打电话的目的是为了达成交易，则花费的时间要比安排会面的电话多。每次通话时间可以根据对方的情况决定，最好事先征得对方同意。如果意识到客户不愉快时，应当主动提出是否自己打扰了客户，并尽快结束谈话

学习笔记

表 1-3-2　电话邀约登记表

序号	类　型	信　息
1	呼入 / 呼出	呼出
2	姓名	王先生
3	性别	男
4	年龄	35
5	联系方式	135×××××××××
6	居住区域	北京
7	购车目的	私用
8	购车需求	品牌、价格款式其他
9	认识途径	网络
10	询问内容	红旗 HSX
11	预约时间	2021 年 × 月 × 日
12	接待人员	李想

（2）呼出电话

① 销售顾问李想准备拨打工作。

② 销售顾问李想呼出电话。

③ 销售顾问李想确认客户王先生。

④ 销售顾问李想邀请客户王先生到店看车。

⑤ 销售顾问李想再次确认。

⑥ 销售顾问李想感谢客户王先生接听。

⑦ 销售顾问李想填客户登记表。

呼入电话流程要求	
接听	• 最晚在 3 次铃响前微笑着接电话；通报公司名称、本人姓名与职务； • 来电时若正与客户交谈，应优先接听电话，并事先向交谈客户致歉
确认	确认对方的公司、部门、姓名，如：“请问你怎么称呼？”“先生，你好！”
电话转接	• 需要电话转接时，请对方简单扼要说明来电原因； • 请顾客稍等，转接电话要在 20 s 内顺利转接，并关注是否已转接到位
倾听、记录、回答	• 认真倾听，热情回应，获取顾客的姓名，并随手做好记录； • 需要咨询顾客，应积极引导其择日来展厅交流，并确定时间； • 询问用已显示的电话号码是否可以联系到对方
结束	• 谈话结束时，感谢顾客打来电话，等顾客先挂断电话后，再挂断电话； • 挂机后整理话题，注意在通话结束时必须有主题、有结果

呼出电话流程要求	
准备工作	• 查阅潜在顾客信息档案，围绕要达到的目的及对顾客价值所在； • 客户可能搪塞或拒绝的理由有哪些，准备好相应解释或化解方法； • 准备记录用的笔、本，准备相关材料及产品资料
电话呼出	• 确定电话号码，正确拨号； • 确认对方的公司及姓名，说明自己的公司、部门、姓名
客户确认	• 确认对方是否为要找的人，若不是，委托转接希望通话的通话人； • 询问对方是否有时间与你交谈
陈述事件	• 简洁、清晰地说明打电话的目的，争取获得面谈或试驾等机会； • 在需要对方转告时请对方做记录，重要事情要重复要点
再次确认	• 对于顾客谈及的主要内容，应随时记录； • 在谈话结束前进行总结，确认对方是否完全听明白你要传达的信息
结束通话	• 感谢顾客接听电话； • 等顾客先挂断电话后，再挂断电话

视频

集客到店（2）

客户用逻辑来思考问题，但使他们采取行动的则是感情。

学习笔记

任务测评

1. 知识测评

根据自己对重要信息捕捉、排序、表达、创新和划分权重能力进行自评，满分 100 分，见表 1-3-3。

表 1-3-3　电话邀约客户知识测评表

序号	关　键　词	举　例　解　读	评分自定
1			
2			
3			
4			
5			
总　　分			

2. 能力测评

对表 1-3-4 所列作业内容，行为规范即得分，行为错误或未执行得零分。

表 1-3-4　电话邀约客户能力测评表

序号	作　业　内　容	配分	得分
1	正确接听和拨打电话	10	
2	能正确与客户交谈，语气适中	10	
3	能正确遵守电话礼仪礼节	20	
4	能够掌握电话邀约的流程	20	
5	能够邀约客户到店	40	
总　　分		100	

3. 素养测评

对表 1-3-5 所列素养点，做到即得分，未做到得零分。

表 1-3-5　电话邀约客户素养测评表

序号	素　养　点	配分	得分
1	安全作业，无安全隐患	20	
2	保护环境，无乱扔乱倒	20	
3	行为规范，无不当行为	20	
4	团队协作，无不洽关系	20	
5	场地“5S”	20	
总　　分		100	

4. 拓展训练

（1）请列举出邀约客户的过程中易出现的异议，分析产生异议的原因并制定解决问题的措施（满 25 分）。

（2）现发现经过销售人员与客户的沟通和交流，客户仍对邀约到店存在一些异议。试分析产生异议的原因，依据电话邀约表进行沟通处理，再次邀约客户到店（满 25 分）。

（3）请按照图 1-3-2 所示思维导图格式，对电话邀约的学习收获进总结，谈谈汽车电话营销岗位职责有哪些，你认为作为一名优秀的 DCC（汽车电话销售员）最重要的职业要素是什么？选取一个词汇填到思维导图的空格里，并阐述选取理由（满分 50 分）。

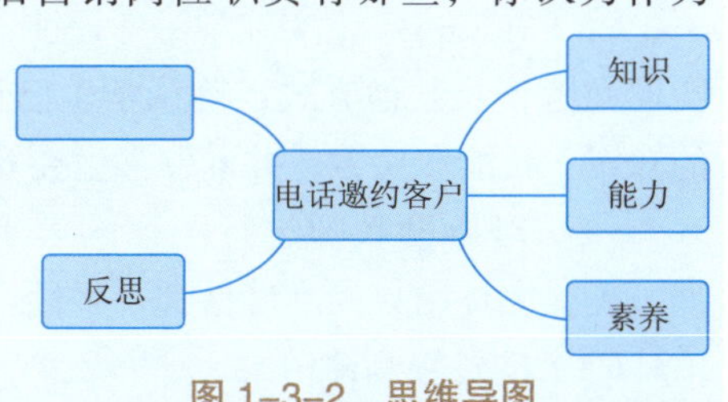

图 1-3-2　思维导图

学习笔记

学习考评

一、学习项目

根据所学，请第二次通过电话对王先生进行邀约到店看车，并填写电话邀约登记表。

二、实施准备

1. 学生准备

学生按照教学进度计划，若已经完成了以下学习任务并达到了75分以上，可进行该学习考评的实施。

（1）理解并完成学习考评需要的职业知识和方法的学习，得分大于75分。

（2）运用学习考评需要的职业知识和方法进行作业，得分大于75分。

（3）按时、按质、按量完成相应作业，得分大于80分。

（4）自觉遵守岗位标准要求和相关规定（行为规范、安全规定、环保规定、“5S”作业要求），并具有团结协作的好习惯，得分大于80分。

（5）能制定集客到店流程并对异议进行有效处理。

2. 教师准备

（1）在安排学生实施学习考评前，通过课堂问题研讨、作业、实训和考核及其他方式，确认学生已经具备了实施学习考评所需的知识、技能和素养，并确保学生在安全状态下独立进行。

（2）对协助教师进行测评的学生进行测评和监督方法的培训，确保测评结果的准确性和公平性。

（3）准备好测评记录。

三、验证方法与标准

（1）每位测评人员负责对1名学生进行定点、全过程的监控和测评。

（2）详细记录学生在实施学习考评过程中的相关信息、数据、结果、流程及应对、完成时间，以及出现错误、事故等情况。

（3）学习考评的作业过程和数据记录等，要求在60 min内完成，若时间不足，可在即将结束时，口述剩余部分的作业方法。

（4）考核内容及标准见下表。

考核内容及标准

序号	评分项	得分条件	分值	评分要求	自评	互评	师评
1	安全/5S/态度	□1. 能正确接听和拨打电话； □2. 能正确与客户交谈，语气适中； □3. 能正确遵守礼仪礼节	15	未完成1项扣5分，扣分不得超过15分	□熟练 □不熟练	□熟练 □不熟练	□合格 □不合格
2	专业技能能力	□1. 能正确进行汽车销售顾问的介绍； □2. 能正确运用客户开发的渠道； □3. 能正确邀约客户到店	45	未完成1项扣15分，扣分不得超过45分	□熟练 □不熟练	□熟练 □不熟练	□合格 □不合格
3	工具及设备的使用	□1. 能正确使用座机； □2. 能正确填写电话预约登记表	10	未完成1项扣5分，扣分不得超过10分	□熟练 □不熟练	□熟练 □不熟练	□合格 □不合格

学习笔记

4	资料、信息查询能力	□ 1. 能正确在规定的时间内查询所需资料； □ 2. 能正确记录所需信息	10	未完成1项扣5分，扣分不得超过10分	□ 熟练 □ 不熟练	□ 熟练 □ 不熟练	□ 合格 □ 不合格
5	数据的判断和分析能力	□ 1. 能正确判断客户的电话邀约时间； □ 2. 能正确判断客户的到店意向	10	未完成1项扣5分，扣分不得超过10分	□ 熟练 □ 不熟练	□ 熟练 □ 不熟练	□ 合格 □ 不合格
6	表单填写与报告的撰写能力	□ 1. 字迹清晰； □ 2. 语句通顺； □ 3. 无错别字； □ 4. 无涂改； □ 5. 无抄袭	10	未完成1项扣2分，扣分不得超过10分	□ 熟练 □ 不熟练	□ 熟练 □ 不熟练	□ 合格 □ 不合格
总分							

四、考评报告

说明：考评分为理论考评和实操考评，理论考评根据项目要求以及考评报告格式制定项目实施方案，方案经教师审核合格后，方可进行实操考评。考评报告详见附录A。

学习笔记

拓展阅读——汽车营销思想

在营销领域，差不多每隔十年就会产生新的思想和创新的做法，营销思想的创新是汽车营销领域前进的动力和知识源泉。

一、4Ps 营销思想

纵观汽车营销历史，集成营销思想——4Ps，曾经在汽车营销领域“横扫”近半个世纪，4Ps 是指汽车企业传统的四大营销要素，即产品、价格、渠道和促销，所谓汽车营销组合，即上述四个要素的适当匹配，4Ps 实际上代表了汽车厂商的观点和利益。

二、4Cs 营销思想

20 世纪 90 年代起，消费者个性化需求日益突出，4Ps 思想与日益挑剔的消费者越来越格格不入，“用户主权”营销思想逐渐成为营销思想主流，与 4Ps 相对应的 4Cs 应运而生。

与 4Ps 相对立：忘掉产品，研究消费者需求；忘掉定价，研究消费者能够承担的费用；忘掉渠道，考虑消费者如何方便购买；忘掉促销，研究如何与消费者共享信息。

三、分享营销思想

数字时代催生了分享即营销的思想，余金华在《O2O 进化论》里称：“根据六度空间理论，每个人都存在自己的一度到六度空间，如果一个主导的分享人，基于创新产品的价值分享，能够营销到六度空间，那么这个产品就被世界每一个角落里的人知道。”微信、抖音等网络平台为分享营销思想奠定了平台基础。

思考：举一个 4S 店汽车营销的案例。

项目二　售前准备

一、项目描述

完成客户到店前的准备工作。

二、项目要求

王先生通过汽车销售顾问的电话邀约，预约到店内看车，作为销售顾问，应在客户到店前做好准备工作。

（1）为王先生的到来进行展车准备。

（2）为王先生的到来进行展厅准备。

（3）为王先生的到来进行销售顾问个人准备。

三、学习目标

（1）准确描述展车准备工作内容。

（2）准确描述展厅准备工作内容。

（3）准确描述销售顾问的销售工具详单内容。

（4）进行汽车销售顾问工具准备。

（5）根据相关标准进行展车布置。

（6）对展厅环境和车辆进行整理。

（7）自觉遵守岗位职责要求和相关规定（行为规范、安全规定、环保规定、“5S”作业要求），并养成团结协作的好习惯。

（8）养成一事毕一事清的好习惯。

（9）认识到需求可以创新市场。

四、学习载体

王先生通过汽车销售顾问李想的电话邀约，将会在今天下午到店看车，如下图所示，展厅应配有展车和洽谈区等区域。为了更好地接待王先生，销售员李想开始进行售前准备的相关工作。

汽车 4S 店展厅

学习笔记

视频

售前准备（1）

学习笔记

任务一　准备展车

职业行动

流程一：工作准备

1. 工作地点

汽车销售顾问办公区。

2. 工作设施

办公桌、座椅、车辆。

3. 工作用品（见表 2-1-1）

表 2-1-1　工作用品

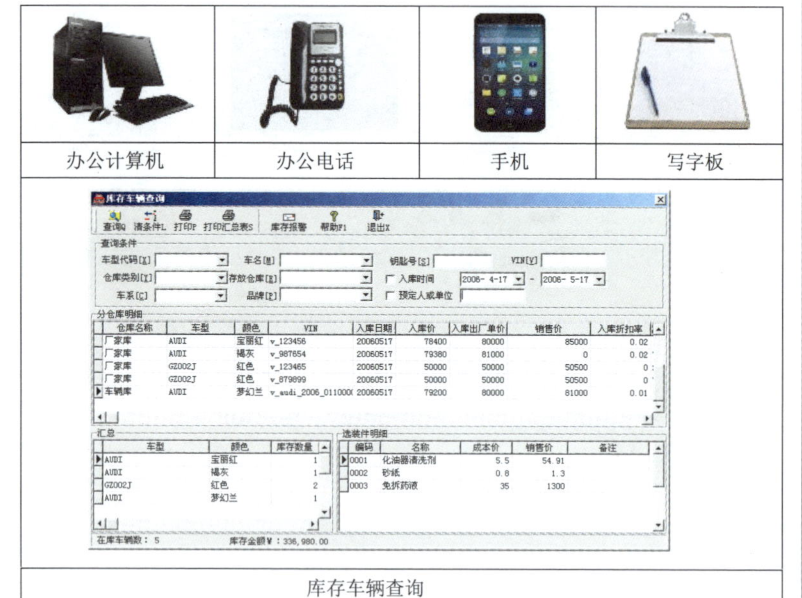

办公计算机	办公电话	手机	写字板
库存车辆查询			

职业知识

车辆查询系统功能

查询状态	功能内容
车辆状态	车辆“状态”包括：采购中、在途、在库
库存车辆	• 菜单 [汽贸管理→整车库存管理→库存车辆查询] 模块； • 系统 [库存车辆查询] 窗口，可以根据各种查询条件进行组合查询，或选择其中一个条件进行查询
在途车辆	• 查看菜单 [汽贸管理→整车库存管理→在途车辆查询]，系统弹出 [在途车辆查询] 窗口； • 单击供应商号旁边 [查] 进行“供应商选择”，输入部分或全部查询条件后，单击 [查询]，符合条件的记录便显示在数据列表中

展车准备工作要求

- 展车轮胎下方垫轮胎垫；
- 展车功能正常，前座窗户放下，天窗打开；
- 展车内不得放置任何宣传物及私人物品；
- 展车内的座椅都调整至标准位置；
- 展车内放置清洁的脚踏垫（不得使用纸制品）

把小事做细做透是成就大事的基础。

流程二：准备展车

（1）查询车辆。

① 打开汽贸管理系统；

② 选择菜单 [汽贸管理→车辆查询]，查询车辆状态，如图 2-1-1 所示；

③ 核对客户预定车辆的数量。

（2）根据客户王先生要求，输入车辆信息，填写销售订单，如图 2-1-2 所示。

（3）制定并复核销售单如图 2-1-3 所示。

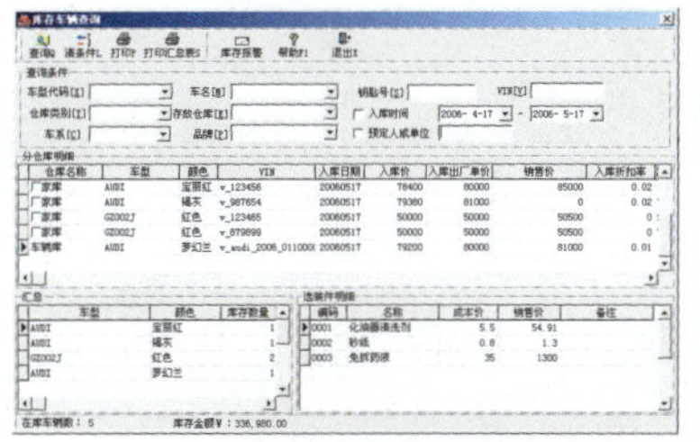

图 2-1-1　车辆查询界面

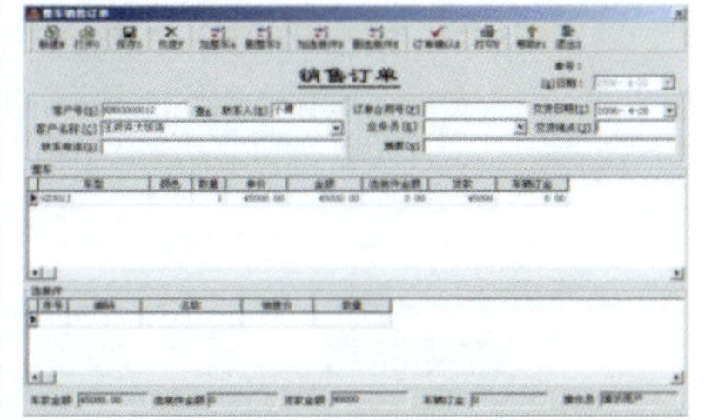

图 2-1-2　填写销售订单

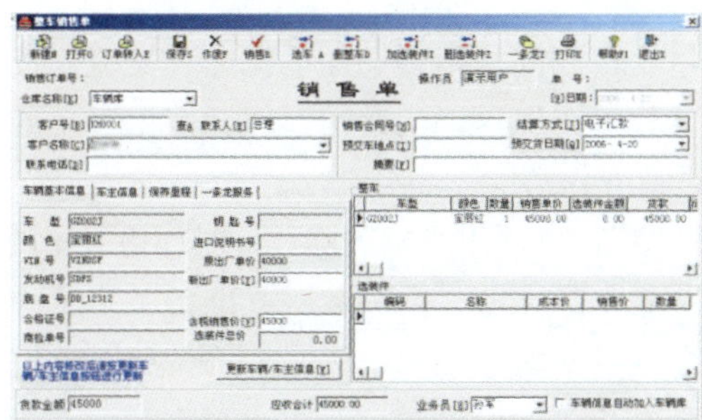

图 2-1-3　制定并复核销售单

车辆查询系统

- 采购中：订单提交到厂家，厂家发出订货前的状态；
- 在途：当厂家已经发货，但还没有入库为在途状态；
- 在库：车辆抵达，被检查完毕无问题后，为在库状态

制定销售订单内容

- 当仓库中没有客户要购买的车辆，或者仓库中的车辆已被预订的时候，那么可以建议客户订购车辆，并为计划在本店购买车辆的客户进行售前登记；
- 需要记录信息包括：客户信息、订单合同号、订购车型、颜色、数量、车辆价格、选装件信息、车辆订金、交货日期和地点等

订单特殊情况

- 如果客户准备直接购车又没有事先订货，如果车库有现货，就可以跳过订单流程进行销售并填写整车销售单；
- 如果车辆未到货，需确认车辆到货时间，告知顾客，并且对车辆到货情况进行跟踪，当所订车辆到货了，合同也到了交车时间，才可以开始售车，需要填写销售交车单

车辆查询系统操作流程

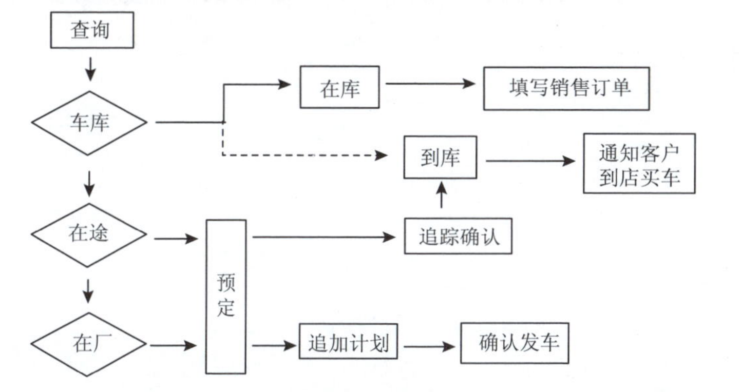

学习笔记

学习笔记

任务测评

1. 知识测评

确定本任务关键词，按重要程度进行关键词排序并举例解读。

根据自己对重要信息捕捉、排序、表达、创新和划分权重能力进行自评，满分 100 分，见表 2-1-2。

表 2-1-2　准备展车知识测评表

序号	关 键 词	举 例 解 读	评分自定
1			
2			
3			
4			
总分			

2. 能力测评

对表 2-1-3 所列作业内容，操作规范即得分，操作错误或未操作得零分。

表 2-1-3　准备展车能力测评表

序号	作 业 内 容	配分	得分
1	能够正确为客户进行车辆查询	10	
2	能正确与店内其他人员交谈，语气适中	10	
3	能正确遵守礼仪礼节	20	
4	能够正确为客户进行展车准备	20	
5	能够正确操作车辆查询系统	40	
总分		100	

3. 素养测评

对表 2-1-4 所列素养点，做到即得分，未做到得零分。

表 2-1-4　准备展车素养测评表

序号	素 养 点	配分	得分
1	安全作业，无安全隐患	20	
2	保护环境，无乱扔乱倒	20	
3	行为规范，无不当行为	20	
4	团队协作，无不洽关系	20	
5	场地“5S”	20	
总分		100	

4. 拓展训练

（1）请列举出准备展车的过程中易出现的问题，分析产生问题的原因并制定解决问题的措施（满分 25 分）。

（2）经过销售顾问与销售总监的沟通和交流，按照客户需求准备车辆。试分析产生异议问题的原因，依据客户的车辆需求，有针对性地进行异议消除（满分 25 分）。

（3）请按照图 2-1-4 思维导图格式，对准备展车的学习收获进行总结，结合展车的准备，数一数一共准备了多少项，展车准备的重点是否需要针对客户的关注点？收集一个相关的案例进行佐证，并将案例中客户的关注点归纳成一个词，填写到思维导图的空格中(满分 50 分)。

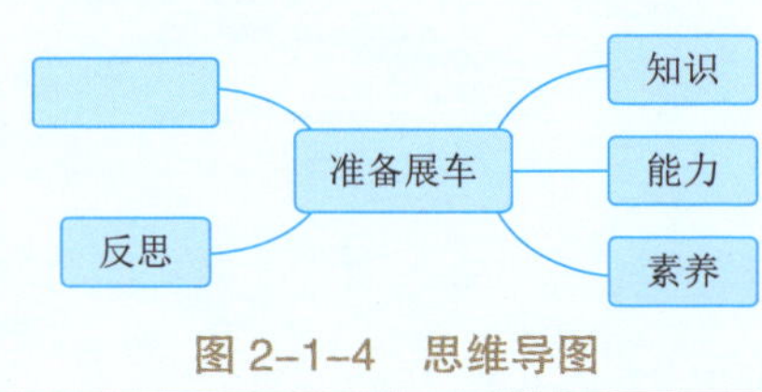

图 2-1-4　思维导图

把小事做细做透是成就大事的基础。

学习笔记

任务二　准备展厅

准备展厅

流程一：工作准备

1. 工作地点

汽车 4S 店新车销售展厅。

2. 工作设施

办公桌、座椅、车辆。

3. 工作用品（见表 2-2-1）

表 2-2-1　工作用品

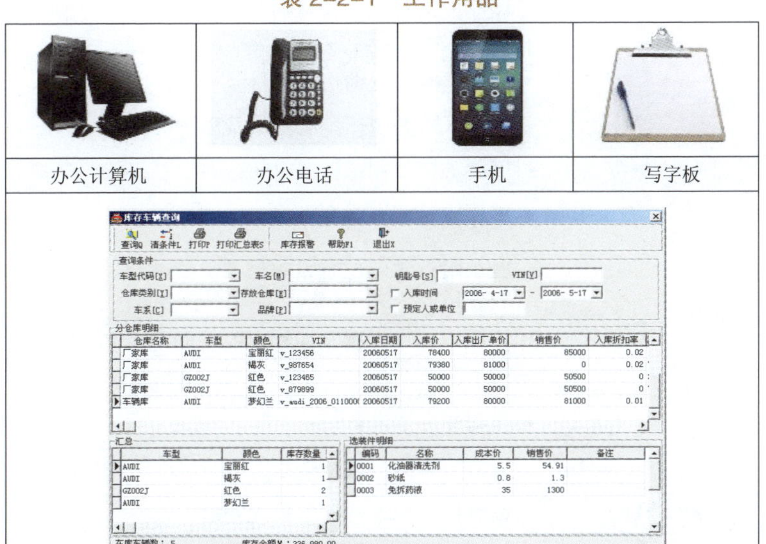

办公计算机　办公电话　手机　写字板

车辆查询系统

职业知识

展厅物品的功能

展厅物品	功 能 内 容
车辆状态	• 选择菜单 [汽贸管理→车辆查询]； • 车辆“状态”包括：采购中、在途、在库
库存车辆	• 选择菜单 [汽贸管理→整车库存管理库存车辆查询]； • 系统弹出 [库存车辆查询] 窗口，可以根据各种查询条件进行组合查询或选择其中一个条件进行查询
在途车辆	• 选择菜单 [汽贸管理→整车库存管理→在途车辆查询]，系统弹出 [在途车辆查询] 窗口； • 单击供应商号旁边 [查] 进行“供应商选择”，输入部分或全部查询条件后，单击 [查询]，系统查询符合条件的记录便显示在数据列表中

展厅准备工作要求

- 展厅整体布置舒适（如音乐、灯光、气味、温度等）；
- 车辆展示区应该有符合客户需求的车辆；
- 客户休息区整体清洁、舒适；
- 洽谈区相对安静，远离人群，但要能观察到车辆；
- 接待区有该到店客户的信息

学习笔记

流程二：准备展厅

（1）为客户王先生布置整体展厅（见图 2-2-1）。

图 2-2-1　展厅布置图

（2）为客户王先生准备车辆展示区（见图 2-2-2）。

（3）为客户王先生准备休息区（见图 2-2-3）。

图 2-2-2　车辆展示区图

图 2-2-3　客户休息区图

展厅准备

区　域	要　求
展厅整体布置	• 展厅内、外墙面、玻璃墙等保持干净整洁； • 展厅内部相关标识的使用应符合公司有关 CI、VI 要求； • 按公司要求挂标准的营业时间看牌； • 展厅的地面、墙面、展台、灯具、空调器、视听设备等保持干净整洁； • 展厅内摆设型录架，型录架上整齐放满与展示车辆相对应的各种型录； • 展厅内保持适宜、舒适的温度； • 展厅内的照明要求明亮、令人感觉舒适； • 展厅内须有隐蔽式音响系统； • 展厅信息区应配有品牌信息、产品信息、促销信息、客户反馈信息等； • 展厅入口处应该配有雨伞及雨伞架； • 展厅入口处标示营业时间； • 展厅应该配有欢迎光临的标语
车辆展示区	• 展车附近规定位置设规格架，摆放与展车一致的规格表； • 按照标准设置展车间相对的空间位置和距离、展示面积等
客户休息区	• 保持整齐清洁； • 设有杂志架、报纸架； • 设有饮水机，并配备杯托和纸杯； • 需摆放绿色植物盆栽； • 配备有大屏幕彩色电视机、影碟机等视听设备

营销的要义就是直抵人心。

（4）为客户王先生准备业务洽谈室（见图 2-2-4）。

（5）为客户王先生准备接待台（见图 2-2-5）。

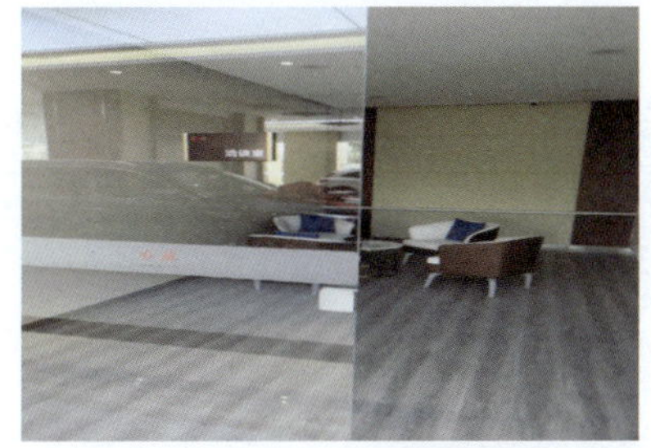

图 2-2-4　业务洽谈室

图 2-2-5　客户接待台

（6）为客户王先生准备洗手间（见图 2-2-6）。

图 2-2-6　洗手间

（7）为客户王先生准备儿童游戏区。

展厅准备	
业务洽谈室	• 业务洽谈室的环境干净、整洁； • 业务洽谈室的洽谈用品准备齐全
客户接待台	• 接待台保持干净，台面上不可放有任何物品，各种文件、名片、资料等整齐有序地摆放在台面下； • 不许放置与工作无关的报纸、杂志等杂物； • 接待台处应该放置前台接待人员及销售人员的名片； • 接待台处的电话、计算机等设备保持良好的使用状态
洗手间	• 有明确、标准的标识牌指引，男女标识易于明确区分； • 地面、墙面、洗手台、设备用具等各部分保持清洁； • 洗手间内无异味； • 备有充足的卫生纸，各隔间内设有衣帽钩，悬挂有赏心悦目的图画； • 布置有绿色植物或鲜花予以点缀； • 洗手处有洗手液、烘干机、擦手纸、绿色的盆栽等； • 营业期间播放舒缓、幽雅的背景音乐
儿童游戏区	• 设在展厅的里端，位置相对独立且有专人负责儿童活动时的看护工作； • 能够保证儿童的安全，所用的儿童玩具符合安全标准要求； • 具有一定的新意，色调丰富，保证玩具对儿童有一定的吸引力

学习笔记

学习笔记

任务测评

1. 知识测评

确定本任务关键词，按重要程度进行关键词排序并举例解读。

根据自己对重要信息捕捉、排序、表达、创新和划分权重能力进行自评，满分 100 分，见表 2-2-2。

表 2-2-2 准备展厅知识测评表

序号	关 键 词	举 例 解 读	评分自定
1			
2			
3			
4			
总分			

2. 能力测评

对表 2-2-3 所列作业内容，操作规范即得分，操作错误或未操作得零分。

表 2-2-3 准备展厅能力测评表

序号	作 业 内 容	配分	得分
1	正确确认展厅车辆类型	10	
2	能正确与店内其他人员交谈，语气适中	10	
3	能正确遵守礼仪礼节	20	
4	正确对展厅的各个区域进行准备	20	
5	能够根据客户到访信息进行展厅准备	40	
总分		100	

3. 素养测评

对表 2-2-4 所列素养点，做到即得分，未做到得零分。

表 2-2-4 准备展厅素养测评表

序号	素 养 点	配分	得分
1	安全作业，无安全隐患	20	
2	保护环境，无乱扔乱倒	20	
3	行为规范，无不当行为	20	
4	团队协作，无不洽关系	20	
5	场地“5S”	20	
总分		100	

4. 拓展训练

（1）请列举出准备展厅的过程中易出现的问题，分析产生问题的原因并制定解决问题的措施（满分 25 分）。

（2）通过销售人员与销售总监的沟通和交流，按照客户的需求进行展厅准备。试分析产生异议问题原因，依据展厅车辆摆放的需求，有针对性地进行异议消除（满分 25 分）。

（3）请按照图 2-2-7 思维导图格式，对准备展厅的学习收获进行总结，谈谈为什么李想要给客户家人准备小礼物，将你的理解归纳成一个词语填写到思维导图的空格中（满分 50 分）。

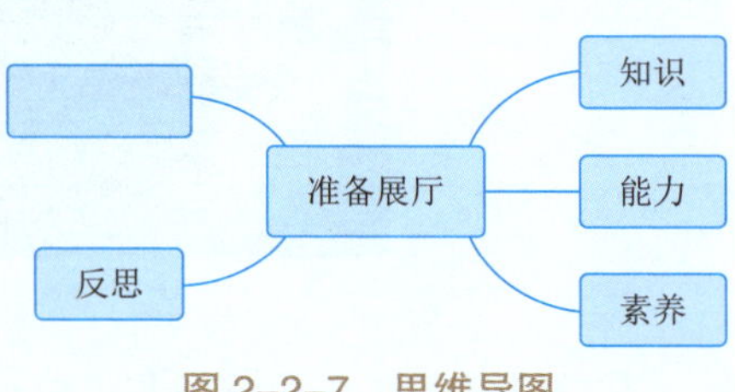

图 2-2-7 思维导图

营销的要义就是直抵人心。

任务三　准备销售顾问工具

职业行动

流程一：工作准备

1. 工作地点

汽车销售顾问办公区。

2. 工作设施

办公桌、座椅、车辆。

3. 工作用品（见表 2-3-1）

表 2-3-1　工作用品

办公计算机	办公电话	手机	写字板

客户资料	客户姓名		微信	
	通信地址		邮编	
	工作单位		行业	
	单位地址			
客户信息来源	电视□　微信□　邮件□ 平面广告□　其他 □			
邀约方式	展厅□　来电□　微信□　其他□			
客户状态	支付定金□　继续跟进□　休眠□			

意向客户信息卡

客户管理系统			
姓名		性别	
证件类型		证件号码	
手机号码		微信/QQ	
地址			
单位名称		公司	
来电需求		留档渠道	
意向车型		当前预算	

DMS 客户管理系统

职业知识

销售文件夹的物品及功能

种类	功能
计算器	为客户的购车费用进行计算
销售合同	为客户解释汽车销售合同
销售人员名片	向客户介绍自己
新车交付流程单	为客户解释交车流程
客户基本信息表	最终核对客户的信息

准备销售顾问工具工作要求

- 确认客户需求车辆的相关政策和优惠。
- 确认客户需求车辆的产品手册。
- 确认客户需求车辆的竞品车辆信息。
- 预判客户个人的兴趣和购车动机。
- 掌握最近汽车相关的新闻报道

流程二：准备销售顾问的工具

1. 准备客户询问知识

（1）准备企业职业知识，记录最新优惠促销政策。

（2）准备产品职业知识，记录讲解车型要点。

（3）准备竞品职业知识，记录竞品车型参数。

（4）准备客户职业知识，记录车型的使用人群。

2. 准备共同话题

（1）查阅最近热点话题。

（2）寻找热门话题和品牌的相互性，并进行简要记录。

3. 准备行业新闻

（1）查阅最新书报，准备行业资讯介绍。

（2）查阅最新杂志，寻找品牌车型介绍，准备品牌车型介绍。

（3）查阅最新网站信息，如图 2-3-1 所示，准备竞品介绍。

图 2-3-1 “汽车之家”官方网站

专业知识准备	
企业知识	企业知识包括公司的介绍、公司的销售政策、让利和促销政策、服务的项目
产品知识	能掌握各车型的配备、性能和所有技术参数，并随时可以提供给客户，作为介绍和讲解的依据
竞品知识	对于和自己的产品形成竞争的厂牌和车型，要有能力为客户进行参数分析和比较
客户知识	• 客户知识主要包括客户群体、消费习惯、客户的购买动机、客户的爱好、客户的决策人购买力等； • 从事小商品行业的客户喜欢车子的空间大一些，像 SUV、SRV 这样的多功能车； • 从事路桥工作施工作业的客户偏好越野性能好的吉普、SUV 车

共同话题

提高自己的综合能力与知识，以便在工作中可以顺利地和客户接触、交谈，乃至成为朋友，建议多涉猎各种信息，如社会新闻、经济、工业、商业新闻、娱乐新闻、子女教育、旅游休闲、外资企业消息、金融、房产投资、体育新闻

行业新闻

应该充分掌握和了解汽车界中各品牌及车型的发展、信息，以便使销售顾问获得最新的信息知识，从而应对各种市场变化。

- 书报：如《中国汽车报》及地方报纸汽车版。
- 杂志：如《中国汽车画报》《汽车杂志》《汽车之友》《汽车导报》《汽车族》等。
- 网站：如中国汽车网、大平作汽车网、汽车之家等

好运总是给有准备的人。

4. 针对客户进行销售顾问的工具准备

（1）准备办公用品。

（2）准备资料。

（3）准备销售表。

5. 针对客户进行跟进准备

（1）记录目前跟进客户王先生的情况。

（2）记录内容包括转入时间。

（3）记录上次联系达成的结果、此前是否有人跟进等。

（4）分析客户王先生购车意向级别，并确认客户王先生购车意向级别。

销售人员工具准备内容

- 办公用品：计算器、笔、记录本、名片（夹）、面巾纸等；
- 资料：公司介绍材料、荣誉介绍、产品介绍、竞争对手产品比较表、媒体报道剪辑、用户档案资料等；
- 销售表：产品价目表、新车协议单、一条龙服务流程单、试驾协议单、保险文件、按揭文件、新车预订单等

购车意向级别分类

分类	判 别 方 法	应 对 方 法
强	若顾客交流重点是某款车型的价格，则购车意向为“强”	针对强意向购车客户，利用厂家近期举办的优惠活动为由邀约客户到店购车
中	若顾客交流重点是活动优惠等，则购车意向为“中”	对于中意向购车客户，以店内近期开展的一些互动促销活动为由吸引顾客，强化购车意向，并设法邀约顾客到店购车
弱	若顾客交流的重点是车型话题，则购车意向为“弱”	面对弱意向购车客户，为客户提供购车的咨询服务，同时设法寻找适当的时机邀约客户到店进行试乘试驾，强化客户的购车意向

学习笔记

视频

售前准备（2）

任务测评

一、知识测评

确定本任务关键词，按重要程度进行关键词排序并举例解读。

根据自己对重要信息捕捉、排序、表达、创新和划分权重能力进行自评，满分 100 分，见表 2-3-2。

表 2-3-2 准备销售顾问工具知识测评表

序号	关 键 词	举 例 解 读	评分自定
1			
2			
3			
4			
总分			

二、能力测评

对表 2-3-3 所列作业内容，操作规范即得分，操作错误或未操作得零分。

表 2-3-3 准备销售顾问工具能力测评表

序号	作 业 内 容	配分	得分
1	正确进行销售顾问工具准备	10	
2	能正确与店内其他人员交谈，语气适中	10	
3	能正确遵守礼仪礼节	20	
4	能够按照要求进行准备工作	20	
5	能够对客户进行跟进	40	
总分		100	

三、素养测评

对表 2-3-4 所列素养点，做到即得分，未做到得零分。

表 2-3-4 准备销售顾问工具素养测评表

序号	素 养 点	配分	得分
1	安全作业，无安全隐患	20	
2	保护环境，无乱扔乱倒	20	
3	行为规范，无不当行为	20	
4	团队协作，无不洽关系	20	
5	场地“5S”	20	
总分		100	

四、拓展训练

（1）请列举出准备销售顾问的工具的过程中易出现的问题，分析产生问题的原因并制定解决问题的措施（满分 25 分）。

（2）发现通过准备销售顾问的工具，找到存在的问题，试分析产生问题原因（满分 25 分）。

（3）销售顾问李想按照王先生在网上预约的信息和电话邀约记录内容，准备相应车辆配置单和优惠信息计算表，同时去集团其他汽车销售公司收集竞品车辆配置单。

请按照图 2-3-2 思维导图格式，对准备销售顾问工具的学习收获进行总结，特别对准备展厅的注意事项做一个概要阐述，同时结合自身以及身边事谈谈对“准备”的理解（满分 50 分）。

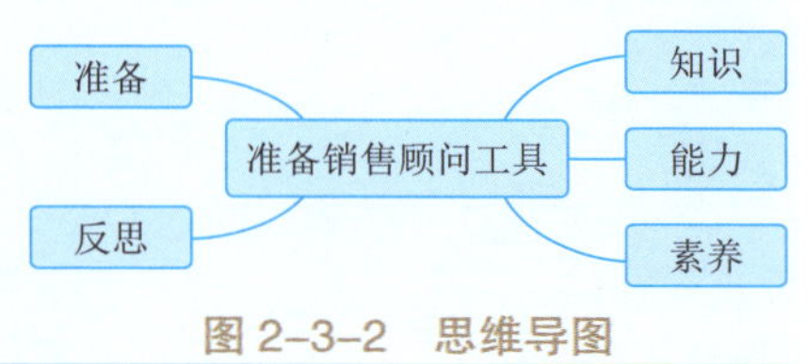

图 2-3-2 思维导图

好运总是给有准备的人。

学习笔记

学习考评

一、学习项目

根据所学，请对售前准备工作进行检查，并找出售前准备检查工作中出现的问题。

二、实施准备

1. 学生准备

学生按照教学进度计划，已经完成了以下学习任务并达到了75分以上，可进行该学习考评的实施。

（1）理解并完成学习考评需要的职业知识和方法的学习，得分大于75分。

（2）运用学习考评需要的职业知识和方法进行作业，得分大于75分。

（3）按时、按质、按量完成相应作业，得分大于80分。

（4）自觉遵守岗位标准要求和相关规定（行为规范、安全规定、环保规定、“5S”作业要求），并具有团结协作的好习惯，得分大于80分。

（5）能制定售前准备的工作流程并对问题进行有效处理。

2. 教师准备

（1）在安排学生实施学习考评前，通过课堂问题研讨、作业、实训和考核及其他方式，确认学生已经具备了实施学习考评所需的知识、技能和素养，并确保学生在安全状态下独立进行。

（2）对协助教师进行测评的学生进行测评和监督方法的培训，确保测评结果的准确性和公平性。

（3）准备好测评记录。

三、验证方法与标准

（1）每位测评人员负责对1名学生进行定点、全过程的监控和测评。

（2）详细记录学生在实施学习考评过程中的相关信息、数据、结果、流程、完成时间，以及出现错误、事故等情况。

（3）学习考评的作业过程和数据记录等，要求在60 min内完成，若时间不足，可在即将结束时，口述剩余部分的作业方法。

（4）考核内容及标准见下表。

考核内容及标准

序号	评分项	得分条件	分值	评分要求	自评	互评	师评
1	安全/5S/态度	□ 1. 能正确对展厅环境和车辆进行整理； □ 2. 能正确与店内其他人员交谈，语气适中； □ 3. 能正确遵守礼仪礼节	15	未完成1项扣5分，扣分不得超过15分	□ 熟练 □ 不熟练	□ 熟练 □ 不熟练	□ 合格 □ 不合格
2	专业技能能力	□ 1. 能正确为客户进行车辆准备； □ 2. 能正确为客户进行展厅准备； □ 3. 能正确进行汽车销售工具准备	45	未完成1项扣15分，扣分不得超过45分	□ 熟练 □ 不熟练	□ 熟练 □ 不熟练	□ 合格 □ 不合格
3	工具及设备的使用	□ 1. 能正确使用车辆查询系统； □ 2. 能正确使用汽车销售顾问工具	10	未完成1项扣5分，扣分不得超过10分	□ 熟练 □ 不熟练	□ 熟练 □ 不熟练	□ 合格 □ 不合格

学习笔记

4	资料、信息查询能力	□ 1. 能正确在规定的时间内查询所需资料； □ 2. 能正确记录所需信息	10	未完成1项扣5分，扣分不得超过10分	□ 熟练 □ 不熟练	□ 熟练 □ 不熟练	□ 合格 □ 不合格
5	数据的判断和分析能力	□ 1. 能正确判断车辆库存的情况； □ 2. 能正确判断客户购车意向级别	10	未完成1项扣5分，扣分不得超过10分	□ 熟练 □ 不熟练	□ 熟练 □ 不熟练	□ 合格 □ 不合格
6	表单填写与报告的撰写能力	□ 1. 字迹清晰； □ 2. 语句通顺； □ 3. 无错别字； □ 4. 无涂改； □ 5. 无抄袭	10	未完成1项扣2分，扣分不得超过10分	□ 熟练 □ 不熟练	□ 熟练 □ 不熟练	□ 合格 □ 不合格
总分							

四、考评报告

说明：考评分为理论考评和实操考评，理论考评根据项目要求以及考评报告格式制定项目实施方案，方案经教师审核合格后，方可进行实操考评。考评报告详见附录 A。

学习笔记

拓展阅读——创造市场

汽车营销的魅力不仅是满足“用户需求”，卓越的汽车企业能够发现人们未能察觉的汽车市场潜在的用户，从而“创造用户”。

创造市场一般有两个途径：一是市场拉动的反向驱动；二是技术推动的正向驱动。2015 年东风日产实施产品年轻化战略，推出具有划时代意义的新楼兰、新逍客、新蓝鸟三款车型，并由此开创了汽车市场专属于年轻人的“YOUNG 时代”。这是靠市场拉动的反向驱动来创造市场的典型例子。

电子产品、智能化装备应用于汽车领域，是靠技术推动的正向驱动来创造市场的。创造市场光靠市场调查和用户调查是不够的，关键还要有创造市场的洞察力、想象力和创造力，这种洞察先机、创造市场的能力是绝大多数市场营销人员和工程技术人员所不具备的。

思考：从百余年汽车发展史的角度，举一个创造市场的案例。

学习笔记

项目三　展厅接待

一、项目描述

完成展厅接待客户。

二、项目要求

按照客户的电话预约，汽车服务顾问李想在客户接待区接待了到店看车的王先生。

（1）为客户的到店准备展厅接待礼仪。

（2）对客户进行自我介绍（销售顾问介绍）。

（3）对客户进行引领和沟通。

三、学习目标

（1）准确描述接待客户仪容仪表内容。

（2）正确描述展厅接待内容。

（3）正确描述客户认同的要点。

（4）完成展厅接待的准备工作。

（5）完成展厅接待工作。

（6）询问和提供客户沟通疑问。

（7）自觉遵守岗位职责要求和相关规定（行为规范、安全规定、环保规定、“5S”作业要求），并养成团结协作的好习惯。

（8）认识到真诚地赞美他人也是一种力量。

（9）认识到问题是创新的源头。

四、学习载体

销售服务顾问李想在展厅接待了电话预约的王先生，客户接待区有接待前台桌椅及本店标识，同时能够清晰看到本店所有展厅区。为了更好地为王先生服务，销售员李想在客户接待区等待王先生的到来，并在此接待邀约到店的王先生。

客户接待区

学习笔记

视频

展厅接待（1）

学习笔记

任务一　准备展厅接待

职业行动

流程一：工作准备

1. 工作地点

客户接待区。

2. 工作设施

客户接待前台、座椅、座机。

3. 工作用品（见表 3-1-1）

表 3-1-1　工作用品

办公计算机	办公电话	手机	写字板

客户资料	客户姓名		微信	
	通信地址		邮编	
	工作单位		行业	
	单位地址			
客户信息来源	电视□　微信□　邮件□ 平面广告□　其他 □			
邀约方式	展厅□　来电□　微信□　其他□			
客户状态	支付定金□　继续跟进□　休眠□			

意向客户信息卡

客户管理系统			
姓名		性别	
证件类型		证件号码	
手机号码		微信/QQ	
地址			
单位名称		公司	
来电需求		留档渠道	
意向车型		当前预算	

DMS 客户管理系统

职业知识

销售文件夹的物品及功能

销售文件夹的物品	功能
计算器	为客户的购车费用进行计算
销售合同	为客户解释汽车销售合同
销售人员名片	向客户介绍自己
新车交付流程单	为客户解释交车流程
客户基本信息表	最终核对客户的信息

准备展厅接待工作要求

- 必须着正装，穿深色皮鞋，男士打领带，女士戴丝巾；
- 注意个人发型干净、整洁；
- 注意销售人员的站姿、蹲姿、坐姿和行姿的标准；
- 注意微笑、注视礼仪和鞠躬礼仪

流程二：准备展厅接待

1. 准备展厅接待事宜

客户接待区如图 3-1-1 所示。

图 3-1-1　准备客户接待区接待

（1）穿着经销店指定的制服，保持整洁，佩戴工作牌（见图 3-1-2）。

图 3-1-2　销售顾问着装图

（2）每日互检仪容仪表和着装。

男士的仪容仪表要求	
发型发式	• 男士的发型发式统一的标准就是干净整洁，并且要经常地注意修饰、修理； • 一般认为男士前部的头发不要遮住自己的眉毛，侧部的头发不要盖住耳朵； • 不要留过厚，或者过长的鬓角，男士后部的头发，应该不要长过西装衬衫领子的上部，这是对男士发型的统一要求
面部修饰	• 男士每天要进行剃须修面，以保持面部的清洁； • 注意随时保持口气的清新
指甲	保持清洁，不染色
西装	• 男士的西服一般分为单排扣和双排扣两种； • 在穿单排扣西服时，注意两粒扣子只系上面的一粒； • 三粒扣子西服，只系上面的两粒，而最下面的一粒不系；穿双排扣西服时，则应该系好所有的纽扣
衬衫	• 衬衫的颜色和西装整体的颜色要协调，同时衬衫不宜过薄或过透，当穿着浅色衬衫的时候，在衬衫的里面不要套深色的内衣； • 保暖防寒服，不要将里面的防寒服或者是内衣露出领口； • 打领带的时候，衬衫上所有的纽扣，包括领口、袖口的纽扣，都应该系好
领带	• 颜色和衬衫、西服颜色相互配合，整体颜色要协调； • 系领带的时候要注意长短的配合，领带的长度应该是正好抵达腰带的上方； • 哪里有一两厘米的距离，最为适宜
皮鞋以及袜子	• 一般要配以皮鞋，杜绝出现运动鞋、凉鞋或者布鞋，皮鞋要保持光亮整洁； • 袜子的质地、透气性要良好，同时袜子的颜色必须和西装的整体颜色相协调；如果穿深色的皮鞋，袜子的颜色也应该以深色为主
公司徽标	• 公司的徽标需要随身携带； • 准确的佩戴位置就是男士西装的左胸上方

学习笔记

学习笔记

（3）进入展厅前在穿衣镜前自检仪容仪表和着装（见图3-1-3）。

图 3–1–3　销售顾问仪容仪表图

（4）检查自己的销售文件夹，并把常见的销售工具放于工具夹内，与客户商谈时随身携带。

（5）每日自行检查销售文件夹内的资料，及时补充更新。

2. 等候客户

（1）按照主管设定的排班顺序接待客户。

（2）在展厅接待区等候来店客户。

女士的仪容仪表要求	
发型发式	• 发型发式应该美观、大方。 • 发卡、发带式样应该庄重大方
面部修饰	女士在正式的商务场合，面部修饰应该是以淡妆为主，不应该浓妆艳抹，也不应该不化妆
指甲	指甲清洁，不宜过长，涂指甲油可用透明色
着装	• 干净整洁。女士尽量着职业套装。 • 丝袜的长度一定要高于裙子的下摆。 • 在选择皮鞋的时候应该尽量避免鞋跟过高、过细
饰物	• 应小巧精致，尽量不佩戴，戴也不能超过 3 件

展厅接待的礼仪要点	
表情管理	• 目光交流、微笑自然。要和对方有一个目光交流，而不应该左顾右盼。 • 要笑脸迎人。“笑脸能传达欢迎、友善等潜台词。对方看到你的笑脸，通常会不由自主地还以笑脸，此时双方的关系就容易拉近了。” • 初次见面，如果你展现的是一个亲切自然的微笑，别人会觉得，你也很高兴与他认识。 • 相反，如果你的微笑是生硬的、勉强的。别人会认为，你并不是很乐意让他接近你
称谓选择和使用	• 称对方为某某先生、某某女士。 • 使用尊称“您”。 • 遇到有职位的客户时，应该尊重“某总”“某老板”。 • 称对方时，注意对方的年龄和职业

如果你把过去抱得太紧，哪里还能腾出手来拥抱现在和未来。

学习笔记

任务测评

1. 知识测评

确定本任务关键词，按重要程度进行关键词排序并举例解读。

根据自己对重要信息捕捉、排序、表达、创新和划分权重能力进行自评，满分100分，见表3-1-2。

表 3-1-2　准备展厅接待知识测评表

序号	关　键　词	举 例 解 读	评分自定
1			
2			
3			
4			
总分			

2. 能力测评

对表3-1-3所列作业内容，行为规范即得分，行为错误或未操作得零分。

表 3-1-3　准备展厅接待能力测评表

序号	作 业 内 容	配分	得分
1	能够掌握展厅接待准备内容	10	
2	能正确佩戴胸牌	10	
3	能正确遵守礼仪礼节	20	
4	能正确穿着制服和皮鞋	20	
5	能够做好个人的卫生和形象	40	
总分		100	

3. 素养测评

对表3-1-4所列素养点，做到即得分，未做到得零分。

表 3-1-4　准备展厅接待素养测评表

序号	素　养　点	配分	得分
1	安全作业，无安全隐患	20	
2	保护环境，无乱扔乱倒	20	
3	行为规范，无不当行为	20	
4	团队协作，无不洽关系	20	
5	场地“5S”	20	
总分		100	

4. 拓展训练

（1）请列举准备展厅接待的过程中易出现的问题，分析产生问题的原因并制定解决问题的措施（满分25分）。

（2）在准备展厅接待过程中，销售顾问遇到一些异议。试分析产生异议问题原因，依据准备展厅接待要求，有针对性地进行异议消除（满分25分）。

（3）请按照图3-1-4思维导图格式，对接待展厅客户的学习收获进行总结，结合教材中的视频，思考如何给客户留下好的印象，将你认为接待客户最重要的工作态度和行为规范，选取3个排序最靠前的填写到思维导图的空格中（满分50分）。

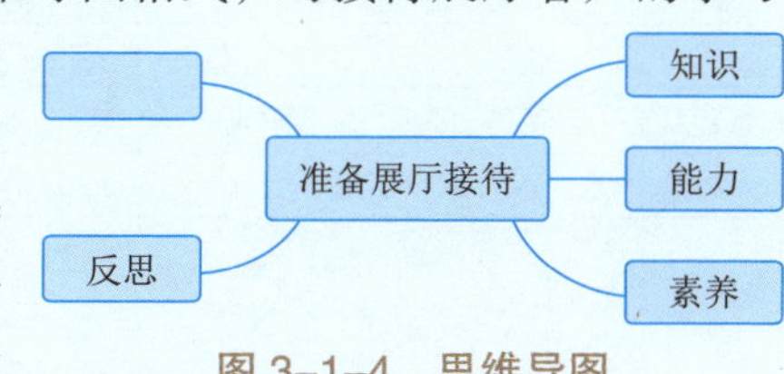

图 3-1-4　思维导图

学习笔记

任务二　接待展厅客户

接待展厅客户

流程一：工作准备

1. 工作地点

汽车销售顾问办公区。

2. 工作设施

办公桌、座椅、座机。

3. 工作用品（见表 3-2-1）

表 3-2-1　工作用品

办公计算机	办公电话	手机	写字板

意向客户信息卡

客户资料	客户姓名		微信	
	通信地址		邮编	
	工作单位		行业	
	单位地址			
客户信息来源	电视□　微信□　邮件□ 平面广告□　其他 □			
邀约方式	展厅□　来电□　微信□　其他□			
客户状态	支付定金□　继续跟进□　休眠□			

DMS 客户管理系统

客户管理系统			
姓名		性别	
证件类型		证件号码	
手机号码		微信/QQ	
地址			
单位名称		公司	
来电需求		留档渠道	
意向车型		当前预算	

职业知识

名片

内容	要　　求
姓名	名字最好不出现生僻字
职位	清楚标注自己的职位
地址	公司的具体地址，到街道号
电话	自己的手机号和办公座机号都应该有，保证手机号与微信同号
电子邮箱	保证每天定时查看办公邮箱

接待展厅客户工作要求

- 必须着正装，穿深色皮鞋，男士打领带，女士戴丝巾；
- 正确使用标准销售用语，不要过分夸张热情；
- 注意商务礼仪行为规范，不要终止别人的谈话而介绍自己；
- 注意不要态度轻浮，要尊重对方

真诚地赞美，可以迅速俘获人心。

流程二：接待展厅客户

1. 迎接客户

在展厅大门内热情迎接客户，确认客户的来访目的。

2. 确认邀约客户

（1）简短自我介绍，及时递上名片。

（2）请教客户尊姓。

3. 接待客户

（1）接待到店客户王先生。

① 主动问候客户王先生（见图 3-2-1）。

图 3-2-1 问候

② 邀请客户王先生落座（见图 3-2-2）。

图 3-2-2 请坐

问候内容	
问候次序	• 两人见面： 两个人之间的问候，通常是位低者先问候，即身份较低者或年轻者首先问候身份较高者或年长者；男性先向女性问候；未婚者先向已婚者问候；主人先向客人问候。 • 与多人见面问候： 这时候既可以笼统地加以问候，比如说“大家好”；也可以逐个加以问候。当一个人逐一问候许多人时，既可以由“尊”而“卑”、由长而幼地依次进行，也可以由近而远依次进行
问候内容	• 直接式： 直接式问候就是直截了当地以问好作为问候的主要内容。它适用于正式的公务交往，尤其是宾主双方初次相见。 • 间接式： 间接式问候就是以某些约定俗成的问候语，或者在当时条件下可以谈论的话题，主要适用于非正式、熟人之间的交往。比如“忙什么呢”“您去哪里”等来替代直接式问候
问候态度	• 主动：问候别人，要积极、主动。当别人首先问候自己之后，要立即予以回应。 • 热情：问候别人的时候，通常要表现得热情、友好，不能毫无表情或者表情冷漠。 • 自然：问候别人的时候，应当以主动、热情的态度，表现自然大方。 • 专注：问候的时候，要面含笑意，以双目注视对方的两眼，以示口到、眼到、意到，专心致志

学习笔记

学习笔记

③ 为客户王先生提供饮品（见图 3-2-3）。

图 3-2-3　倒水

④ 与客户王先生开展适当的寒暄，询问今日天气情况和社会新闻（见图 3-2-4）。

图 3-2-4　寒暄

问候的方式

- 语言问候：
  一般熟人相见，使用频率最高的问候语是“你好”或“您好”，以及“好久没见，近来可好（怎么样）？”等。问候语应根据不同场合、不同对象而灵活机动，总的原则是越简单越好。
- 动作问候：
  动作问候有点头、微笑、握手、拥抱、吻礼、鞠躬等

请坐的要点

- 要求汽车销售顾问五指并拢，手掌、胳膊自然伸直，从身体侧面抬起直到肩的位置。
- 当汽车销售顾问带领客户到会客区请客户入座时，右手指向座位的地方。
- 要求将右手从身体的一侧抬起到腰部，使大小臂成条斜线，指尖指向椅子的具体位置。
- 手指伸直并拢，手、手腕和小臂成一条直线，掌心略微倾斜。
- 然后说：“您请坐。”

提供饮品的要点

- 汽车销售顾问主动为客户提供饮品，一般要报出 3 种以上的饮品并让客户选择。
- 端放茶杯动作不要过高，更不要从客户肩部和头上越过。
- 为客户倒水时要做到用两只手端起，并把杯托上的把手朝向客户，放在容易且方便拿的地方，再附上几句热情待客的话。
- 倒水时要注意不要太满，以杯的七八分满为宜。
- 续水时不要把壶提得过高，以免开水溅出。
- 不要直接倒水或把杯盖扣放桌上。一般在和客户交流 15 ～ 20 min 后进行续杯

真诚地赞美，可以迅速俘获人心。

⑤ 再次递送销售顾问李想名片（见图 3-2-5）。

图 3-2-5　递送名片

（2）客户王先生暂离展厅。

① 销售顾问李想放下手中其他事务，送客户王先生到展厅门外，雨天为客户打伞。

② 感谢客户王先生光临，并诚恳邀请其再次惠顾。

③ 目送客户王先生离开展厅，直至客户王先生走出视线范围上车。

④ 销售顾问李想站立在客户王先生车辆后视镜范围内，让客户王先生体验到在目送他（她）。

⑤ 李想回到展厅门口登记来店客户王先生信息。

（3）客户王先生回到展厅

① 按照客户约定时间，提前等候王先生；

② 接待客户王先生；

③ 邀请客户落座。

寒暄要点	
天气话题	• 天气很好，不妨同声赞美。 • 天气太热，也不妨交换彼此的苦恼。 • 如果有什么台风、暴雨或是季节性天气的消息，更值得拿出来谈
对方的优点或者兴趣	• 运动、美食、品茶或酒，健康的娱乐活动等。 • 谈判桌上有盆景时，夸夸盆景的艺术构思和养护情况。 • 墙上有书法作品，且是对方感兴趣的，也可以作为寒暄内容
关心对方	表达自己的关心，借以作为下面交谈的开场白
社会话题	• 轰动一时的社会新闻也是谈资。 • 注意不可讨论八卦新闻、国内敏感事件
令人振奋的消息	与对方相关的令人振奋的消息是特别受欢迎的话题，能立即提高对方的兴奋度
对方所在行业的探讨	汽车销售顾问真的有所了解，如果能适时地给出一些你知道的信息，很快就能拉近双方距离
自己的事情	聊一些自己闹过的无伤大雅的笑话
其他话题	除了全世界都通用的“今天天气真不错”这类公共话题外，还有“这家饭店不错”及旅游、交通、环境、趣事等

递名片要点		
递名片的方法	递送名片讲究“本”，即来送之意，表现谦虚、恭敬。应面带微笑注视对方	• 手指并拢，将名片放在手掌上，用大拇指夹住名片的左端，恭敬地送到客户胸前。名片的名字对向客户，使客户接到名片时就可以正读，不必翻转过来。 • 食指弯曲与大拇指夹住名片递上。 • 双手食指和大拇指分别夹住名片两端奉上
接名片的方法	接名片应“恭敬”。汽车销售顾问接名片的方式，将影响给客户的第一印象	• 空手的时候必须以双手接受。 • 接受后要马上过目，不可随便瞟一眼或有怠慢表示。 • 一次同时接受几张名片，要记住哪张名片是哪位先生或女士的

学习笔记

学习笔记

任务测评

一、知识测评

确定本任务关键词，按重要程度进行关键词排序并举例解读。

根据自己对重要信息捕捉、排序、表达、创新和划分权重能力进行自评，满分100分，见表3-2-2。

表 3-2-2 接待展厅客户知识测评表

序号	关 键 词	举 例 解 读	评分自定
1			
2			
3			
4			
总分			

二、能力测评

对表3-2-3所列作业内容，行为规范即得分，行为错误或未执行得零分。

表 3-2-3 接待展厅客户能力测评表

序号	作 业 内 容	配分	得分
1	能正确欢迎进店客户	10	
2	能正确与客户交谈，语气适中	10	
3	能正确遵守礼仪礼节	20	
4	能够正确引导客户入座	20	
5	能够询问和提供客户所需茶水	40	
总分		100	

三、素养测评

对表3-2-4所列素养点，做到即得分，未做到得零分。

表 3-2-4 接待展厅客户素养测评表

序号	素 养 点	配分	得分
1	安全作业，无安全隐患	20	
2	保护环境，无乱扔乱倒	20	
3	行为规范，无不当行为	20	
4	团队协作，无不洽关系	20	
5	场地“5S”	20	
总分		100	

四、拓展训练

（1）请列举出接待展厅客户过程中易出现的问题，分析产生问题的原因并制定解决问题的措施（满分25分）。

（2）现发现经过销售人员与客户的沟通和交流，客户仍对购车存在一些异议。试分析产生异议问题原因，依据接待展厅客户原则和方法并进行异议处理，再次进行探询，消除客户异议（满分25分）。

（3）请按照图3-2-6思维导图格式，对接待展厅客户的学习收获进行总结，结合教材中的视频，思考如何给客户留下好的印象，将你认为接待客户最重要的工作态度和行为规范，选取3个排序最靠前的填写到思维导图的空格中（满分50分）。

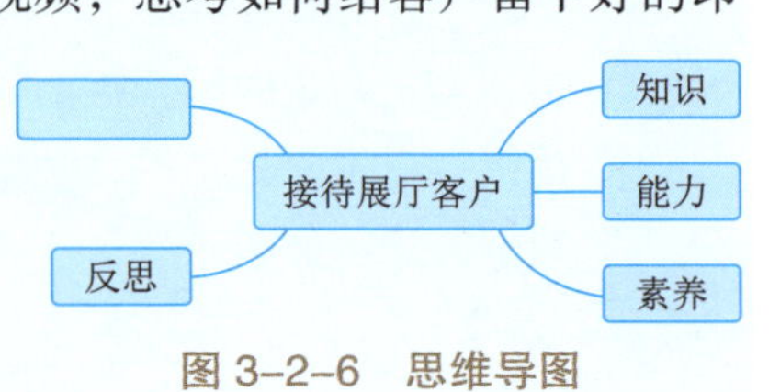

图 3-2-6 思维导图

学习笔记

任务三　进行客户沟通

职业行动

流程一：工作准备

1. 工作地点

汽车销售顾问办公区。

2. 工作设施

办公桌、座椅、座机。

3. 工作用品（见表 3-3-1）

表 3-3-1　工作用品

办公计算机	办公电话	手机	写字板

客户资料				
客户资料	客户姓名		微信	
	通信地址		邮编	
	工作单位		行业	
	单位地址			
客户信息来源	电视□　微信□　邮件□　平面广告□　其他□			
邀约方式	展厅□　来电□　微信□　其他□			
客户状态	支付定金□　继续跟进□　休眠□			

意向客户信息卡

客户管理系统			
姓名		性别	
证件类型		证件号码	
手机号码		微信/QQ	
地址			
单位名称		公司	
来电需求		留档渠道	
意向车型		当前预算	

DMS 客户管理系统

职业知识

销售文件夹的物品及功能

销售文件夹的物品	功能
计算器	为客户的购车费用进行计算
销售合同	为客户解释汽车销售合同
销售人员名片	向客户介绍自己
新车交付流程单	为客户解释交车流程
客户基本信息表	最终核对客户的信息

进行客户沟通工作要求

- 要和客户合理有效地沟通；
- 要积极回应客户的询问，保持客观公正；
- 让客户把话说完，不要急于下结论或打断他；
- 应避免使用对方不能理解的专业术语或简略语；
- 将客户的见解进行复述或者总结，确认理解正确与否

学习笔记

视频

展厅接待（2）

流程二：进行客户沟通

1. 询问客户

询问客户王先生对本店的印象，建立本店的良好形象。

2. 引导客户

引导与客户王先生对话方向，强化客户接受产品。

3. 回答客户

回答客户王先生提出的话题，同时倾听，不要打断客户王先生的谈话。

4. 重复

对客户提出的疑问，进行重复确认。

5. 解决客户疑问

分析和解决客户提出的疑问。

（1）向客户王先生讲解，重点强调产品品牌的效应、质量的优劣、价格的优势、售后服务的质量。

（2）向客户王先生讲解、比较同类汽车产品的安全性、动力性等不同属性。

6. 观察客户

观察客户王先生的语气和表情，确认其是否认同销售顾问李想的讲解。

7. 说服客户

说服客户王先生，增强客户对销售顾问的信任。

8. 确认客户

确认客户王先生进入到洽谈舒适区（心理层面）。

基本语气

要求	原　　因
语调要明朗低沉	明朗、低沉和愉快的语调最吸引人，所以语调偏高的人，应设法练习变为低调，才能说出迷人的感性声音
发音清晰，段落分明	• 发音要标准，字句之间要层次分明。 • 改正咬字不准的缺点，最好的方法就是大声地朗诵
音量的大小要适中	音量太大，会造成太大的压迫感，使人反感；音量太小，则显得信心不足，说服力不强
说话的语速要时快时慢，恰如其分	• 遇到感性的场面，语速可以加快。 • 如果是理性的场面，要放慢语速
懂得在何时停顿	语句不要太长，也不要太短，停顿有时会引起对方的好奇和催促对方早下决定

客户认同步

要求	要　　点
寻找共同点	• 要想说服客户，要赢得他的信任，消除其对抗情绪，用双方共同感兴趣的问题为跳板，因势利导地提出建议。 • 避免讨论一些容易产生分歧的问题，而先强调彼此的共同利益
耐心细致	• 说服必须耐心细致，要把产品的优点以及客户购买产品后所享受到的好处讲深、讲透，直到客户能够听取你的意见为止。 • 有时，客户不能马上做出购买决定，这时就应耐心等待。 • 在等待的时候，可适当运用幽默以缓解紧张气氛
把握时机	• 汽车销售顾问要把握对说服工作的有利时机，趁热打铁，重点突破。 • 要向客户说明，这是购买的最佳时期
循序渐进	• 说服应遵照由浅入深、从易到难的方法。 • 开始时，先进行一些容易说服的问题，打开缺口，逐步扩展。一时难以解决的问题可以暂时抛开，等待适当时机

顾客是重要的创新来源。

学习笔记

任务测评

一、知识测评

确定本任务关键词，按重要程度进行关键词排序并举例解读。

根据自己对重要信息捕捉、排序、表达、创新和划分权重能力进行自评，满分 100 分，见表 3-3-2。

表 3-3-2　进行客户沟通知识测评表

序号	关　键　词	举 例 解 读	评分自定
1			
2			
3			
4			
总分			

二、能力测评

对表 3-3-3 所列作业内容，行为规范即得分，操作行为或未执行得零分。

表 3-3-3　进行客户沟通能力测评表

序号	作 业 内 容	配分	得分
1	正确接听和拨打电话	10	
2	能正确与客户交谈，语气适中	10	
3	能正确遵守礼仪礼节	20	
4	能正确询问和记录客户信息	20	
5	能够询问客户到店目的	40	
总分		100	

三、素养测评

对表 3-3-4 所列素养点，做到即得分，未做到得零分。

表 3-3-4　进行客户沟通素养测评表

序号	素　养　点	配分	得分
1	安全作业，无安全隐患	20	
2	保护环境，无乱扔乱倒	20	
3	行为规范，无不当行为	20	
4	团队协作，无不洽关系	20	
5	场地“5S”	20	
总分		100	

四、拓展训练

（1）请列举出进行客户沟通的过程中易出现的异议，分析产生异议的原因并制定解决问题的措施（满分 25 分）。

（2）现发现经过销售人员与客户的沟通和交流，客户仍对沟通问题存在一些异议。试分析产生异议问题原因，依据客户的描述进行沟通处理，再次邀约客户到店（满分 25 分）。

（3）请按照图 3-3-1 思维导图格式，对与客户沟通的学习收获进行总结，想一想赞美是否可以快速和客户建立沟通的桥梁，拉近与客户的距离，使客户进入舒适区。同时结合自身以及身边事谈谈对“赞美”的理解（满分 50 分）。

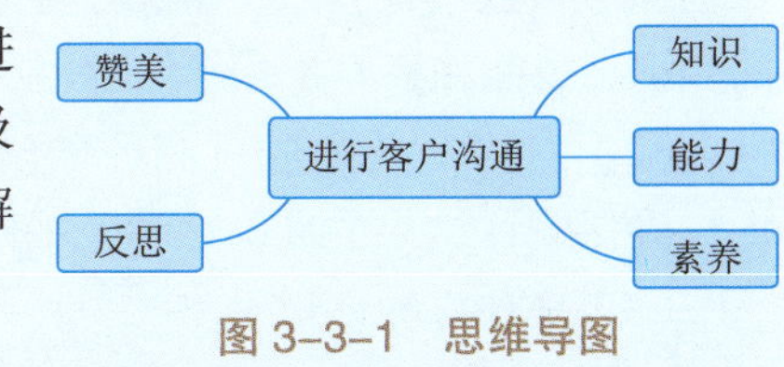

图 3-3-1　思维导图

学习笔记

学习考评

一、学习项目

根据所学，请在客户接待区对非预约客户进行接待，并注意接待的要点。

二、实施准备

1. 学生准备

学生按照教学进度计划，已经完成了以下学习任务并达到了75分以上，可进行该学习考评的实施。

（1）理解并完成学习考评需要的职业知识和方法的学习，得分大于75分。

（2）运用学习考评需要的职业知识和方法进行作业，得分大于75分。

（3）按时、按质、按量完成相应作业，得分大于80分。

（4）自觉遵守岗位标准要求和相关规定（行为规范、安全规定、环保规定、“5S”作业要求），并具有团结协作的好习惯，得分大于80分。

（5）能制定展厅接待流程并对异议进行有效处理。

2. 教师准备

（1）在安排学生实施学习考评前，通过课堂问题研讨、作业、实训和考核及其他方式，确认学生已经具备了实施学习考评所需的知识、技能和素养，并确保学生在安全状态下独立进行。

（2）对协助教师进行测评的学生进行测评和监督方法的培训，确保测评结果的准确性和公平性。

（3）准备好测评记录。

三、验证方法与标准

（1）每位测评人员负责对1名学生进行定点、全过程的监控和测评。

（2）详细记录学生在实施学习考评过程中的相关信息、数据、结果、操作方法、完成时间，以及出现错误、事故等情况。

（3）学习考评的作业过程和数据记录等，要求在60 min内完成，时间不足，可在即将结束时，口述剩余部分的作业方法。

（4）考核内容及标准见下表。

考核内容及标准

序号	评分项	得分条件	分值	评分要求	自评	互评	师评
1	安全/5S/态度	□ 1. 能正确佩戴胸牌； □ 2. 能正确穿着制服和皮鞋； □ 3. 能正确与客户交谈，语气适中； □ 4. 能正确遵守礼仪礼节； □ 5. 能够做好个人的卫生和形象	15	未完成1项扣3分，扣分不得超过15分	□ 熟练 □ 不熟练	□ 熟练 □ 不熟练	□ 合格 □ 不合格
2	专业技能能力	□ 1. 能正确欢迎进店客户； □ 2. 能正确自我介绍及递交名片； □ 3. 能正确询问和记录客户信息； □ 4. 能够询问客户到店目的； □ 5. 能够正确引导客户入座； □ 6. 能够询问和提供客户所需茶水	45	未完成1项扣7.5分，扣分不得超过45分	□ 熟练 □ 不熟练	□ 熟练 □ 不熟练	□ 合格 □ 不合格

学习笔记

3	工具及设备的使用	□ 1. 能正确使用产品手册； □ 2. 能正确使用客户信息登记表	10	未完成 1 项扣 5 分，扣分不得超过 10 分	□ 熟练 □ 不熟练	□ 熟练 □ 不熟练	□ 合格 □ 不合格
4	资料、信息查询能力	□ 1. 能正确在规定的时间内查询所需资料； □ 2. 能正确记录所需信息	10	未完成 1 项扣 5 分，扣分不得超过 10 分	□ 熟练 □ 不熟练	□ 熟练 □ 不熟练	□ 合格 □ 不合格
5	数据的判断和分析能力	□ 1. 能正确判断客户的邀约到店时间； □ 2. 能正确判断客户的到店意向	10	未完成 1 项扣 5 分，扣分不得超过 10 分	□ 熟练 □ 不熟练	□ 熟练 □ 不熟练	□ 合格 □ 不合格
6	表单填写与报告的撰写能力	□ 1. 字迹清晰； □ 2. 语句通顺； □ 3. 无错别字； □ 4. 无涂改； □ 5. 无抄袭	10	未完成 1 项扣 2 分，扣分不得超过 10 分	□ 熟练 □ 不熟练	□ 熟练 □ 不熟练	□ 合格 □ 不合格
总分							

四、考评报告

说明：考评分为理论考评和实操考评，理论考评根据项目要求以及考评模板格式制定项目实施方案，方案经教师审核合格后，方可进行实操考评。考评报告详见附录 A。

学习笔记

拓展阅读——4S 店的新变化

4S 是指整车销售、售后服务、配件供应和信息反馈四者合一而成的汽车销售体系，是一种专营模式。4S 店专营模式是营销思想从产品销售理念向客户服务理念转变的必然结果。4S 店不仅提供汽车销售、售后服务，而且还在这个过程中通过各种途径调查用户的需求和对汽车产品的意见，并将汇总的信息反馈给汽车制造商进行分析研究。经过 20 余年的发展，4S 店已经成为我国汽车销售的主流模式。

随着汽车成为普通商品走进千家万户，4S 店营销模式已经从发展之初的“高端品味”逐渐没落，在一个成熟的汽车市场获利的过程中，维修服务利润占比应达 70%，我国 4S 店维修利润占比远未达到这个比例，而且逐渐下降，远超人们心理预期的维修价格最遭人诟病，与此同时，由于行业监管不够，一些 4S 店为了提高利润，配件价格不透明，甚至以次充好，使用非原厂配件的比例逐渐加大，欺骗消费者的报道时有耳闻，对于能修的配件 4S 店修好安装后却将配件费用结算到维修费用中，“以修代换”也逐渐成为一些 4S 店牟取不当利润的手段，还有小故障大维修等，所有这些都损害了 4S 店的形象和口碑。

依托于移动互联的线上汽车销售正如火如荼发展起来，随着 4S 店的功能逐渐被取代，也许不久的将来，汽车营销新世界就会诞生。

思考：结合所学所知，你认为 4S 店应该如何改革以适应汽车新的消费形势?

项目四　需求分析

一、项目描述

完成向客户推荐店内车型。

二、项目要求

依据王先生的购车需求，对王先生进行车辆需求分析，并根据王先生的需求分析表，向王先生推荐店内车型。

（1）判断王先生的客户类型并运用相应方法进行应对。

（2）对王先生的购车需求进行分析。

（3）推荐店内符合王先生需求的车型。

三、学习目标

（1）准确描述客户分类原则。

（2）运用客户对推荐购买方案时的处理方法。

（3）准确描述以客户为中心思考问题原则。

（4）区分客户的类型，采用不同沟通技巧。

（5）在客户产生异议时引导客户重新设定购买标准。

（6）以客户为中心思考问题。

（7）自觉遵守岗位职责要求和相关规定（行为规范、安全规定、环保规定、“5S”作业要求），并养成团结协作的好习惯。

（8）树立以客户为中心的服务理念。

四、学习载体

王先生被销售顾问李想引领到了客户洽谈区，客户洽谈区有洽谈桌和座椅一套，远离喧嚣，同时能够清晰看到本店样车。为了更好地为王先生推荐店内车型，销售顾问李想打算为王先生做需求分析，探询王先生的真实购车需求，并填写客户需求分析表。

客户洽谈区

学习笔记

视频

需求分析（1）

学习笔记

任务一　判断客户类型与应对

职业行动

流程一：工作准备

1. 工作地点

汽车销售洽谈区。

2. 工作设施

洽谈桌、座椅。

3. 工作用品（见表 4-1-1）

表 4-1-1　工作用品

办公计算机	办公电话	手机	写字板

客户资料	客户姓名		微信	
	通信地址		邮编	
	工作单位		行业	
	单位地址			
客户信息来源	电视□　微信□　邮件□　平面广告□　其他 □			
邀约方式	展厅□　来电□　微信□　其他□			
客户状态	支付定金□　继续跟进□　休眠□			

意向客户信息卡

客户管理系统			
姓名		性别	
证件类型		证件号码	
手机号码		微信/QQ	
地址			
单位名称		公司	
来电需求		留档渠道	
意向车型		当前预算	

DMS 客户管理系统

职业知识

销售文件夹的物品及功能

销售文件夹的物品	功能
计算器	为客户计算购车费用
销售合同	为客户介绍汽车销售合同
销售顾问名片	向客户介绍自己
产品手册	为客户介绍店内产品
客户基本信息表	为客户寻找真实需求

判断客户类型与应对工作要求

- 必须着正装，穿深色皮鞋，男士打领带，女士戴丝巾；
- 正确使用标准销售用语；
- 注意商务礼仪行为规范；
- 注意敏感问题的询问方式

就推销而言，善听比善说更重要。

学习笔记

流程二：客户类型判断与应对

1. 分析客户进店的类型

（1）观察进店客户王先生（见图 4-1-1）。

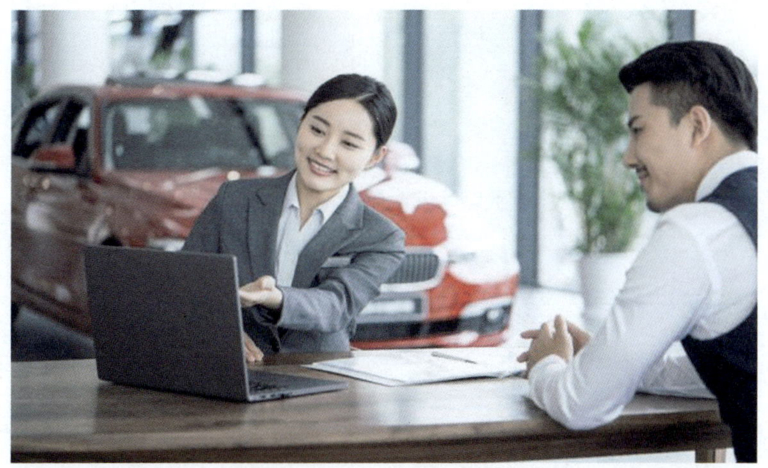

图 4-1-1 观察客户表情

① 观察客户面部表情；
② 接触客户的眼神；
③ 观察客户说话速度；
④ 观察客户回答的声音；
⑤ 观察客户的音调；
⑥ 观察客户姿势；
⑦ 观察客户身体活动；
⑧ 观察客户说话重点。

（2）根据观察要点，辨别客户王先生为温和型客户。

2. 针对客户王先生采用温和型客户应对方法

（1）主动询问客户王先生对本店的认知。

（2）积极为客户王先生提供咨询建议。

客户类型判别与应对

客户类型	支配型客户	分析型客户	表达性客户	温和型客户
面部表情	少变化	少变化	很多表情	温和有笑容
眼神接触	直接、凝聚	不慈祥，但有答案	很多注视	注视寻求接纳
说话速度	快速有力	从容不迫	快速	慢、有事停下
声音	控制声音	适中	大声	温柔温和
音调	单调、重点强调	单调	忽高忽低	流畅
姿势	放松	僵硬	充满活力	放松
身体活动	有些快速，有力	少姿势	多变化	慢和圆滑
说话重点	工作	工作	人、感觉	人
应对方法	准备充分，实话实说（如技术参数、优惠价格等问题），以文件样式准备几份书面概要（如突出产品、公司、个人优势），并有彩页及公开媒体报道，满足其控制欲。 介绍产品、回答问题要肯定、有力（注意：不要挑战客户的权威）	介绍汽车的有关数据和价格时，摆事实，讲参数，举例子时保证其正确性和可考证性，多提开放式问题。 不能过于友好，以免造成客户对汽车性能及价格产生误解	尽量以书面形式与其确认达成的共识（如试车时间、价格等）。 多邀请参加店内展车活动	认真揣摩客户心理，主动询问（把握需求）细节，从客户的感受出发，体现细致的关怀，介绍车时着重体现安全性能和舒适性能，关键是建立信任关系，如积极提供个人帮助（如汽车保养知识等）

学习笔记

任务测评

1. 知识测评

确定本任务关键词，按重要程度进行关键词排序并举例解读。

根据自己对重要信息捕捉、排序、表达、创新和划分权重能力进行自评，满分 100 分，见表 4-1-2。

表 4-1-2 判断客户类型与应对知识测评表

序号	关 键 词	举 例 解 读	评分自定
1			
2			
3			
4			
总分			

2. 能力测评

对表 4-1-3 所列作业内容，行为规范即得分，行为错误或未执行得零分。

表 4-1-3 判断客户类型与应对能力测评表

序号	作 业 内 容	配分	得分
1	能够正确佩戴胸牌	10	
2	能正确与客户交谈，语气适中	10	
3	能正确遵守礼仪礼节	20	
4	能够正确判别客户类型	20	
5	针对不同的客户采用相应应对方法	40	
总分		100	

3. 素养测评

对表 4-1-4 所列素养点，做到即得分，未做到得零分。

表 4-1-4 判断客户类型与应对素养测评表

序号	素 养 点	配分	得分
1	安全作业，无安全隐患	20	
2	保护环境，无乱扔乱倒	20	
3	行为规范，无不当行为	20	
4	团队协作，无不洽关系	20	
5	场地“5S”	20	
总分		100	

4. 拓展训练

（1）请列举出客户类型判断与应对的过程中易出现的问题，分析产生问题的原因并制定解决问题的措施（满分 25 分）。

（2）现发现通过销售人员与客户的沟通和交流，客户仍对购车存在一些异议。试分析产生异议问题原因，依据客户的类型，有针对性地进行异议消除（满分 25 分）。

（3）请按照图 4-1-2 思维导图格式，对判断客户类型与应对的学习收获进行总结，同时结合自身及身边朋友，判断不低于 5 个人类型，进一步提升客户类型的判断能力，并将类型最多的名称填写到思维导图的空格中（满分 50 分）。

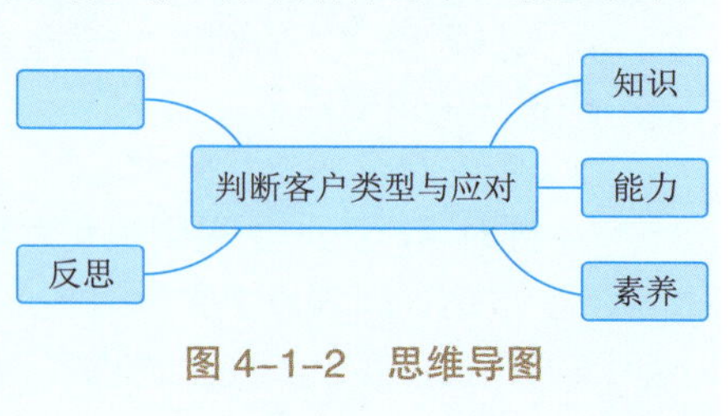

图 4-1-2 思维导图

就推销而言，善听比善说更重要。

学习笔记

任务二　分析客户购车需求

职业行动

流程一：工作准备

1. 工作地点

汽车销售洽谈区。

2. 工作设施

洽谈桌、座椅。

3. 工作用品（见表 4-2-1）

表 4-2-1　工作用品

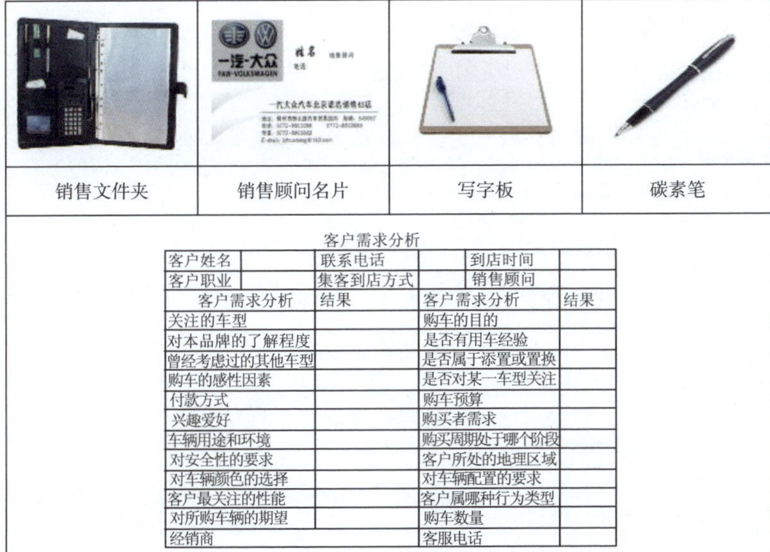

销售文件夹	销售顾问名片	写字板	碳素笔

客户需求分析

客户姓名		联系电话		到店时间	
客户职业		集客到店方式		销售顾问	

客户需求分析	结果	客户需求分析	结果
关注的车型		购车的目的	
对本品牌的了解程度		是否有用车经验	
曾经考虑过的其他车型		是否属于添置或置换	
购车的感性因素		是否对某一车型关注	
付款方式		购车预算	
兴趣爱好		购买者需求	
车辆用途和环境		购买周期处于哪个阶段	
对安全性的要求		客户所处的地理区域	
对车辆颜色的选择		对车辆配置的要求	
客户最关注的性能		客户属哪种行为类型	
对所购车辆的期望		购车数量	
经销商		客服电话	

职业知识

销售文件夹的物品及功能

销售文件夹的物品	功能
计算器	为客户计算购车费用
销售合同	为客户介绍汽车销售合同
销售顾问名片	向客户介绍自己
产品手册	为客户介绍店内产品
客户基本信息表	为客户寻找真实需求

分析客户购车需求工作要求

- 必须着正装，穿深色皮鞋，男士打领带，女士戴丝巾；
- 正确使用标准销售用语；
- 注意商务礼仪行为规范；
- 注意敏感问题的询问方式

失败是成功的开始。

学习笔记

流程二：分析客户需求

1. 获取客户信息

（1）选择先封闭、再开放的顺序，提问客户王先生。

（2）了解客户王先生的购车需求（见图 4-2-1）。

图 4-2-1　分析客户需求图

① 询问客户王先生的年龄、职业、学历、毕业学校、兴趣爱好等；

② 询问客户王先生的购车过程中的问题，了解购买计划、购买时间；

③ 询问客户王先生预算；

④ 探查竞争对手和竞争产品的情况；

⑤ 询问客户王先生对产品的看法；

⑥ 询问客户王先生对本公司的看法；

⑦ 询问有购买决策权的人的信息。

客户需求分析提问方式	
开放式提问	• 谁（who）：您为谁买这辆车。 • 何时（when）何时需要这辆车。 • 什么（what）：买这辆车的主要用途是什么。 • 为什么（why）：为什么选择这类车型。 • 在哪（where）：在哪里获得的车辆信息。 • 多少钱（how much）：为买这辆车打算花费多少钱。 • 怎么样（how）：您认为 × × 车动力性怎么样？
封闭式提问	封闭式提问的目的是用来确认信息，可以用“是”或“不是”来回答
提问顺序	• 一般性问题； • 确定性问题； • 联系性问题

以客户为中心的思考原则	
沟通中尽量少使用带有个人偏好的词语	• 在与客户沟通中，避免使用“我感觉”“我认为”等较为主观偏好的词语。 • 询问客户其意见，“您最关注车辆的哪些性能？”“您对于车辆配置有哪些重点需求？”让沟通始终以客户需求为导向
在介绍汽车时，结合客户的需求	• 销售顾问向客户介绍汽车产品的特点和优势。 • 销售顾问一定要基于客户真实需求和利益进行产品介绍
深度挖掘客户需求	• 客户可能关注的产品卖点较多，产品不能同时满足客户所有的需求。 • 销售顾问此时应及时通过询问、向客户提出建议等方法帮助客户做出选择，从而处处显示出对于客户的关注
在沟通中，案例使用同客户的实际情况结合	• 经常会以自己或者身边人、名人的案例来展示产品的特点及优势。 • 同样不能脱离客户的认知范畴，否则无法与客户产生共鸣，难以达到客户认同

失败是成功的开始。

（3）填写需求分析，见表 4-2-2。

表 4-2-2　客户需求分析

客户姓名	王先生	联系电话	135×××××××××	到店时间	2021.×.×
客户职业		集客到店方式	网络	销售顾问	李想
客户需求分析		结果	客户需求分析		结果
关注的车型		红旗 HSX	购车的目的		自用
对本品牌的了解程度		基本	是否有用车经验		有
曾经考虑过的其他车型		途 X	是否属于添置或置换		置换
购车的感性因素		外观	是否对某一车型关注		是
付款方式		贷款	购车预算		20 万元左右
兴趣爱好		户外	购买者需求		价值
车辆用途和环境		兼顾城市	购买周期哪个阶段		1 个月
对安全性的要求		车身结构	客户所处的地理区域		北京
对车辆颜色的选择		黑色	对车辆配置的要求		高配
客户最关注的性能		安全、科技	客户属哪种行为类型		价值
对所购车辆的期望		高	购车数量		1
经销商	一汽红旗汽车销售有限公司		客服电话		132×××××××××

2. 发掘客户的隐性需求

（1）销售顾问李想询问客户王先生的需求；

（2）销售顾问李想确定王先生的隐形需求为价值需求。

3. 分析客户需求心理

销售顾问李想从品牌、价值等方面分析客户王先生心理。

4. 总结客户需求

销售顾问李想重复需求分析表中客户王先生需求关键要点（如关注车型，付款方式、购车预算、兴趣爱好）。

显性需求和隐性需求

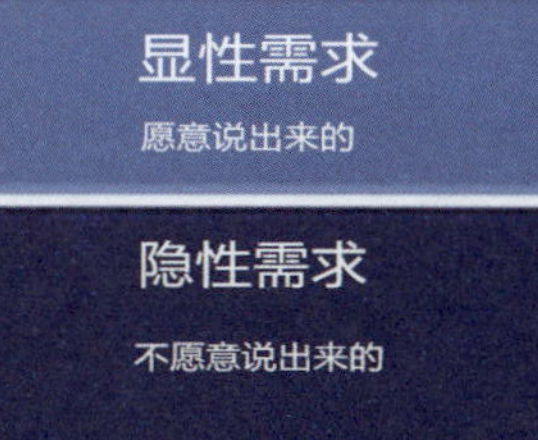

需求分析心理分析

心理	说明
品牌心理	• 不同品牌的产品在技术、质量及服务方面存在较大的差距。 • 知名品牌在某种程度上是消费者的一种保障，让消费者有一种安全感
炫耀心理	• 不能绝对地认为带着炫耀心理购车的客户就一定是很有钱的人。 • 他们在实际交易的时候肯定也会考虑价格问题，但是价格的影响程度已经大大降低
从众心理	这类客户不希望与别人有太多的不同，朋友圈里买什么车，他也会买相同层次的车，标新立异的事他是不会考虑的
价值心理	• 具有价值心理的客户来说，影响其购车的因素主要是产品的性价比。 • 也就是说他会比较理智地去考虑所花的钱买这样一辆车值不值得

学习笔记

学习笔记

任务测评

1. 知识测评

确定本任务关键词，按重要程度进行关键词排序并举例解读。

根据自己对重要信息捕捉、排序、表达、创新和划分权重能力进行自评，满分 100 分，见表 4-2-3。

表 4-2-3 分析客户购车需求知识测评表

序号	关 键 词	举 例 解 读	评分自定
1			
2			
3			
4			
总分			

2. 能力测评

对表 4-2-4 所列作业内容，行为规范即得分，行为错误或未执行得零分。

表 4-2-4 分析客户购车需求能力测评表

序号	作 业 内 容	配分	得分
1	正确佩戴胸牌	10	
2	能正确与客户交谈，语气适中	10	
3	能正确遵守礼仪礼节	20	
4	正确探询客户对购车用途和价位	20	
5	正确探询客户对车辆的喜好和要求	40	
总分		100	

3. 素养测评

对表 4-2-5 所列素养点，做到即得分，未做到得零分。

表 4-2-5 分析客户购车需求素养测评表

序号	素 养 点	配分	得分
1	安全作业，无安全隐患	20	
2	保护环境，无乱扔乱倒	20	
3	行为规范，无不当行为	20	
4	团队协作，无不洽关系	20	
5	场地“5S”	20	
总分		100	

4. 拓展训练

（1）请列举出分析客户购车需求的过程中易出现的问题，分析产生问题的原因并制定解决问题的措施（满分 25 分）。

（2）现发现通过销售人员与客户的沟通和交流，客户仍对购车存在一些异议。试分析产生异议问题原因，依据客户需求分析表并进行异议处理，再次进行需求分析的探询，消除客户异议（满分 25 分）。

（3）销售顾问李想根据和客户王先生的交流，以客户的角度帮助其作了分析，最终帮助客户王先生确认了购车的需求。

请按照图 4-2-2 思维导图格式，对分析客户购车需求的学习收获进行总结，特别对分析客户购车需求的注意事项做一个概要阐述，同时结合自身以及身边事谈谈对“以客户为中心”的理解（满分 50 分）。

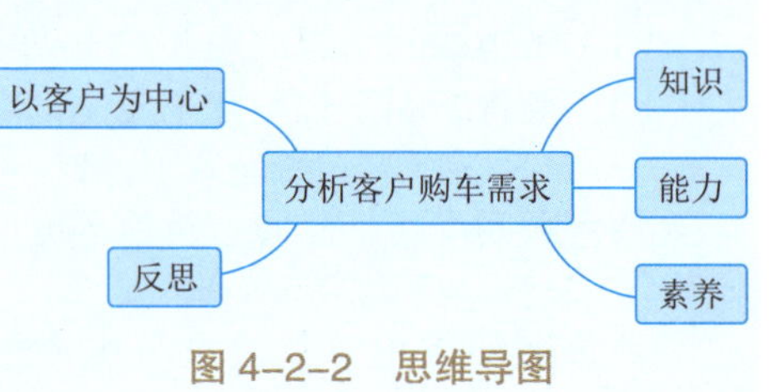

图 4-2-2 思维导图

失败是成功的开始。

学习笔记

任务三　推荐店内车型

职业行动

流程一：工作准备

1. 工作地点

汽车销售洽谈区。

2. 工作设施

洽谈桌、座椅。

3. 工作用品（见表 4-3-1）

表 4-3-1　工作用品

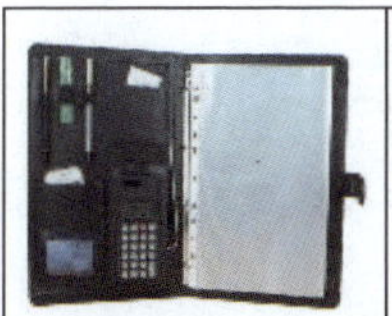			
销售文件夹	销售顾问名片	写字板	碳素笔

车型配置对比表

车型	两驱旗悦版	两驱旗享版	四驱旗悦版	四驱旗享版
级别	中大型 SUV	中大型 SUV	中大型 SUV	中大型 SUV
能源类型	汽油+48 V 轻混	汽油+48 V 轻混	汽油	汽油
环保标准	国 VI	国 VI	国 VI	国 VI
上市时间	2020.8	2020.8	2020.8	2020.8
发动机	2.0T252 马力 L4	2.0T252 马力 L4	3.0T337 马力 V6	3.0T337 马力 V6
进气形式	涡轮增压	涡轮增压	机械增压	机械增压
变速器	7 挡湿式双离合	7 挡湿式双离合	8 挡手自一体	8 挡手自一体
长宽高 /mm	5 035 × 1 989 × 1 778	5 035 × 1 989 × 1 778	5 035 × 1 989 × 1 778	5 035 × 1 989 × 1 778
车身结构	5 门 5 座 SUV	5 门 5 座 SUV	5 门 5 座 SUV	5 门 5 座 SUV
整车质保	四年或 10 万公里	四年或 10 万公里	四年或 10 万公里	四年或 10 万公里
售价	21.99 万元	22.99 万元	27.99 万元	30.99 万元

职业知识

销售文件夹的物品及功能

销售文件夹的物品	功能
计算器	为客户计算购车费用
销售合同	为客户介绍汽车销售合同
销售顾问名片	向客户介绍自己
产品手册	为客户介绍店内产品
客户基本信息表	为客户寻找真实需求

推荐店内车型工作要求

- 必须着正装，穿深色皮鞋，男士打领带，女士戴丝巾；
- 正确使用标准销售用语；
- 注意商务礼仪行为规范；
- 注意敏感问题的询问方式

学习笔记

流程二：推荐店内车型

1. 对比店内车型的价格

（1）询问客户王先生车辆使用场合，对比推荐意向车型；

（2）询问客户王先对配置参数要求，推荐意向车型；

（3）询问客户王先生选装件的要求，推荐意向车型。

2. 对比店内车型的功能

（1）对比讲解意向车型外观尺寸，推荐店内意向车型；

（2）对比讲解店内车型内饰，推荐店内意向车型；

（3）对比讲解店内车型动力，推荐店内意向车型；

（4）对比讲解店内车型操控、安全，推荐店内意向车型。

3. 总结客户的真实需求

销售顾问李想总结客户王先生的真实需求。

4. 推荐店内车型

车型配置对比表，见表 4-3-2。

表 4-3-2 车型配置对比表

车型	两驱旗悦版	两驱旗享版	四驱旗悦版	四驱旗享版
级别	中大型 SUV	中大型 SUV	中大型 SUV	中大型 SUV
能源类型	汽油+48 V 轻混	汽油+48 V 轻混	汽油	汽油
环保标准	国 VI	国 VI	国 VI	国 VI
上市时间	2020.8	2020.8	2020.8	2020.8
发动机	2.0T252 马力 L4	2.0T252 马力 L4	3.0T337 马力 V6	3.0T337 马力 V6
进气形式	涡轮增压	涡轮增压	机械增压	机械增压
变速器	7 挡湿式双离合	7 挡湿式双离合	8 挡手自一体	8 挡手自一体
长宽高 /mm	5 035 × 1 989 × 1 778	5 035 × 1 989 × 1 778	5 035 × 1 989 × 1 778	5 035 × 1 989 × 1 778
车身结构	5 门 5 座 SUV	5 门 5 座 SUV	5 门 5 座 SUV	5 门 5 座 SUV
整车质保	四年或 10 万公里	四年或 10 万公里	四年或 10 万公里	四年或 10 万公里
售价	21.99 万元	22.99 万元	27.99 万元	30.99 万元

视频

需求分析（2）

不同购车原因与车型选择的关系分析

客户信息	• 个人信息； • 旧车信息； • 新车信息； • 预算信息
车型推荐	购买人群，使用场合，使用人群

倾听的技巧

- 忽视地听；
- 假装在听；
- 有选择地听；
- 全身灌注地听；
- 有同理心地听

影响客户购车的因素

政治因素	• 政治制度； • 国家政策
经济因素	• 社会生产力； • 经济的收入
文化因素	• 文化背景； • 文化水平； • 社会习俗
群体因素	• 紧密群体； • 归属群体

不只满足让客户满意，而要追求让客户感动。

学习笔记

任务测评

一、知识测评

确定本任务关键词，按重要程度进行关键词排序并举例解读。

根据自己对重要信息捕捉、排序、表达、创新和划分权重能力进行自评，满分 100 分，见表 4-3-3。

表 4-3-3　推荐店内车型知识测评表

序号	关键词	举例解读	评分自定
1			
2			
3			
4			
总分			

二、能力测评

对表 4-3-4 所列作业内容，行为规范即得分，行为错误或未执行得零分。

表 4-3-4　推荐店内车型能力测评表

序号	作业内容	配分	得分
1	正确佩戴胸牌	10	
2	能正确与客户交谈，语气适中	10	
3	能正确遵守礼仪礼节	20	
4	能够向客户推荐意向车型	20	
5	能够说明竞品车辆信息	40	
总分		100	

三、素养测评

对表 4-3-5 所列素养点，做到即得分，未做到得零分。

表 4-3-5　推荐店内车型素养测评表

序号	素养点	配分	得分
1	安全作业，无安全隐患	20	
2	保护环境，无乱扔乱倒	20	
3	行为规范，无不当行为	20	
4	团队协作，无不洽关系	20	
5	场地“5S”	20	
总分		100	

四、拓展训练

（1）请列举出推荐店内车型的过程中易出现的异议，分析产生异议的原因并制定解决问题的措施（满分 25 分）。

（2）现发现通过销售人员与客户的沟通和交流，客户仍对购车存在一些异议。试分析产生异议问题原因，依据客户需求分析表并进行异议处理，再次推荐店内车型（满分 25 分）。

（3）请按照图 4-3-1 思维导图格式，对推荐店内车型的学习收获进行总结，思考下推荐店内车型的依据有哪些，至少列举三个以上依据，并把最靠前的依据填写到下方的思维导图空格里(满分 50 分)。

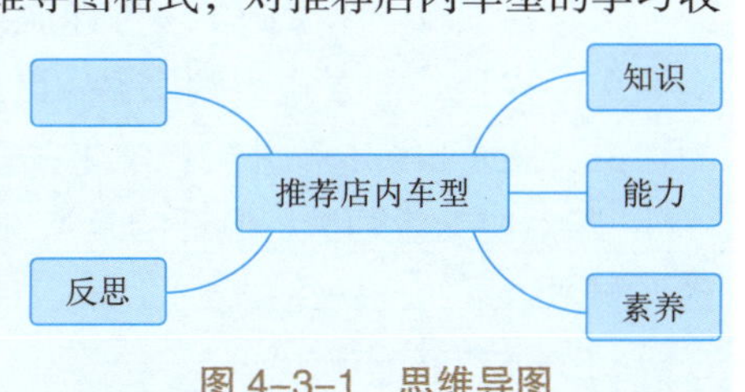

图 4-3-1　思维导图

学习笔记

学习考评

一、学习项目

根据所学，请对第二次到店的王先生进行购车需求分析并推荐店内车型，同时对竞品进行对比分析。

二、实施准备

1. 学生准备

学生在按照教学进度计划，已经完成了以下学习任务并达到了 75 分以上，可进行该学习考评的实施。

（1）理解并完成学习考评需要的职业知识和方法的学习，得分大于 75 分。

（2）运用学习考评需要的职业知识和方法进行作业，得分大于 75 分。

（3）按时、按质、按量完成相应作业，得分大于 80 分。

（4）自觉遵守岗位标准要求和相关规定（行为规范、安全规定、环保规定、“5S”作业要求），并具有团结协作的好习惯，得分大于 80 分。

（5）能制定客户购车需求分析流程并对异议进行有效处理。

2. 教师准备

（1）在安排学生实施学习考评前，通过课堂问题研讨、作业、实训和考核及其他方式，确认学生已经具备了实施学习考评所需的知识、技能和素养，并确保学生在安全状态下独立进行。

（2）对协助教师进行测评的学生进行测评和监督方法的培训，确保测评结果的准确性和公平性。

（3）准备好测评记录。

三、验证方法与标准

（1）每位测评人员负责对 1 名学生进行定点、全过程的监控和测评。

（2）详细记录学生在实施学习考评过程中的相关信息、数据、结果、流程、完成时间，以及出现错误、事故等情况。

（3）学习考评的作业过程和数据记录等，要求在 60 min 内完成，时间不足，可在即将结束时，口述剩余部分的作业方法。

（4）考核内容及标准见下表。

考核内容及标准

序号	评分项	得分条件	分值	评分要求	自评	互评	师评
1	安全/5S/态度	□1. 能正确佩戴胸牌； □2. 能正确与客户交谈，语气适中； □3. 能正确遵守礼仪礼节	15	未完成 1 项扣 5 分，扣分不得超过 15 分	□熟练 □不熟练	□熟练 □不熟练	□合格 □不合格
2	专业技能能力	□1. 能正确探询客户购车用途和价位； □2. 能正确探询客户对车辆喜好和要求； □3. 能正确向客户推荐意向车型	45	未完成 1 项扣 15 分，扣分不得超过 45 分	□熟练 □不熟练	□熟练 □不熟练	□合格 □不合格
3	工具及设备的使用	□1. 能正确使用需求分析表； □2. 能正确使用产品手册	10	未完成 1 项扣 5 分，扣分不得超过 10 分	□熟练 □不熟练	□熟练 □不熟练	□合格 □不合格
4	资料、信息查询能力	□1. 能正确在规定的时间内查询所需资料； □2. 能正确记录所需信息	10	未完成 1 项扣 5 分，扣分不得超过 10 分	□熟练 □不熟练	□熟练 □不熟练	□合格 □不合格

5	数据的判断和分析能力	□1. 能正确判断客户的类型； □2. 能正确判断客户的购车意向	10	未完成1项扣5分，扣分不得超过10分	□ 熟练 □ 不熟练	□ 熟练 □ 不熟练	□ 合格 □ 不合格
6	表单填写与报告的撰写能力	□1. 字迹清晰； □2. 语句通顺； □3. 无错别字； □4. 无涂改； □5. 无抄袭	10	未完成1项扣2分，扣分不得超过10分	□ 熟练 □ 不熟练	□ 熟练 □ 不熟练	□ 合格 □ 不合格
总分							

四、考评报告

说明：考评分为理论考评和实操考评，理论考评根据项目要求以及考评报告格式制定项目实施方案，方案经教师审核合格后，方可进行实操考评。考评报告详见附录A。

学习笔记

拓展阅读——消费者看重经销商什么特质

根据麦肯锡调查，在汽车销售和服务能力方面，消费者看重的汽车经销商特质如下图所示，工作人员的产品知识和选装配置或售后服务专业知识权重占比 53.7%，销售人员的吸引力以及待客态度占比 11.7%。也就是说，消费者在评价经销商的服务水平时，最看重的是销售人员的知识水平和待客态度。

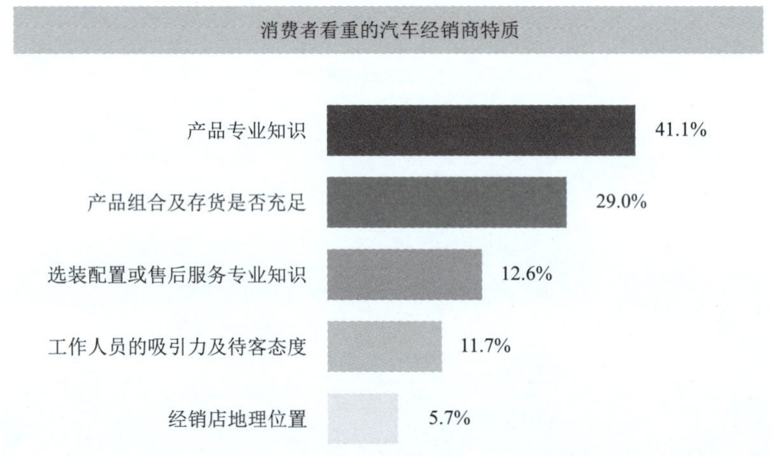

据《中国汽车报》记者实地调查 20 家自主品牌 4S 店购车服务质量，按照准备的评分表进行打分，一些分数较低的 4S 店，主要原因是工作人员的专业知识水平低，待客态度差。

思考：你制定一个 4S 店服务质量打分表，实地调查几个 4S 店，打打分，看看是什么结果，针对结果提出改进意见。

项目五　产品介绍

一、项目描述

完成展厅车辆介绍。

二、项目要求

客户通过汽车销售顾问的需求分析，确定了所需车型，作为销售顾问，我们应为客户做好产品介绍工作。

（1）为客户确认展车状态。

（2）为客户进行车辆介绍。

（3）为客户进行竞品比较。

三、学习目标

（1）准确描述展车状态确认内容。

（2）准确描述汽车六方位介绍的内容。

（3）正确描述竞品分析内容。

（4）正确完成展车确认。

（5）正确引导及向客户进行六方位介绍车辆。

（6）正确为客户进行竞品分析。

（7）自觉遵守岗位职责要求和相关规定（行为规范、安全规定、环保规定、“5S”作业要求），并养成团结协作的好习惯。

（8）树立首先是产品专家，然后才是销售专家的理念。

（9）树立产品品质才是最有效的客户黏性的理念。

四、学习载体

王先生通过汽车销售顾问李想的需求分析，认识到自己购车的真实需求。根据李想的推荐，打算到展厅去看看实车，展车区应配有客户需求展车1辆，汽车销售顾问李想为王先生进行车辆介绍。

车辆展示区

学习笔记

视频

产品介绍（1）

学习笔记

任务一　确认展车状态

职业行动

流程一：工作准备

1. 工作地点

汽车展厅展车区。

2. 工作设施

展厅车辆。

3. 工作用品（见表 5-1-1）

表 5-1-1　工作用品

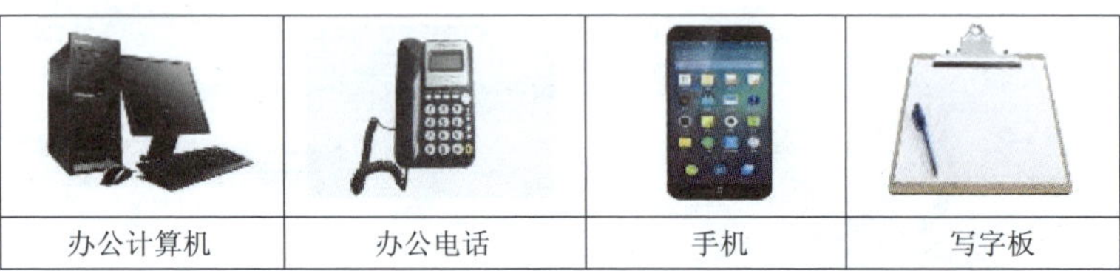

办公计算机	办公电话	手机	写字板

职业知识

车型参数配置表

车型参数配置表	内容
基本参数	长 × 宽 × 高、轴距、油箱容积、整备质量等
安全配置参数	EBA 电子驻车制动辅助系统、ECB 电子控制制动系统等
操控配置参数	一键启动、ESP 电助力转向系统等
外部配置参数	车身镀铬装饰条、防紫外风窗玻璃等
内部配置参数	多功能方向盘、导航系统等
灯光配置参数	日间行车灯、LED 灯光模组等
玻璃后视镜配置参数	电加热外后视镜、可折叠外后视镜、防炫目后视镜等
空调配置参数	双驱独立控制自动空调、ECO 节能控制系统等

确认展车状态工作要求

- 注意多辆展车的颜色搭配；
- 注意车辆的摆放角度；
- 注意活动车辆的摆放位置；
- 注意车辆的型号搭配；
- 注意突显产品特色

如果你义无反顾，那么世界就会为你让路。

学习笔记

流程二：确认展车状态

1. 确认外观状态（见图 5–1–1）

（1）整理展车漆面；

（2）整理展车玻璃；

（3）整理展车轮胎；

（4）整理展车车身装饰条及标志；

（5）整理车窗。

图 5–1–1　展车外部状态确认

2. 确认展车内部状态（见图 5–1–2）

（1）整理内饰、仪表板、车门内饰板；

（2）整理座套和方向盘；

（3）整理车内电器；

（4）整理座椅；

（5）整理音响；

（6）整理发动机舱；

（7）整理行李架。

展车外部状态确认要点	
外观状态确认	• 展车应始终保持清洁，无手纹、尘土。 • 漆面要光滑，车身无划痕。 • 玻璃内外应擦拭干净，确保无水痕及手纹，玻璃胶条要保持完整、清洁。 • 车辆的轮胎轮毂应无损，胎压正常，车轮的标识应始终保持水平，保持轮胎导水槽整洁、无异物。 • 内轮毂擦拭干净及时上轮胎蜡，展车必须配备有标识的车轮垫。 • 车身各种装饰条、车型标志、标牌齐全无损，展车有标明车型的前后牌。 • 中控门锁、遥控门锁应开关正常，四门两盖应开关灵活。 • 前车窗全部摇下，后车窗全部关闭，钥匙取下车门不能上锁

展车内部状态确认要点	
内部状态确认	• 内饰、仪表板、车门内饰板、顶棚、座椅、地毯应清洁无破损。 • 座套塑料罩与方向盘保护罩应除去，方向盘上的车辆标识保持水平。 • 各项电器设施使用正常，电瓶有电。 • 车内气味保持清新。 • 驾驶座椅调到腿部空间适当距离。 • 音响系统音量适中，预设频道全部有设置，提供不同曲风的 CD 供试听。 • 发动机保持干净整洁，无灰尘，无油渍，排水沟需擦拭干净。 • 行李架干净整洁、无杂物，与展车无关的物品应全部清除

车型参数配置表内容
汽车厂商指定车型的配置以及性能参数的表格，包括：基本参数（或性能参数）、安全配置参数、操控配置、外部配置、内部配置、灯光配置、玻璃后视镜配置、空调配置等

图 5-1-2　确认展车内部状态

3. 准备汽车性能介绍

（1）准备动力性介绍。

① 准备车辆最高车速资料。

② 准备车辆加速资料。

③ 准备车辆爬坡资料。

（2）准备制动性介绍。

① 准备车辆制动效能资料。

② 准备车辆制动效能的恒定性资料。

③ 准备车辆制动时汽车的方向稳定性资料。

（3）准备操控性和稳定性介绍。

① 准备车辆操控性资料。

② 准备车辆稳定性资料。

（4）准备行驶平顺性介绍。

（5）准备经济性介绍。

① 准备车辆等速百公里耗油量资料。

② 准备车辆循环耗油量资料。

汽车性能介绍	
动力性介绍	• 最高车速： 无风条件下，在水平、良好的沥青水平路面上，汽车能达列的最高速度，数值越大，动力性越好。 • 加速能力： 汽车在行驶中迅速增加行驶速度的能力，通常用加速时间和加速距离来表示。加速能力包括原地起步加速性和超车加速性。 • 爬坡能力： 汽车在良好的路面上，以 1 挡行驶所使爬行的最大坡度，一般用百分数表示。载货车的最大爬坡度为 30%，即 16.5° 左右。越野汽车爬坡度一般不小于 60%，即 30° 左右。轿车一般实际爬坡能力在 20% 左右
制动性介绍	• 制动效能： 制动效能是指汽车迅速降低车速直至停车的能力。汽车制动效能的评价指标是制动距离 S（单位：m）和制动减速度（单位：m/s^2）。 • 制动效能的恒定性： 制动效能的恒定性是指制动装置在进行制动时，由于温度的变化而对制动效能产生影响的恒定范围。 • 制动时汽车的方向稳定性： 汽车的方向稳定性是指在制动后轴侧滑或前轮制动跑偏
操控性和稳定性介绍	• 操控性： 操纵性是指汽车对驾驶人转向指令的响应能力，直接影响行车安全。 • 稳定性： 汽车的稳定性是汽车受干扰后恢复原来运动状态的能力以及抵御发生倾覆和侧滑的能力
行驶平顺性介绍	• 行驶平顺性： 行驶平顺性是指汽车在行驶中对路面不平的减振程度

如果你义无反顾，那么世界就会为你让路。

③ 准备车辆综合耗油量资料。

（6）准备通过性介绍。

（7）准备其他性能介绍，见表 5-1-2。

表 5-1-2　车型性能对比表

车型	两驱旗悦版	两驱旗享版	四驱旗悦版	两驱旗享版
级别	中大型 SUV	中大型 SUV	中大型 SUV	中大型 SUV
能源类型	汽油 +48 V 轻混	汽油 +48 V 轻混	汽油	汽油
环保标准	国 VI	国 VI	国 VI	国 VI
最高车速	230	230	230	230
最大马力	252 Ps	252 Ps	337 Ps	337 Ps
最大功率	185 kW	185 kW	248 kW	248 kW
官方0～100 km/h 加速	8.4	8.4	7.8	7.8
工信部综合油耗（L/100 km）	8.6	8.6	10.9	10.9
车身结构	前置后驱	前置后驱	前置四驱	前置四驱
驱动方式	5 门 5 座 SUV	5 门 5 座 SUV	5 门 5 座 SUV	5 门 5 座 SUV
行李箱容积 /L	75	75	75	75
制动器类型	通风盘式	通风盘式	通风盘式	通风盘式
驻车制动器	电子驻车	电子驻车	电子驻车	电子驻车

① 准备车辆操纵轻便性资料。

② 准备车辆机动性资料。

③ 准备车辆装卸方便性资料。

④ 准备车辆容量资料。

汽车性能介绍	
经济性介绍	• 等速百公里耗油量： 等速百公里耗油量是指在平坦硬实的路面上，汽车调至最高挡分别以不同车速（每 10 km/h 的车速取一个点）等速行驶这段路程，往返取一次平均值，记录下耗油量，即可获得不同车速下汽车的百公里耗油量。 • 循环耗油量： 循环耗油量是指在一段指定的典型路段内汽车以等速、加速和减速三种工况行驶时的耗油量，有时还要计入起动和怠速等工况的耗油量，然后折算成百公里耗油量。 • 综合耗油量： 综合耗油量一般而言，是指循环耗油量与等速百公里耗油量（指定车速）加权平均取得综合耗油量，就能比较客观地反映汽车的耗油量
通过性介绍	通过性： 通过性是指汽车在一定的载重量下能以较高的平均速度通过各种坏路及无路地带和克服各种障碍物的能力
其他性能介绍	• 操纵轻便性： 操纵轻便性用驾驶汽车时行为的次数、行为时所需要的力、行为时的方便情况以及视野、照明、信号等来评价。 • 机动性： 市区内行驶的汽车，经常行驶于狭窄多弯的道路，机动性显得尤为重要。机动性主要用最小转弯半径来评价。转弯半径越小，机动性越好。 • 装卸方便性： 与车厢的高度、可翻到的栏板数目以及车的数目和尺寸有关。 • 容量： 容量表示汽车能同时运输的货物数量或者乘客人数。货车用载重量和载货容积来表示；客车用载客数来表示

学习笔记

学习笔记

任务测评

一、知识测评

确定本任务关键词，按重要程度进行关键词排序并举例解读。

根据自己对重要信息捕捉、排序、表达、创新和划分权重能力进行自评，满分 100 分，见表 5-1-3。

表 5-1-3　确认展车状态知识测评表

序号	关　键　词	举 例 解 读	评分自定
1			
2			
3			
4			
总分			

二、能力测评

对表 5-1-4 所列作业内容，行为规范即得分，行为错误或未执行得零分。

表 5-1-4　确认展车状态能力测评表

序号	作 业 内 容	配分	得分
1	能够正确确认展厅状态	10	
2	能正确与客户交谈，语气适中	10	
3	能正确遵守礼仪礼节	20	
4	能正确做好个人的卫生和形象	20	
5	能够正确做好汽车性能介绍准备	40	
总分		100	

三、素养测评

对表 5-1-5 所列素养点，做到即得分，未做到得零分。

表 5-1-5　确认展车状态素养测评表

序号	素　养　点	配分	得分
1	安全作业，无安全隐患	20	
2	保护环境，无乱扔乱倒	20	
3	行为规范，无不当行为	20	
4	团队协作，无不洽关系	20	
5	场地“5S”	20	
总分		100	

四、拓展训练

（1）请列举出确认展车状态的过程中易出现的问题，分析产生问题的原因并制定解决问题的措施（满分 25 分）。

（2）现发现通过销售顾问与销售总监的沟通和交流，按照客户需求确认展车状态。试分析产生异议问题原因，依据客户的车辆需求，有针对性地进行异议消除（满分 25 分）。

（3）请按照图 5-1-3 思维导图格式，对确认展车状态的学习收获进行总结，想一想车辆介绍之前为什么要进行展车状态确认，至少说出 3 种以上理由，并把你认为最重要的理由填写到下方的思维导图空格里（满分 50 分）。

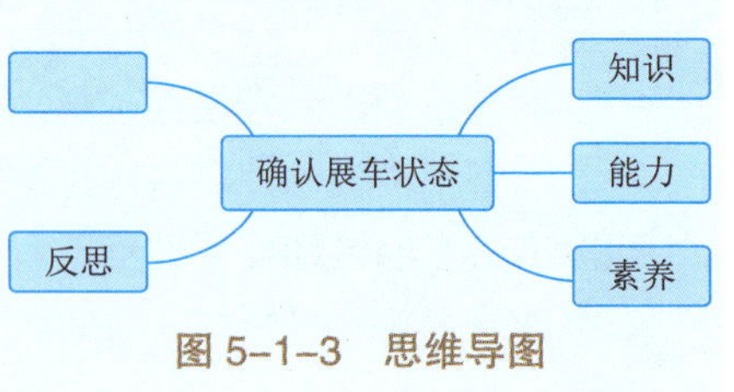

图 5-1-3　思维导图

如果你义无反顾，那么世界就会为你让路。

学习笔记

任务二　介绍车辆

职业行动

流程一：工作准备

1. 工作地点

汽车展厅展车区。

2. 工作设施

展厅车辆。

3. 工作用品（见表 5-2-1）

表 5-2-1　工作用品

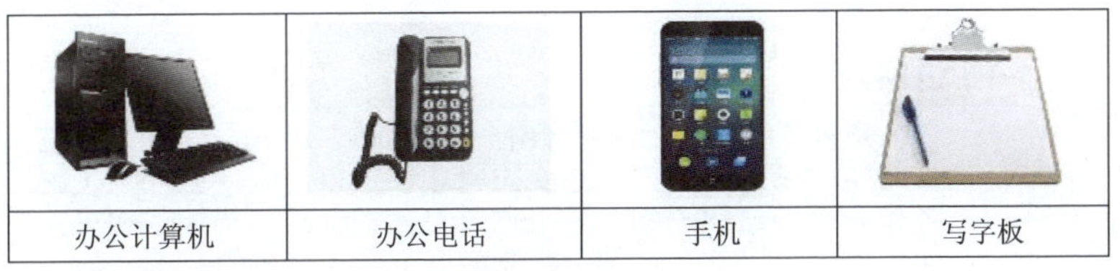

办公计算机	办公电话	手机	写字板

职业知识

车型参数配置表

车型参数配置表	内容
基本参数	长 × 宽 × 高、轴距、油箱容积、整备质量等
安全配置参数	EBA 电子驻车制动辅助系统、ECB 电子控制制动系统等
操控配置参数	一键启动、ESP 电助力转向系统等
外部配置参数	车身镀铬装饰条、防紫外风窗玻璃等
内部配置参数	多功能方向盘、导航系统等
灯光配置参数	日间行车灯、LED 灯光模组等
玻璃后视镜配置参数	电加热外后视镜、可折叠外后视镜、防炫目后视镜等
空调配置参数	双驱独立控制自动空调、ECO 节能控制系统等

介绍车辆工作要求

- 对自己所介绍的车辆要有信心；
- 介绍中不能涉及太多的知识与概念；
- 使用行业标准用语和规范动作；
- 注意根据客户关注点进行重点介绍

学习笔记

流程二：介绍车辆

1. 根据客户类型选择车型介绍方法

（1）销售顾问李想为客户王先生介绍车辆 HSX，并填写产品体验单，见表 5-2-2。

① 为客户王先生讲解产品的特性；

② 为客户王先生讲解产品的优点；

③ 为客户王先生具体阐述产品能够满足客户的利益需求；

④ 为客户王先生拿出证据，证明上述性能的可靠性。

表 5-2-2　产品体验单

设计		舒适	
○	气贯山河红旗立标	○	全智能清新梦幻森林氧吧
○	高山飞瀑前进气格栅	○	远程智能车辆控制系统
○	旌旗飞扬式灵动腰线	○	顶级 BOSE 音响
○	同量级大 20 寸运动轮毂	○	顶级 Nappa 真皮
动力		安全	
○	第三代米勒循环	○	1 500 MB 同级最强钢材
○	第三代 6 速手自一体变速箱	○	独创“9H”超强安全笼式车身
操控		科技	
○	第五代智能四驱系统	○	双 12.3 寸液晶连屏中控
○	五种智能模式	○	语音交互系统
○	前后全独立软硬可调悬挂	○	智慧无忧 HD2.5 自动驾驶

（2）销售顾问李想利用道具演示法为客户王先生介绍车辆。

（3）销售顾问李想利用构图讲解法为客户王先生介绍车辆。

（4）销售顾问李想利用 FABE 法为客户王先生介绍车辆。

FABE 法	
定义	也称四段论介绍法，将产品的特征和配置（Feature）表述清楚，并加以解释、说明，从而引出它的优势和好处（Advantage）及可以带给客户的利益（Benefit），并适时地展示足以让客户相信的证据（Evidence），进而使客户产生购买动机

道具演示法	
定义	就是为了让车辆介绍更加逼真、生动，利用一些相关道具边演示边介绍
优点	• 道具的选择要巧妙，让客户意想不到，最主要的是通过道具吸引客户的注意力，唤起客户的想象力，激发客户的好奇心，给客户留下深刻的印象。 • 在具体实施的过程中，要注意语言、手势动作与道具的应用要协调，表情要自然、逼真，让客户觉得真实可信。 • 道具演示法一般是在客户无法理解产品特性的情况下采用的方法

构图讲解法	
定义	客户来买车时，在心中会有一幅图画，那就是他开上车之后的生活场景。销售人员要想将车辆销售出去，就必须了解客户心中的这幅图画，并且通过自己的介绍，描绘一幅更美丽的图画，以此来达到有效刺激客户购买欲望的目的
重点	• 汽车销售顾问在进行构图讲解法的过程中，要把握客户的心理，了解客户心中的那幅图画都有些什么内容，才能根据自己所销售的产品，提炼出有针对性的销售主题； • 构造一个应用的情景，最后将这个主题与情景搭配起来，连缀成一个故事或生活场景，这样能够激起客户对这幅美丽图画的向往，使客户自愿接受你的产品介绍，并最终购买你的产品

FBI 法	
定义	在介绍产品时进行阶梯式描述，使车辆体现价值，激发和增强客户购买信心和欲望

不创新，就会止步不前。

学习笔记

2. 为客户进行六方位绕车介绍

（1）销售顾问李想准备六方位介绍。

①引导客户到达展车前方；

②戴上白色手套，防止刮伤车表面；

③询问客户王先生对展车的了解情况。

（2）介绍展示车辆（见图 5-2-1 和图 5-2-2）。

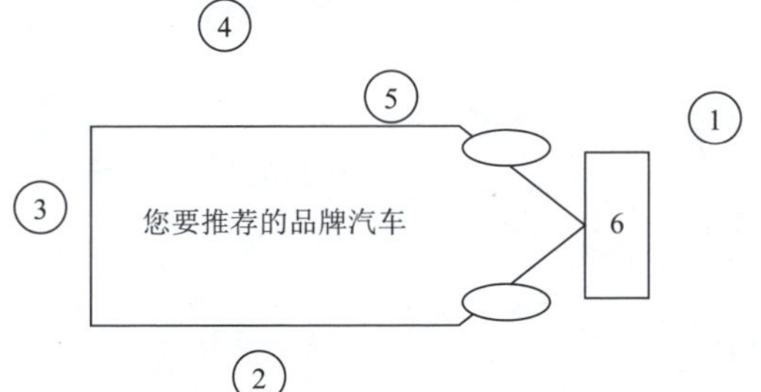

图 5-2-1　六方位介绍示意图法

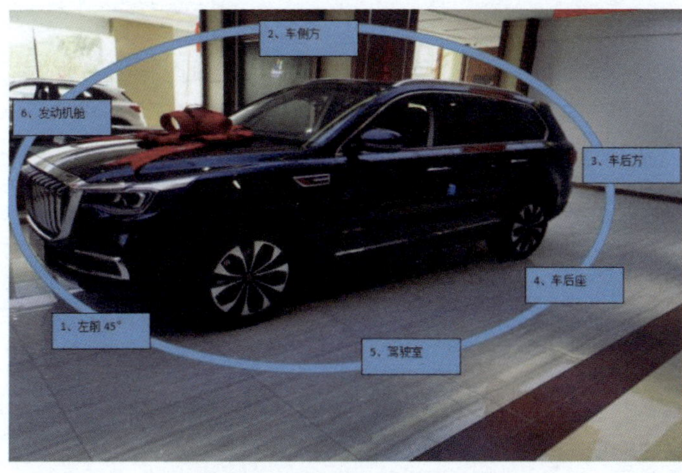

图 5-2-2　实车六方位介绍图

六方位绕车介绍法		
定义	也称四段论介绍法，就是将产品的特征和配置（Feature）表述清楚，并加以解释、说明，从而引出它的优势和好处（Advantage）及可以带给客户的利益（Benefit），并适时地展示足以让客户致信的证据（Evidence），进而使客户产生购买动机	
前提	掌握全面的产品知识	• 企业的产品： 主要包括产品性能、服务项目、保证条款、价格、优惠政策等方面的优缺点，以及汽车的整个产品系列情况，如企业声誉、仓储条件、保证条款、质量运作、品牌价值等。 • 竞争对手的汽车产品知识： 汽车销售顾问要对竞争车型全面地了解和掌握，才能在整个产品展示过程中，既能展示产品的特点，又能灵活应对客户对产品产生的异议 • 与售后服务人员的诚恳合作： 通过与维修人员的沟通，不仅能够引发更多的销售建议，提高行为技巧，还能使汽车销售顾问提高警觉，及早发现产品存在的问题，对可能发生的客户投诉有所准备
	发掘客户的需求	• 进行六方位介绍法的主要目的是能够更全面地了解和满足客户的需求，因此在整个介绍过程中要注意互动，随时发掘客户的需求，并以此为主线来进行产品的介绍
	针对客户情况选择产品介绍的程度	• 就是指产品的优势和好处能带给客户哪些方面的利益。通过汽车销售顾向的介绍，将客户所关心的利益表达出来，从而引起客户的共鸣

学习笔记

①介绍 1 号位——车左前 45°（见图 5-2-3）。

销售顾问李想应面向客户王先生，左手引导客户王先生参观汽车，向王先生介绍该位置最有利于看清车辆整体的特征，向客户王先生讲解车标、前脸、前照灯、格栅等。

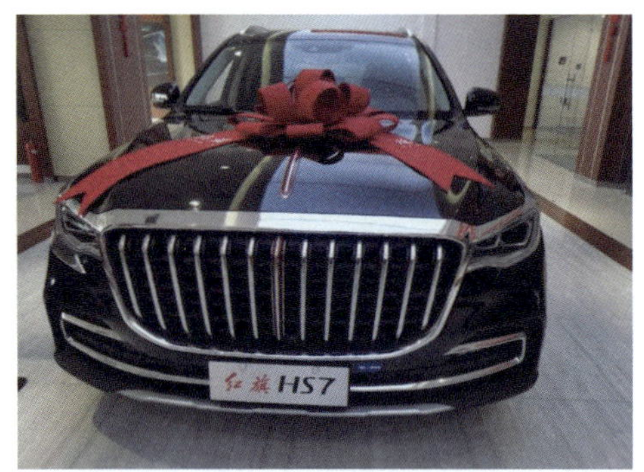

图 5-2-3　车左前 45° 图

②介绍 2 号位——车侧方（见图 5-2-4）。

销售顾问李想向客户王先生介绍该位置最有利于看清车辆的流线特征，向客户王先生讲解车轮、车身、ABC 柱、车外后视镜、腰线、侧围。

图 5-2-4　车侧方图

车左前 45° 介绍要点

配置	主要体现性能	重点推荐客户人群	销售用语
车标	汽车品牌内涵	注重内涵客户	品牌内涵与您身份和个性匹配
前脸	外观时尚性	注重时尚性客户	车型大气，彰显您稳重的气息
前照灯	智能性	购买家用车客户	智能前照灯安全大气，灯光延时功能让您夜晚出行更安全
前风挡玻璃	安全性和经济性	注重外观、环保客户	为您提供更好的视野，同时能有效降低您爱车的车内温度、减少空调负荷并降低油耗
保险杠	安全性	注重安全性能客户	提高安全系数，提供安全保障
格栅	外观时尚性	注重外观的客户	大气与尊贵

车侧方介绍要点

配置	主要体现性能	重点推荐客户人群	客户利益
车轮	安全性能和时尚性	注重汽车外观时尚性客户	造型美观与车身外观相互辉映
车身	主动安全性能	注重汽车构造客户	安全高标准，让您行车更有保障
ABC 柱	主动安全性能	注重安全性能客户	坚实结构，为您提供安全保障
车门	主动安全性能	注重汽车安全性客户	增强防撞防护能力，为您提供“双倍”保护
车外后视镜	主动安全性能	注重细节的客户	从细节方面体现人性化设计，给您贴心的产品服务
腰线	外观时尚性和主动安全性能	注重安全性能客户	在彰显您的尊贵同时也为您的行驶提供安全防护
侧围	主动安全性能	遵循不对称轻量化设计理念	高强度钢材组成的车身能有效地抵御车身变形，吸引碰撞能量

不创新，就会止步不前。

③ 为客户介绍 3 号位——车后方（见图 5-2-5）。

销售顾问李想向客户王先生介绍该位置最有利于看清车辆的后侧特征，向客户王先生讲解扰流板、后保险杠横梁、后尾灯、倒车影像、泊车雷达。

图 5-2-5　车后方图

车后方介绍要点			
配置	主要体现性能	重点推荐客户人群	客户利益
扰流板	安全性和外观时尚性	注重内涵客户	每一个部位都注重品味的塑造，显现完美体面的高级车风范
后保险杠横梁	经济性与安全性		在高速碰撞时不仅抵抗力更好，而且不易断裂，保证能量传递的最佳效果，提高车辆尾部碰撞时的安全
后尾灯	外观时尚性与安全性	注重汽车外观时尚性客户	不仅动感美观，而且还保证行车安全
倒车影像	操控性与安全性	注重汽车操控性与安全性客户	这绝对是您倒车、停车的好帮手
泊车雷达	安全性	停车入位感到困难客户	在倒车时，提醒驾驶人后面存在物体

④ 为客户介绍 4 号位——车后座（见图 5-2-6）。

销售顾问李想向客户王先生介绍该位置最有利于看清车辆的车后座特征，向客户王先生讲解儿童座椅固定装置、后排中央扶手、后座金属背板、儿童安全门锁、安全带。

图 5-2-6　车后座图

车后座介绍要点			
配置	主要体现性能	重点推荐客户人群	客户利益
儿童座椅固定装置	安全性	购买家庭用车，尤其是家中有儿童客户	避免突发性停车或在碰撞过程中儿童座椅可能发生的移动和碰撞，提供更有效的保护
后排中央扶手	舒适性	注重后排乘坐舒适性客户	后排座椅中间有中央扶手，提高乘坐舒适性，还能彰显爱车高贵
后座金属背板	安全性	后排座椅靠背上加装了金属背板	避免因追尾碰撞冲击力过大对后排乘客伤害，提高车辆安全性
儿童安全门锁	安全性	购买家庭用车，尤其是家中有儿童客户	确保儿童乘车安全
安全带	被动安全	注重安全性能客户	使后座人员更有安全感

学习笔记

学习笔记

⑤ 为客户介绍 5 号位——驾驶室（见图 5-2-7）。

销售顾问李想向客户王先生介绍该位置最有利于看清车辆的前排特征，向客户王先生讲解内饰、仪表及中控板、转向盘、组合仪表、交互系统、座椅。

图 5-2-7　驾驶室图

⑥ 为客户介绍 6 号位——发动机舱（见图 5-2-8）。

销售顾问李想向客户王先生介绍该位置最有利于看清车辆的发动机舱特征，向客户王先生讲解发动机罩、高性能全铝合金发动机、低噪环保。

图 5-2-8　发动机舱

驾驶室介绍要点

配置	主要体现性能	重点推荐客户人群	客户利益
内饰	时尚性	注重时尚客户	独特的内饰造型营造出一种强烈的时尚感，体现了美好的寓意
仪表及中控板	时尚美观	注重高档、时尚客户	整个中控面板给人高档、时尚的感觉，营造出强烈的视觉冲击力
转向盘	操纵性和舒适性	追求时尚质感、科技感的客户	为您提供舒适、操控性好的行驶环境
组合仪表	舒适性	追求舒适性客户	能让您在行车中清晰读取行车信息，有效缓解驾驶时的视觉疲劳
交互系统	操纵性	追新求异客户	系统反应灵敏、精准
座椅	舒适性	追求舒适性客户	给您舒适体验，尤其是在长途驾驶时可有效为您缓解腰部疲劳

发动机舱介绍要点

配置	主要体现性能	重点推荐客户人群	客户利益
发动机罩	安全性与外观时尚性	注重安全性客户	避免发动机罩挤入驾驶室对乘员造成伤害，还能降低伤害力度
高性能全铝合金发动机	经济性与操控性	注重经济性与操控性客户	高品质的发动机能给您带来无尽的乐趣，超强的功率和转矩输出，不论是起步还是加速，都有过人的表现，让您轻松驾驶，尽情享受，从此不再有烦恼
低噪环保	操控性与环保性能	注重汽车环保性能的客户可重点推荐	让行车更加舒适

不创新，就会止步不前。

学习笔记

任务测评

一、知识测评

确定本任务关键词,按重要程度进行关键词排序并举例解读。

根据自己对重要信息捕捉、排序、表达、创新和划分权重能力进行自评，满分 100 分，见表 5-2-3。

表 5-2-3 介绍车辆知识测评表

序号	关 键 词	举 例 解 读	评分自定
1			
2			
3			
4			
总分			

二、能力测评

对表 5-2-4 所列作业内容，行为规范即得分，行为错误或未执行得零分。

表 5-2-4 介绍车辆能力测评表

序号	作 业 内 容	配分	得分
1	正确确认展厅车辆类型	10	
2	能正确与店内其他人员交谈，语气适中	10	
3	能正确遵守礼仪礼节	20	
4	正确对展厅的各个区域进行准备	20	
5	能够根据客户到访信息进行展厅准备	40	
总分		100	

三、素养测评

对表 5-2-5 所列素养点，做到即得分，未做到得零分。

表 5-2-5 介绍车辆素养测评表

序号	素 养 点	配分	得分
1	安全作业，无安全隐患	20	
2	保护环境，无乱扔乱倒	20	
3	行为规范，无不当行为	20	
4	团队协作，无不洽关系	20	
5	场地“5S”	20	
总分		100	

四、拓展训练

（1）请列举出介绍车辆的过程中易出现的问题，分析产生问题的原因并制定解决问题的措施（满分 25 分）。

（2）通过销售人员与客户的沟通和交流，按照客户的需求进行六方位介绍车辆。试分析产生异议问题原因，依据客户的车辆需求，有针对性地进行异议消除（满分 25 分）。

（3）请按照图 5-2-9 思维导图格式，对介绍车辆的学习收获进行总结，同时结合自身以及身边事谈谈对“车辆品质对企业品牌的影响”的理解,列举至少 3 个车型的“创品牌”的故事(满分 50 分)。

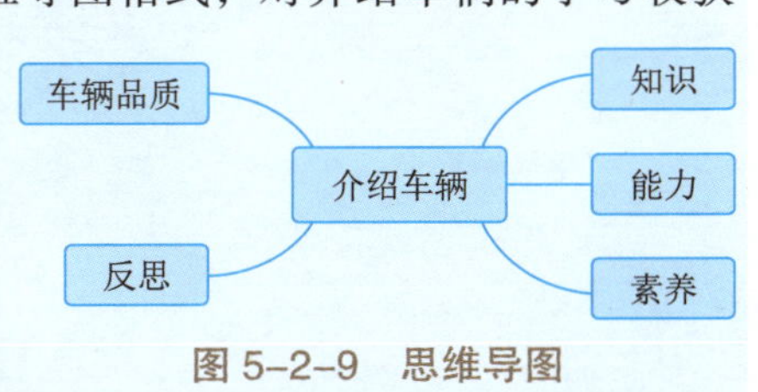

图 5-2-9 思维导图

学习笔记

任务三　比较竞品

职业活动

流程一：工作准备

1. 工作地点

汽车销售顾问办公区。

2. 工作设施

办公桌、座椅、车辆。

3. 工作用品（见表 5-3-1）

表 5-3-1　工作用品

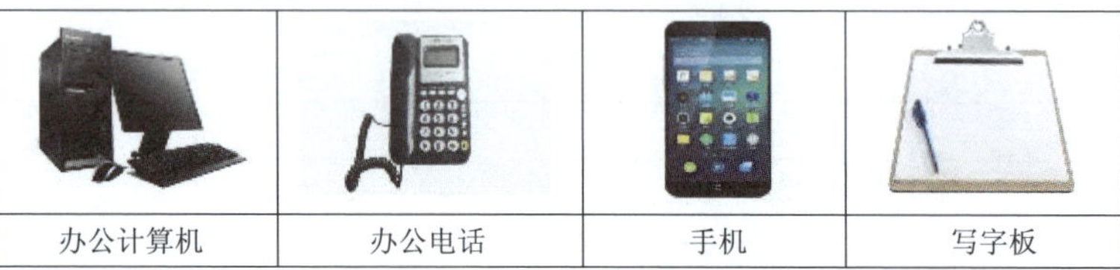

办公计算机	办公电话	手机	写字板

职业知识

车型配置表

车型参数配置表	内容
基本参数	长 × 宽 × 高、轴距、油箱容积、整备质量等
安全配置参数	EBA 电子驻车制动辅助系统、ECB 电子控制制动系统等
操控配置参数	一键启动、ESP 电助力转向系统等
外部配置参数	车身镀铬装饰条、防紫外风窗玻璃等
内部配置参数	多功能方向盘、导航系统等
灯光配置参数	日间行车灯、LED 灯光模组等
玻璃后视镜配置参数	电加热外后视镜、可折叠外后视镜、防炫目后视镜等
空调配置参数	双驱独立控制自动空调、ECO 节能控制系统等

比较竞品工作要求

- 确认客户需求车辆的相关政策和优惠；
- 确认客户需求车辆的产品手册；
- 确认客户需求车辆的竞品车辆信息；
- 预判客户个人的兴趣和购车动机；
- 掌握最近汽车相关的新闻报道

不懂产品，无法营销。

流程二：比较竞品

1. 比较竞品车型

（1）销售顾问李想对比车型外观进行讲解；

（2）销售顾问李想对比车辆参数及配置进行讲解；

（3）销售顾问李想对比车辆消费者口碑进行讲解；

（4）销售顾问李想对比车辆价格进行讲解。

2. 引导客户认同竞品分析

（1）销售顾问李想介绍自己品牌产品，赞美客户王先生将产品的优点与客户王先生的利益点有效地结合起来，赢得客户王先生的好感与信任。

（2）销售顾问李想针对王先生选择竞品车型打个恰当比喻，缓解现场竞品分析的气氛，提升与客户王先生之间的关系。

（3）销售顾问李想将缺点“全盘托出”。把客户王先生的眼光引向产品的优势，着重表现出产品高于其客户同类产品的地方。

（4）销售顾问李想让客户王先生参与其中。提供一个不完整的方案，给对方留下调整的余地；提供一个不完美的商品，赋予客户王先生修改的权利。当客户王先生参与了“使方案或商品更完美”之后，客户王先生会更乐于接受销售顾问的建议。

（5）销售顾问李想避免在客户王先生面前说对比品牌的坏话。客户王先生为了降低自己购车的风险，花费大量的时间去广泛地调查。因此，有可能对调查过的销售商和汽车销售顾问会建立认识和好感。销售顾问李想进行巧妙对比竞品，结果不但没有降低客户王先生对第三者的认同，反而再一次增加了客户王先生对竞争对手的关注和认同。

竞品分析	
车型外观	• 很多客户在选车时，首先关注的是车辆的外观，那么这就要求我们对自家车和同档次的竞品车的车辆外观形态要求有一个较为全面的了解； • 不同类型的客户，如不同的年龄、职业、性格、性别等，对车辆的外观形态要求都不一样。这就好比什么样的衣服配什么样的人一样，车既是代步工具，但也要跟车主的类型相符合，才能更好地衬托出车主的地位、身份、形象等
车辆参数及配置	• 车辆参数对于大多数客户来讲，是评价一辆车的硬件指标，当销售顾问能将所介绍车型与其相对应的竞品车型非常熟悉地进行客观比对，那么客户对销售顾问将会更加信任，销售顾问的专业性能让客户增加购买信心； • 当然在进行参数解说和比对时，要让客户觉得销售顾问既专业又客观，数据具有最好的说服力，当然数据分析在解说时要尽量通俗易懂
车辆消费者口碑	• 在竞品分析中，消费者的口碑显得很有参考价值； • 根据调研，消费者主要会从车辆的空间大小、动力的强劲与否、操控的感受、油耗大小、驾乘舒适感、外观以及内饰等几个方面给车辆进行综合评价
车辆价格	应该说 90% 以上的客户在最后购车时都会在价格方面提出异议，因此销售顾问最需要做的就是力求表达自己所介绍车辆的价值，让客户觉得物有所值或物超所值才是关键和重点

学习笔记

视频

产品介绍（2）

学习笔记

任务测评

一、知识测评

确定本任务关键词,按重要程度进行关键词排序并举例解读。

根据自己对重要信息捕捉、排序、表达、创新和划分权重能力进行自评，满分 100 分，见表 5-3-2。

表 5-3-2　比较竞品知识测评表

序号	关　键　词	举 例 解 读	评分自定
1			
2			
3			
4			
总分			

二、能力测评

对表 5-3-3 所列作业内容，行为规范即得分，行为错误或未执行得零分。

表 5-3-3　比较竞品能力测评表

序号	作 业 内 容	配分	得分
1	正确进行销售顾问工具准备	10	
2	能正确与店内其他人员交谈，语气适中	10	
3	能正确遵守礼仪礼节	20	
4	能够按照要求进行准备工作	20	
5	能够对客户进行跟进	40	
总分		100	

三、素养测评

对表 5-3-4 所列素养点，做到即得分，未做到得零分。

表 5-3-4　比较精品素养测评表

序号	素　养　点	配分	得分
1	安全作业，无安全隐患	20	
2	保护环境，无乱扔乱倒	20	
3	行为规范，无不当行为	20	
4	团队协作，无不洽关系	20	
5	场地“5S”	20	
总分		100	

四、拓展训练

（1）请列举出比较竞品的过程中易出现的问题，分析产生问题的原因并制定解决问题的措施（满分 25 分）。

（2）通过比较竞品，找到存在的一些问题。试分析产生异议问题原因，依据比较竞品的流程进行沟通处理，再次为客户推荐车辆做好准备工作（满分 25 分）。

（3）请按照图 5-3-1 思维导图格式，对比较竞品的学习收获进行总结，特别对比较竞品的注意事项做一个概要阐述，搜集 5 个价位相同的车辆进行比较，思考最能打动客户的产品属性有哪些，并将这些属性排序，同时将排名最靠前的填写在思维导图的空格中（满分 50 分）。

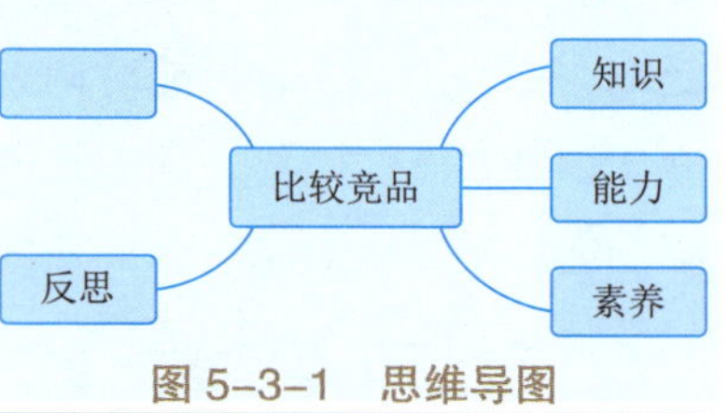

图 5-3-1　思维导图

不懂产品，无法营销。

学习笔记

学习考评

一、学习项目

根据所学，请对产品介绍进行分析并找出产品介绍工作中出现的问题。

二、实施准备

1. 学生准备

学生按照教学进度计划，已经完成了以下学习任务并达到了75分以上，可进行该学习考评的实施。

（1）理解并完成学习考评需要的职业知识和方法的学习，得分大于75分。

（2）运用学习考评需要的职业知识和方法进行作业，得分大于75分。

（3）按时、按质、按量完成相应作业，得分大于80分。

（4）自觉遵守岗位标准要求和相关规定（行为规范、安全规定、环保规定、“5S”作业要求），并具有团结协作的好习惯，得分大于80分。

（5）能制定产品介绍的工作流程并对问题进行有效处理。

2. 教师准备

（1）在安排学生实施学习考评前，通过课堂问题研讨、作业、实训和考核及其他方式，确认学生已经具备了实施学习考评所需的知识、技能和素养，并确保学生在安全状态下独立进行。

（2）对协助教师进行测评的学生进行测评和监督方法的培训，确保测评结果的准确性和公平性。

（3）准备好测评记录。

三、验证方法与标准

（1）每位测评人员负责对1名学生进行定点、全过程的监控和测评。

（2）详细记录学生在实施学习考评过程中的相关信息、数据、结果、行为方法、完成时间，以及出现错误、事故等情况。

（3）学习考评的作业过程和数据记录等，要求在60 min内完成，时间不足，可在即将结束时，口述剩余部分的作业方法。

（4）考核内容及标准见下表。

考核内容及标准

序号	评分项	得分条件	分值	评分要求	自评	互评	师评
1	安全/5S/态度	□1. 能正确佩戴胸牌； □2. 能正确穿着制服和皮鞋； □3. 能正确遵守礼仪礼节； □4. 能正确与客户交谈，语气适中； □5. 能正确做好个人的卫生和形象	15	未完成1项扣3分，扣分不得超过15分	□熟练 □不熟练	□熟练 □不熟练	□合格 □不合格

学习笔记

2	专业技能能力	□1. 能正确引导客户到意向车型； □2. 能正确引导及向客户介绍车辆左前侧； □3. 能正确引导及向客户介绍车辆侧部口； □4. 能正确引导及向客户介绍车辆尾部口； □5. 能正确引导及向客户介绍后座； □6. 能正确引导及向客户介绍驾驶室； □7. 能正确引导及向客户介绍前机舱； □8. 能正确介绍车辆配置及展示； □9. 能正确解答客户提出的问题	45	未完成1项扣5分，扣分不得超过45分	□ 熟练 □ 不熟练	□ 熟练 □ 不熟练	□ 合格 □ 不合格
3	工具及设备的使用	□1. 能正确使用产品手册； □2. 能正确使用平板计算机	10	未完成1项扣5分，扣分不得超过10分	□ 熟练 □ 不熟练	□ 熟练 不熟练	□ 合格 □ 不合格
4	资料、信息查询能力	□1. 能正确在规定的时间内查询所需资料； □2. 能正确记录所需信息	10	未完成1项扣5分，扣分不得超过10分	□ 熟练 □ 不熟练	□ 熟练 □ 不熟练	□ 合格 □ 不合格
5	数据的判断和分析能力	□1. 能正确判断展车的状态； □2. 能正确判断客户对产品配置是否清楚	10	未完成1项扣5分，扣分不得超过10分	□ 熟练 □ 不熟练	□ 熟练 □ 不熟练	□ 合格 □ 不合格
6	表单填写与报告的撰写能力	□1. 字迹清晰； □2. 语句通顺； □3. 无错别字； □4. 无涂改； □5. 无抄袭	10	未完成1项扣2分，扣分不得超过10分	□ 熟练 □ 不熟练	□ 熟练 □ 不熟练	□ 合格 □ 不合格
总分							

四、考评报告

说明：考评分为理论考评和实操考评，理论考评根据项目要求以及考评报告格式制定项目实施方案，方案经教师审核合格后，方可进行实操考评。考评报告详见附录A。

学习笔记

拓展阅读——客户的黏性从哪里来？

回头客是黏性的最好注解。一锤子买卖是破坏消费黏性的最大杀手。

所谓客户黏性，指的是客户对于品牌或产品的忠诚、信任与良性体验等结合起来形成的依赖感和再消费期望值。依赖感越强，客户黏性越高；再消费期望值越高，客户黏性越高。

我国4S店新车销售业务是其利润的主要支撑，面对逐渐成熟的社会专业维修企业、品牌快修连锁店以及轮胎专卖店等社会修理资源的成熟，4S店传统收入项目不断受到蚕食。据统计，4S店的车险客户流失率在50%～60%，维修保养客户流失率为40%～50%。

面临的挑战其实就是变革的发动机，随着我国汽车消费主体的年轻化，以及国内征信、法制环境的不断完善，一些4S店以持续增长的汽车消费金融为切入点来提升客户黏性，越来越多过保车辆再也不光顾4S店，4S店应从单纯的卖保险赚手续费的传统思路中脱离出来，把保险业务尤其是续保看成经销商维系客户的最大黏合度产品来绑定客户，利用汽车市场重新变化的良机，重点开展续保业务。

思考：如何增加回头客比例，提升客户消费黏性是永恒的主题，你有什么办法提升续保黏性呢？4S店还可采取什么办法提升客户黏性呢？开动脑筋，为提升4S店的客户黏性做一番筹划。

学习笔记

项目六　试乘试驾

一、项目描述

完成陪同客户进行试乘试驾。

二、项目要求

依据王先生的购车需求，为王先生推荐试乘试驾的服务，并根据王先生的试乘试驾要求，陪同王先生进行试乘试驾。

（1）为客户王先生的试乘试驾做好准备工作。

（2）陪同客户王先生进行试乘试驾。

（3）为客户王先生做好试乘试驾后的反馈工作。

三、学习目标

（1）描述试乘试驾的车辆准备内容。

（2）正确描述试乘试驾的操作流程。

（3）正确描述反馈试乘试驾的工作要点。

（4）正确做好试乘试驾前的准备工作。

（5）正确陪同客户完成试乘试驾工作。

（6）正确处理客户试乘试驾的反馈。

（7）自觉遵守岗位职责要求和相关规定（行为规范、安全规定、环保规定、“5S”作业要求），并养成团结协作的好习惯。

（8）树立安全工作的重要性，养成安全工作习惯。

（9）认识到万事皆可创新。

四、学习载体

王先生对销售顾问李想的推荐十分满意，打算进行车辆试乘试驾，试乘试驾区有试乘试驾车辆和路线指示桩，场地整体宽广。销售顾问李想为客户准备试乘试驾并陪同客户王先生进行试乘试驾。

试乘试驾区

学习笔记

视频

试乘试驾（1）

任务一　准备试乘试驾

职业行动

流程一：工作准备

1. 工作地点

汽车试乘试驾区。

2. 工作设施

洽谈桌、座椅。

3. 工作用品（见表 6-1-1）

表 6-1-1　工作用品

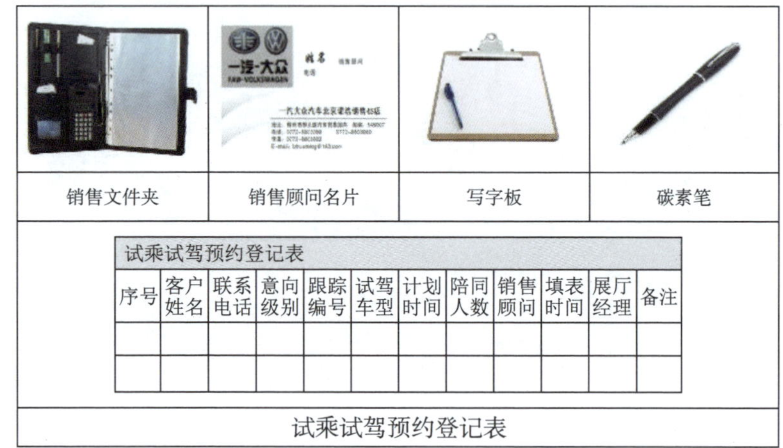

销售文件夹	销售顾问名片	写字板	碳素笔

试乘试驾预约登记表

序号	客户姓名	联系电话	意向级别	跟踪编号	试驾车型	计划时间	陪同人数	销售顾问	填表时间	展厅经理	备注

试乘试驾预约登记表

职业知识

试乘试驾预约登记表

内容	功能
意向级别	确认客户购车级别
试驾车型	提前做好试驾车型准备，一般试驾车型比客户需求高一个等级
试乘试驾时间	和客户确认试驾时间
试乘试驾人数	针对不同人群，介绍时有选择地介绍
填表时间	按时填写登记表，方便及时跟进

试乘试驾工作要求

- 对试乘试驾车辆进行清洁和检查；
- 及时更换随车物品（水、纸巾、手套）；
- 将试乘试驾车辆停放于专用区域；
- 协助客户填写《试乘试驾协议书》；
- 注意协助客户填写时的引导手势

世上无难事，只要肯登攀。

学习笔记

流程二：准备试乘试驾

1. 邀约客户

（1）拨打电话邀约客户王先生，约定到店时间。

（2）邀约失败，王先生开会无法接听电话，发送微信信息另约时间再次邀约王先生。

（3）遇到车辆到店延迟，及时和王先生沟通，取得王先生谅解，另约时间再次试乘试驾。

2. 展厅接待

（1）与王先生约定前 10 min，在展厅接待区等候王先生。

（2）王先生到店后，问候王先生，并引导王先生到洽谈区落座。

（3）适当与王先生寒暄，询问天气状况等。

（4）提供给王先生三种以上的饮品。

3. 准备填写资料

（1）销售顾问李想询问客户王先生信息并填写试乘试驾预约登记表，见表 6-1-2。

表 6-1-2　试乘试驾预约登记表

序号	客户姓名	联系电话	意向级别	跟踪编号	试驾车型	计划时间	陪同人数	销售顾问	填表时间	展厅经理	备注
1	王先生	135xxxxx	O 级	0190	红旗 HSX	202x.x.x	2	李想	202x.x.x	杨帆	
2											
3											

试乘试驾	
原因	• 试乘试驾是消费者了解汽车行驶性能和操控性能最重要的途径之一； • 试乘试驾是经销商推荐产品的最好时机； • 试乘试驾可以激发客户购买欲望，收集更多的客户资料，便于促进销售
前提条件	• 销售顾问要反复练习车辆的各种主要功能，以便在试驾全程中能系统地为客户做各项操控指导及性能的详细说明； • 销售顾问可以为进行了相关咨询并产生强烈兴趣的客户安排试车，有助于促成销售
时机选择	• 在企业为宣传品牌形象而组织巡展活动时，可以通过试乘试驾吸引意向客户群，并设法获取客户资源； • 新车型上市后，可以通过试乘试驾，帮助销售顾问快速建立客户了解度与满足用户的尝鲜心理； • 一般情况下，在天气状况不佳如下雨雪大风等恶劣天气情况下，不宜进行试乘试驾活动
作用	• 使客户的注意力集中于演示的汽车功能，集中于体会销售的产品，防止注意力的转移和分散； • 示范刺激作为一种视觉刺激，比其他知觉具有明显的印象效果； • 示范的效果更具体，比其他刺激更容易为人们所理解，也更容易在短时间内奏效
工作要点	• 让客户爱上这个车子，让客户有一种拥有感，让客户真正地感受这个车子的性能，给成交加分，作为销售顾问应主动邀约客户进行试乘试驾； • 销售顾问可以在前述产品介绍之后主动去邀请客户进行试乘试驾； • 客户时间不充裕或者当下店内缺乏条件，可以和客户另行约定时间进行试乘试驾

学习笔记

（2）填写试乘试驾管理表。

① 销售顾问李想找到展厅经理说明客户王先生试乘试驾的要求；

② 销售顾问李想填写试乘试驾管理表，见表 6-1-3；

③ 销售顾问李想从展厅经理杨帆处取得试乘试驾钥匙。

表 6-1-3 试乘试驾管理表

序号	1	2	3	4	5
借车时间	9：00				
借车人	李想				
借车行驶里程表数	5001				
用途	试驾				
试乘试驾客户姓名	王先生				
联系方式	135××××				
驾驶证号	320×××				
驾龄	3 年				
意向客户跟踪卡编号	0190				
意向级别	O 级				
还车时间	10：00				
还车人	李想				
还车行驶里程数	5081				
本次行驶里程 /km	80				
车辆管理员	杨帆				
备注：					

试乘试驾专员的基本要求

教育水平	具备汽车专业大专以上学历
职业证书	持有两年或者两年以上驾照
能力要求	• 熟悉试乘试驾车辆及其竞品车型； • 有娴熟的驾驶技能和应变能力； • 表达能力较强，思路清晰，有亲和力； • 在试驾过程中，能根据客户需求对车辆各项卖点以及性能适时介绍，如加速、过弯、制动……并能悉心解答客户提出的异议； • 熟悉 2 条或 2 条以上试驾路线，路线必须包括：直路、弯道、颠簸 / 制动带路面； • 陪同客户试乘试驾的里程数不低于 8 km，且试驾时间控制在 20 min 左右； • 试驾率不低于 50%，并且要根据客户对试驾的反馈进行记录

试乘试驾邀约的方法

强力邀约法	表示不必进行试乘试驾，而汽车销售顾问判断客户对车辆性能尚存疑问时，汽车销售顾问可以采用这种方法来邀约客户进行试乘试驾
以退为进法	当客户对购车尚存疑虑时，汽车销售顾问可采用以退为进法对客户的心情表示理解，并说明试乘试驾只是为了让客户更好地体验汽车性能，首先了解客户的购买选择自主权，然后再邀约客户参加试乘试驾
遗憾挽留法	当客户提出时间有限等拒绝理由时，汽车销售顾问可以使用此法，对客户不能试乘试驾表示挽留，说明试乘试驾的好处，当客户依然不能参加试乘试驾时表示遗憾，并主动征求客户意见，为客户安排其他时间的试乘试驾邀约

世上无难事，只要肯登攀。

（3）协助客户王先生填写试车试驾协议。

试乘试驾协议

尊敬的客户：

您好！为了让您能亲身体验该品牌车型的舒适、安全以及整车的操控性能和优异配置，特将试乘试驾有关事宜向您告知，请您仔细阅读：

一、试乘试驾前，驾驶人员请检查车辆内外的清洁、卫生，并检查车辆是否处于良好状态；

二、试乘试驾人员在车辆中禁止吸烟及吃零食；

三、您需向我公司保证您本人具有一年以上的驾龄，并持有正式的驾驶证件，且身体健康无重大疾病，适合进行试乘试驾，并能够安全行驶，文明试车；

四、您在试乘试驾期间应当遵守《道路交通安全法》及有关道路规章制度，和我公司规定的试乘路线，不得违章行驶，否则我公司销售顾问有权视情况终止此次试乘试驾；

五、试乘试驾完毕后，您所交回的车辆应当完好无损，没有发生任何碰撞、刮擦等事故，否则应承担修复所需一切费用：

试乘试驾车型登记表

试驾人	王先生	驾驶证号	320×××
电话 / 手机	135×××××××	试驾地点	北京
试驾车牌号	京A××××	试驾车型	HSX

以上内容我已仔细阅读过，并无异议，且能保证我提供的一切资料真实合法。

车辆提供单位：

×××××××××××××× 试乘试驾人：（签字）王先生

试乘试驾日期：202× 年 × 月 × 日

试乘试驾人员工作职责

工作职责		内容
工作职责 1	职责表述	职责表述：负责试乘试驾车辆的日常状态管理
	主要任务	每天对试乘试驾车辆进行清洁，确保试驾车辆内外部干净整洁
		根据检查表事项进行车辆检查，若车辆状态异常，及时报备修理
		及时更换随车物品（水、纸巾、手套）
工作职责 2	职责表述	职责表述：负责试乘试驾车辆标准停放及维护
	主要任务	将试乘试驾车辆停放于专用区域
		监督门卫及保安做好专用区域管理工作
工作职责 3	职责表述	职责表述：负责销售过程的试乘试驾过程
	主要任务	试驾前，指导客户填写试乘试驾协议，并做好车辆确认与准备
		填写试乘试驾车辆使用登记
		严格按照厂家和 4S 店试乘试驾流程，为客户开展相应工作和服务
工作职责 4	职责表述	职责表述：负责试乘试驾相关信息的登记工作
	主要任务	及时整理试乘试驾协议书，核对试乘试驾协议书与试乘试驾车辆使用登记表的相应信息，确保信息一一对应，并作统计归档
		引导客户填写《客户试乘试驾反馈意见表》

学习笔记

学习笔记

4. 准备车辆

销售顾问李想检查车辆，并填写试乘试驾表，见表 6-1-4。

表 6-1-4 试乘试驾检查表

零售商名称：__________ 车型：__________ 牌照号：__________
填表日期：_____年_____月_____日至_____年_____月_____日

车辆内外检查标准		__月__日		__月__日		__月__日	
		是	否	是	否	是	否
外观	整辆车身是否清洁	√					
	车身试乘试驾标识是否破损	√					
	车身是否有划痕或碰撞	√					
	轮胎气压磨耗、受损等是否正常	√					
	前照灯、方向灯、后照镜是否损伤	√					
	车牌是否污损	√					
驾驶室	脚踏垫、烟灰缸、中央扶手、置物槽等是否清洁	√					
	室内后照镜，门边后视镜角度是否清洁	√					
	制动踏板状况是否正常	√					
	发动机启动状况是否正常	√					
	油箱存量是否充足	√					
	前照灯、方向灯、坐灯、制动灯是否正常	√					
	刮水器工作是否正常	√					
	驾驶座各项调整动作的功能是否正常	√					
	多种音乐风格准备	√					
	导航、行车计算机是否正常	√					
发动机室	制动油量是否正常	√					
	机油量是否正常	√					
	挡风玻璃清洁剂是否正常	√					
	水箱冷却液是否正常	√					
	其他零部件是否异响	√					
检查人签字：		√					

试乘试驾车辆要求

- 销售部门应在试乘试驾车车身的适当部位（两侧前车门离玻璃下边缘 20 cm 处），粘贴厂家指定的贴纸以便识别；
- 试乘试驾车辆必须有专人负责管理（使用申请、钥匙及车辆陈列、清洁等）并及时协调服务站实施定期保养；
- 试乘试驾车辆必须投保全险；
- 试乘试驾车辆为客户演示专用车辆，禁止挪作他用或者违反厂家相关规定的情况；
- 试乘试驾车辆使用年限依有关厂家规范执行，但若有车辆发生过重大事故及车况存疑时，应避免使用或及时更新；
- 试乘试驾车辆必须在展厅前醒目的停车区域划出专用的试乘试驾车停放车位；
- 试乘试驾车辆的外观应加以美化；
- 服务站为试乘试驾车辆保养维护单位，应依照使用说明书进行保养维护工作，以确保车辆品质；
- 试乘试驾车辆使用需按规定由经销经理或管理工作人员核准后方可安排试乘试驾；
- 根据客户个人特点和喜好及时调整好试乘试驾车辆的空调温度、音乐存储、座椅位置等；
- 将一些汽车精品和加装套件放置车内，为后续精品销售打下基础

试乘试驾车辆准备

- 销售顾问在试乘试驾前，必须确认车内是否有可以移动且会发出声响的物品，并将这些杂物去除，以确保在行驶时不会发出异响。
- 确认试乘试驾车辆是否处于日常维护后的良好状态，确保车辆性能：灯光、空调、音响以及发动正常。
- 试乘试驾车辆必须保证随时拥有半箱以上燃油，同时车上必须常备 CD 唱片。
- 保证车内外清洁，车内部安装专用地毯

世上无难事，只要肯登攀。

学习笔记

5. 准备路线

销售顾问李想准备试乘试驾路线，如图 6-1-1 所示。

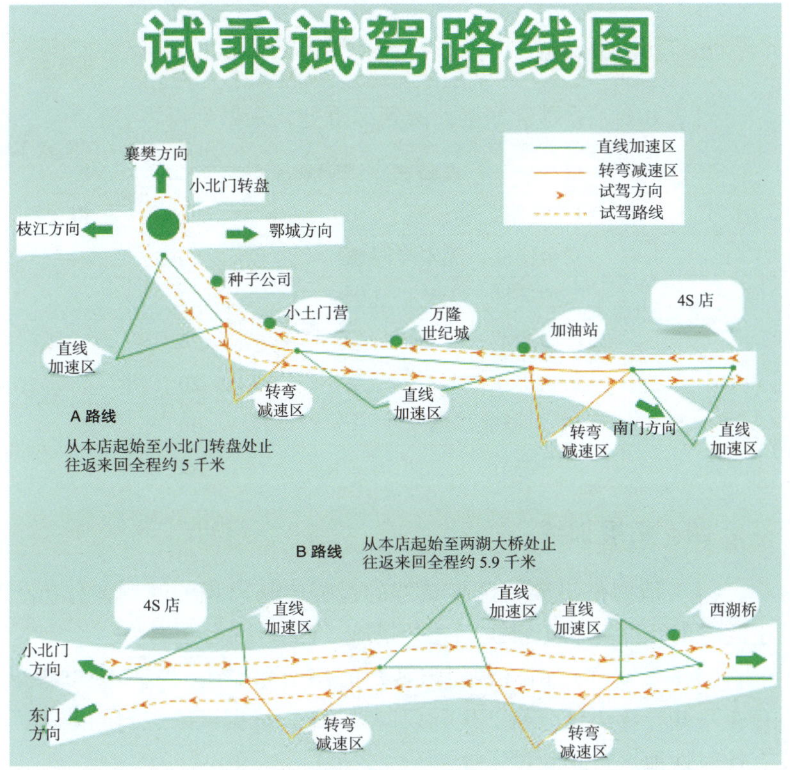

图 6-1-1　试乘试驾路线图

6. 销售顾问李想准备陪乘专员

销售顾问李想根据王先生的需求准备陪乘专员。

路线准备

- 应考虑选择有变化的道路，以便全面显示汽车商品的优势；如展现爬坡能力、直线加速性能、高速行驶稳定性及操控性、制动性能、悬架系统、内部的肃静程度等；
- 销售顾问必须熟悉所选道路，且所选的道路应能完成 15 ～ 20 min 的试车；
- 所选的道路应避免建筑工地和交通拥挤的地区；
- 对于可能会有突发情况的路段，应事先调查清楚；
- 要保证在试车途中应有一地点可以安全地进行试乘试驾换手工作；
- 为了让客户能感受到完美的驾驶乐趣，销售顾问应提前向客户说明试乘试驾的线路及耗时，并适时为其解释试乘试驾途中客户所能体验到的不同阶段，例如音响体验区、颠簸路况区、双模式减震及瞬间加速区、连续弯道静音区、拨片换挡区及上坡加速区等

陪乘专员准备

- 陪乘的试乘试驾人员必须有符合试乘试驾车型的驾驶执照；
- 驾驶经验且驾驶技术过硬，对车辆功能键操控熟练；
- 熟悉汽车销售工作流程和销售技能；
- 了解市场动态，具有丰富的汽车销售和产品性能知识；
- 行驶不同的路况，有针对性地介绍汽车的性能

世上无难事，只要肯登攀。

学习笔记

任务测评

一、知识测评

确定本任务关键词，按重要程度进行关键词排序并举例解读。

根据自己对重要信息捕捉、排序、表达、创新和划分权重能力进行自评，满分 100 分，见表 6-1-5。

表 6-1-5 准备试乘试驾知识测评表

序号	关 键 词	举 例 解 读	评分自定
1			
2			
3			
4			
总分			

二、能力测评

对表 6-1-6 所列作业内容，行为规范即得分，行为错误或未执行得零分。

表 6-1-6 准备试乘试驾能力测评表

序号	作 业 内 容	配分	得分
1	能够正确佩戴胸牌	10	
2	能正确与客户交谈，语气适中	10	
3	能正确遵守礼仪礼节	20	
4	能够正确判别客户类型	20	
5	针对不同的客户采用相对应应对方法	40	
总分		100	

三、素养测评

对表 6-1-7 所列素养点，做到即得分，未做到得零分。

表 6-1-7 准备试乘试驾素养测评表

序号	素 养 点	配分	得分
1	安全作业，无安全隐患	20	
2	保护环境，无乱扔乱倒	20	
3	行为规范，无不当行为	20	
4	团队协作，无不洽关系	20	
5	场地“5S”	20	
总分		100	

四、拓展训练

（1）请列举出准备试乘试驾的过程中易出现的问题，分析产生问题的原因并制定解决问题的措施（满分 25 分）。

（2）发现通过销售顾问与客户的沟通和交流，客户仍对购车存在一些异议。试分析产生异议问题原因，依据试乘试驾的准备，有针对性地进行异议消除（满分 25 分）。

（3）请按照图 6-1-2 思维导图格式，对准备试乘试驾的学习收获进行总结，查看试乘试驾协议，思考填写试乘试驾协议对双方的权利和约束有哪些？将其进行排序并将最重要的填写在思维导图的空格中（满分 50 分）。

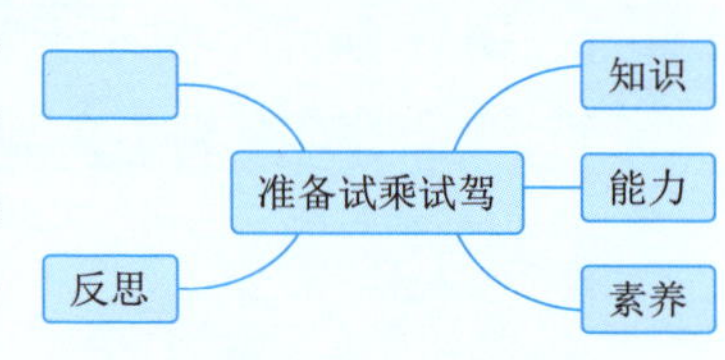

图 6-1-2 思维导图

世上无难事，只要肯登攀。

任务二　进行试乘试驾

职业行动

流程一：工作准备

1. 工作地点

汽车试乘试驾区。

2. 工作设施

洽谈桌、座椅。

3. 工作用品（见表 6-2-1）

表 6-2-1　工作用品

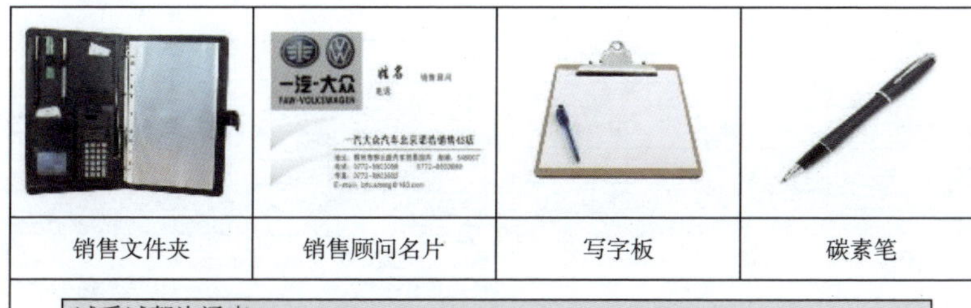

销售文件夹	销售顾问名片	写字板	碳素笔

试乘试驾沟通表	
起步时	“我们准备出发了，您看，起步比较柔和，加速比较线性，换档平顺，车身也很稳定吧！”
赞美客户	“您开得还真不错，看来这款车真的很适合您！”
直线行驶	“您觉得在直线行驶时，发动机是不是运转很平稳？”“降噪效果在中级车中很不错。”
加速	“您加速时，是不是感到动力不错，没有吃力的感受？这么好的动力得益于咱们这款车的发动机优良的性能。”
转弯	“您在转弯时是不是感到车侧倾不大，整个底盘很稳定？”
颠簸路面	“接下来是颠簸路段，您可以感受一下××车悬架和转向盘传递过来的路感！”
坡道	“接下来的坡道路面，您可以感受一下××车低转速高转矩的发动机，让您轻松应对上、下坡路面！”

试乘试驾沟通表

职业知识

试乘试驾沟通表

时机	沟通内容
起步时	重点介绍起步、加速、换挡、车身等内容
直线行驶	重点介绍车辆稳定性能
加速	重点介绍发动机平稳性和发动机的优良性能
转弯	重点介绍底盘稳定性能
颠簸路面	重点介绍车辆的悬架和转向盘的优良性能
坡道	介绍发动机的低转速高转矩性能

进行试乘试驾工作要求

- 必须着正装，穿深色皮鞋，男士打领带，女士戴丝巾；
- 正确使用标准用语；
- 引导客户到达试乘试驾车辆，使用引领手势；
- 换手环节，车辆停放一定保持安全位置；
- 做好安全话语的提示

学习笔记

流程二：进行试乘试驾

1. 客户试乘

（1）引导客户王先生上车前，邀请客户欣赏车辆外观，给客户王先生及随行人员做简要车辆介绍。

（2）引导客户王先生上车时，试驾专员使用交际礼仪，帮助客户王先生开车门，保护好其的头部，方便客户入座副驾驶位置。

（3）邀请客户王先生入座副驾驶，落座后帮客户王先生调节座椅，讲解座椅的调节方法、座椅质地、车门厚重安全、车窗视野等产品内容，提醒客户系好安全带，帮助客户王先生关好车门。

（4）试驾专员高尚于车前绕到驾驶位，进入驾驶室落座。

（5）试驾专员高尚在驾驶位对车内空间布局、操作按键位置等做静态介绍。尤其是方向盘调整、后视镜、座椅、仪表盘显示、头部腿部空间等。

（6）根据前期了解客户王先生对音乐等方面的喜好，音响播放客户喜欢的音乐。打开空调调节到适应温度，提供给客户车内饮用水等。

（7）告知客户王先生驾乘过程中的相关工作要点，系好安全带，征询客户同意后启动车辆，怠速情况下简单介绍发动机等产品知识。

（8）安全驾驶试乘试驾路线，适时适度介绍产品知识，让客户王先生体验车辆动态性能。

2. 换手环节

（1）行驶至换手地点，试驾专员高尚停稳后将车辆熄火，拉起手刹打双闪，将钥匙拔出。

（2）试驾专员高尚从车前方绕到副驾驶帮助客户打开车门，带领客户王先生落座驾驶位。

试乘试驾环节

环节	说明
客户试乘	客户试乘，试驾专员驾车行驶，客户乘坐体验
换手环节	试驾专员结束试驾路线示范后，在安全区域进行换手
客户试驾	客户驾车，试驾专员在旁予以适当介绍，通过亲自体验驾驶感受从而提升客户对车辆动态性能的了解

试乘试驾工作流程

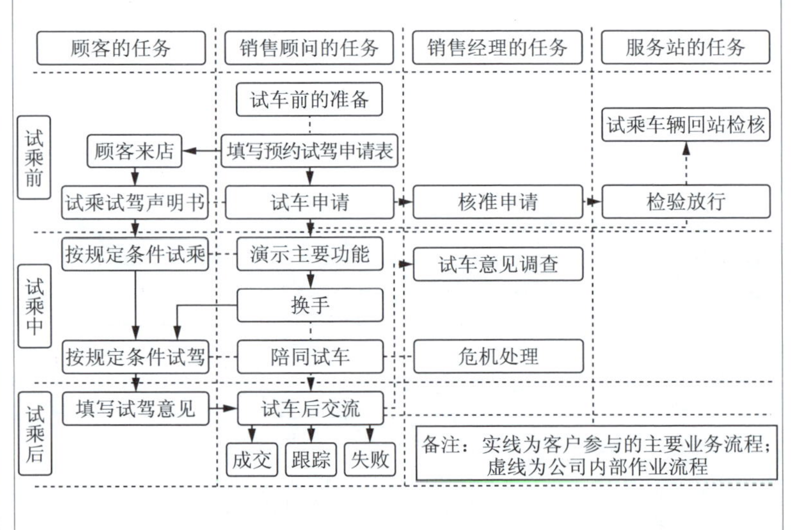

人生没有彩排，每一天都是现场直播。

（3）客户王先生落座驾驶位后，协助客户王先生调整好座椅位置、后视镜视线、方向盘位置等。适当进行产品介绍，鼓励其自己体验操作调整。

（4）试驾专员高尚入座副驾驶，钥匙交给客户王先生。

（5）系好安全带强调驾驶路线及行车安全。

（6）换手阶段，客户王先生即将真正体验驾控乐趣的开始，试驾专员高尚可利用语言提示客户，再次带给客户王先生冲击性。

3. 客户试驾

（1）减少和客户王先生沟通，让客户王先生静心体会驾驶乐趣。

（2）称赞客户王先生的驾驶技术，让客户王先生拥有满足感。

（3）询问客户王先生封闭式问题，寻求客户王先生认同，如图 6-2-1 所示。

（4）指引试驾路线，做好必要的安全提醒。

（5）客户王先生有明显的危险驾驶动作，及时果断请客户在安全地点停车。

（6）向客户王先生解释安全驾驶的重要性，获得谅解。

（7）改试驾为试乘，由试驾专员高尚驾驶返回展厅。

图 6-2-1　客户试驾图

试乘讲解内容

- 讲解车辆出色的动态性能，激发客户的购买欲望；
- 讲解车辆的配置和操作，为试驾做准备；
- 讲解同款车型不同的配置使用场合及优点；
- 讲解车辆发动机的设计特点；
- 讲解发动机的动力性、能耗

试乘环节体验要点

- 让客户感受车辆内音响效果（音质美妙）；
- 让客户感受车辆的空调效果（环保空调，不影响动力输出）；
- 让客户感受车辆的乘坐感受（坐在车内享受舒适的空间）；
- 让客户感受车辆的操控性（运动底盘带来的操控感）；
- 让客户了解路线（重点讲解加速路段、转弯路段），为后续试驾做准备；
- 在给客户展示车辆行驶性能的同时要严格遵守交通法规

突发事件应急处理方法

情况	处理方法
客户不希望试驾车辆	根据客户对路段的感受，由试驾专员按路线返回
客户要求上高速	先表示抱歉，说明需折回公司申请，让客户感受我们很重视他提出的要求
客户要求试驾不良路面	先表示抱歉，说明需折回公司申请，让客户感受我们很重视他提出的要求
车辆发生交通事故	首先查看客户受伤情况，并与公司联络（视伤害情况与公安交警联系）
车辆轻微碰撞	体谅客户不是有意的，保持和气接受客户的抱歉，引导回展厅

学习笔记

学习笔记

任务测评

一、知识测评

确定本任务关键词，按重要程度进行关键词排序并举例解读。

根据自己对重要信息捕捉、排序、表达、创新和划分权重能力进行自评，满分 100 分，见表 6-2-2。

表 6-2-2　进行试乘试驾知识测评表

序号	关　键　词	举 例 解 读	评分自定
1			
2			
3			
4			
总分			

二、能力测评

对表 6-2-3 所列作业内容，行为规范即得分，行为错误或未执行得零分。

表 6-2-3　进行试乘试驾能力测评表

序号	作 业 内 容	配分	得分
1	正确佩戴胸牌	10	
2	能正确与客户交谈，语气适中	10	
3	能正确遵守礼仪礼节	20	
4	正确探询客户对购车用途和价位	20	
5	正确探询客户对车辆的喜好和要求	40	
总分		100	

三、素养测评

对表 6-2-4 所列素养点，做到即得分，未做到得零分。

表 6-2-4　进行试乘试驾素养测评表

序号	素　养　点	配分	得分
1	安全作业，无安全隐患	20	
2	保护环境，无乱扔乱倒	20	
3	行为规范，无不当行为	20	
4	团队协作，无不洽关系	20	
5	场地“5S”	20	
总分		100	

四、拓展训练

（1）请列举出进行试乘试驾的过程中易出现的问题，分析产生问题的原因并制定解决问题的措施（满分 25 分）。

（2）现发现通过销售顾问与客户的沟通和交流，客户仍对购车存在一些异议。试分析产生异议问题原因，依据客户试乘试驾过程中出现的问题进行异议处理，再次进行推荐车型，消除客户异议（满分 25 分）。

（3）销售顾问李想引导客户王先生进行试乘试驾，当客户王先生试驾前，李想再次和王先生确认行驶路线和车辆操作规范，强调安全的重要性。

请按照图 6-2-2 思维导图格式，对进行试乘试驾的学习收获进行总结，特别对进行试乘试驾的注意事项做一个概要阐述，搜集 2 个试驾产生的安全事故并分析其原因，同时树立安全驾驶的意识与责任（满分 50 分）。

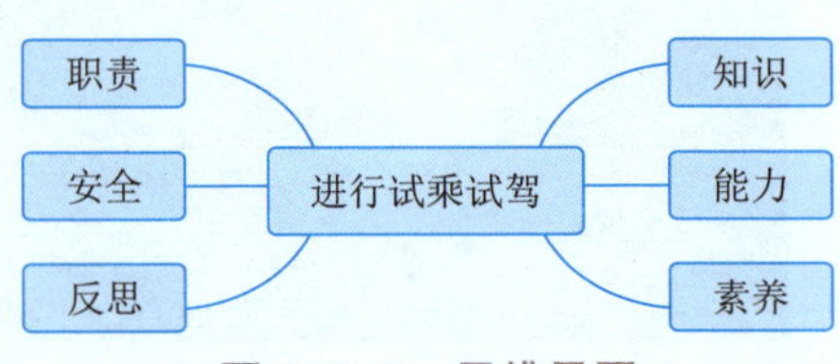

图 6-2-2　思维导图

人生没有彩排，每一天都是现场直播。

学习笔记

任务三　反馈试乘试驾

职业行动

流程一：工作准备

1. 工作地点

汽车试乘试驾区。

2. 工作设施

洽谈桌、座椅。

3. 工作用品

销售文件夹、销售顾问名片、写字板、碳素笔、领带丝巾，如表 6-3-1 所示。

表 6-3-1　工作用品

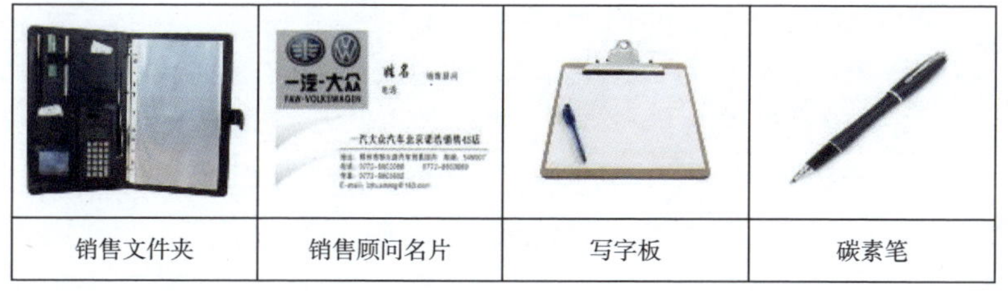

销售文件夹	销售顾问名片	写字板	碳素笔

职业知识

试乘试驾反馈表

内容	功　能
时间	按时登记，方便及时跟踪反馈
用户信息	客户信息的登记与确认
用车感受	希望客户能够真实填写
试乘试驾感受	进行试乘试驾反馈
意见建议	探寻客户试乘试驾的关注点

反馈试乘试驾工作要求

- 必须着正装，穿深色皮鞋，男士打领带，女士戴丝巾；
- 正确使用标准销售用语；
- 遇到无法回答的问题及时请示领导；
- 根据客户的类型，有节奏地引导客户完成试乘试驾反馈

学习笔记

流程二：反馈试乘试驾

1. 引导客户王先生回到展厅（休息区）

（1）停好车辆，表示感谢并说“您辛苦了！”；

（2）销售顾问李想先下车，为客户王先生开车门；

（3）销售顾问李想提醒客户王先生确认无物品遗留在车内；

（4）销售顾问李想邀请客户王先生至展厅内休息；

（5）销售顾问李想询问客户王先生试乘试驾感受；

（6）销售顾问李想邀请客户王先生填写试乘试驾反馈表，见表 6-3-2。

2. 征询客户评价

（1）销售顾问李想填写客户王先生试乘试驾反馈；

（2）销售顾问李想处理客户王先生意见。

① 试乘试驾完成后，销售顾问李想与客户王先生从试乘试驾的感受谈起；

② 销售顾问李想有意无意地引起客户王先生感兴趣的话题，并针对客户特别感兴趣的性能和配备再次加以说明；

③ 销售顾问李想引导客户王先生回忆美好的试驾体验；

④ 销售顾问李想处理客户王先生的诉求。

3. 观察客户王先生，捕捉促成成交的信号

（1）客户王先生对试驾前的行程说明特别认真听讲，甚至主动发问。

（2）客户王先生试驾后频频点头，表现出肯定表情。

（3）客户王先生专注观看某项配置。

（4）客户王先生专注触摸某项配置。

（5）客户王先生详细观看车辆介绍资料。

（6）客户王先生与他人谈论有关于车辆的配置或看法。

（7）客户王先生对车辆全方位仔细观察。

反馈试乘试驾工作要点

- 试驾完成后，不要仅让客户站在路边或车边，否则驾车时的紧张会一直影响客户的决定，而要让客户回到展厅，使其放松下来休息一下，喝点茶水，重新体验一下试乘试驾时的美好感觉；
- 销售顾问引导客户回到展厅；请客户填写《试乘试驾反馈表》，针对客户特别感兴趣的性能和配备再次加以说明，并引导客户回忆美好的试驾体验；
- 客户通过试乘试驾感受到车辆带给客户的好处之后，如果符合客户的需求，那么通过客户订约意向的询问，就可以进入到报价说明阶段；
- 若客户有异议，可以利用客户抗拒点适时利用展车再次解说，促成订约；
- 对暂时未成交的客户，利用留下的相关信息，与其保持联系；
- 销售顾问在试乘试驾结束后，对每一位客户均应热情道别，并感谢其参与试驾，同时完成各项文件记录

意见反馈表使用意义

- 可以体现客户对试乘试驾车型的满意程度；
- 可以透露客户在选车时主要的诉求点；
- 对于选车购车的客户来说是非常具有说服力的销售工具

客户谈论话题分类

类别	内容
理性话题	• 操控性：车辆行驶性、加速性及方向盘稳定性； • 外观：帅气、流线形式、稳重； • 经济性：价格、油耗或维修零件价格等； • 安全性：追撞事故发生时，主动性及被动性安全装备及设计； • 舒适性：乘坐的舒适感； • 耐久性：是否坚固，耐久年限如何
感性话题	• 感性：敏锐的、现代的或典雅的； • 生活形态：户外休闲用、代步用等； • 话题性：视频、传媒名气高涨或年度风云车等

有宏远的目标，就不会在意短期的挫折。

学习笔记

表 6-3-2　试乘试驾反馈表

尊敬的朋友：

非常感谢您对 ×× 车进行试乘试驾，为及时得到您对试乘试驾的安排及车辆性能的反馈信息，请配合填写评估问卷，以便我们改进工作，为客户提供更加优质的服务。

再次感谢您的配合！　试乘试驾时间：_____年_____月_____日

试乘试驾用户信息

姓名：________年　　龄：________职　　业：________

性别：________联系电话：________电子邮件：________

驾龄：________通信地址：________试驾车型：________

用车感受

1. 车辆起动、起步如何？　□好　□较好　□一般　□差　□较差
2. 车辆的加速感应如何？
3. 车辆悬架的舒适度和路面感知力如何？　□好　□较好　□一般　□差　□较差
4. 车辆加速性能如何？　□好　□较好　□一般　□差　□较差
5. 车辆转弯性能如何？　□好　□较好　□一般　□差　□较差
6. 车辆制动性能如何？　□好　□较好　□一般　□差　□较差
7. 车辆行驶操控性如何？　□好　□较好　□一般　□差　□较差
8. 车辆上下车便利性如何？　□好　□较好　□一般　□差　□较差
9. 车辆造型美感如何？　□好　□较好　□一般　□差　□较差
10. 车辆外观尺寸如何？　□好　□较好　□一般　□差　□较差
11. 车辆内部空间如何？　□好　□较好　□一般　□差　□较差
12. 车辆内饰工艺如何？　□好　□较好　□一般　□差　□较差
13. 车辆乘坐舒适性如何？　□好　□较好　□一般　□差　□较差

关于试乘试驾

1. 通过试驾，您是否对车辆具有一定的感性认识？　□有　□一般　□不好说
2. 您认为本次试乘试驾车辆的特点在哪里？ ________________
3. 您最欣赏本次试乘试驾车辆的哪些方面，请列举：________
4. 如果您有任何意见，请写在下面：________________________

签名：　　　　　时期

客户诉求处理用语	
释义	针对客户试乘试驾时产生的疑虑，立即给予合理和客观地说明
发动机声音太大	您也知道我们的发动机来自欧洲，特点就是动力澎湃，您有没有注意到，发动机声音低沉有力，就像运动员一样
座椅好像小了一点	您注意到了吗？我们的座椅和别的车不太一样，包覆感很强，您刚才转弯的时候是不是感觉腰部的支撑很有安全感？
刚才好像颠得蛮厉害的	的确，正如您所说，这台车的路感非常强，无论路况如何，您都会感到四个轮胎牢牢地抓住了地面，所以它的操控和制动才会如此出色
内饰灰色太沉闷	米色的内饰太淡了，较难清洁；黑色很酷，但略显压抑，有灰尘也非常清晰；而灰色是现在的时尚主流色调，宝马、奔驰等豪华车都纷纷采用灰色内饰，紧跟时尚
后排坐三个人稍微小点	轿车的后排坐三个人是有点挤，不过一般情况下我们都不会满员乘坐，您说是吗？在同级车里，我们的内部空间还是相对较大的

客户关系维系	
客户试乘试驾离去	• 应对每一位客户热情地道别； • 感谢其参与试乘试驾； • 可以适当赠送一些小礼品作为纪念
客户离店后	• 销售顾问应及时填写试乘试驾客户追踪表并核评分析； • 呈报销售经理追踪成效； • 按规定流程将试乘试驾车交到相关部门检查； • 整理车容放回原位做好记录

学习笔记

4. 跟进客户关系

（1）客户试乘试驾离去时，送别客户王先生。

① 与客户热情道别；

② 感谢客户试乘试驾；

③ 适当赠送一些小礼品作为纪念。

（2）客户王先生离店后，填写试乘试驾客户追踪表(见表6-3-3)。

表 6-3-3 试乘试驾客户追踪表

序号	客户姓名	联系电话	预购车型	客户级别	试驾日期	成交日期 / 否	汽车销售顾问
1							
2							
3							

（3）将试乘试驾客户追踪表王先生进行核评分析，呈报销售经理杨帆追踪成效。

（4）整理车容并做好记录。

5. 邀请客户参加宣传活动

（1）销售顾问李想拨打电话邀请客户王先生参加宣传活动（见图 6-3-1）；

（2）询问王先生参加活动的人数；

（3）活动前 1 天确认王先生参加宣传活动。

图 6-3-1 试乘试驾的宣传活动

客户满意动作信号

- 客户频频点头；
- 仔细观察车辆；
- 客户的眼神变得很认真；
- 仔细看宣传资料；
- 更加注意解说的态度

试乘试驾宣传活动

目的意义	试乘试驾活动可以扩大汽车产品的知名度，提高汽车市场的认知度，促进现场销售，巩固公司经销地位，提高企业知名度，提高汽车产品的销量，进行客户积累，缩短销售周期，向客户传递公司和厂家最新的信息。试乘试驾活动对促成汽车产品销售具有很好的作用
方案内容	活动的名称、活动的目的和意义
	主办及协办单位
	活动时间及地点、场地安全措施
	活动内容、活动区域、试驾活动流程及细则
	报名方式、客户试乘试驾登记表、试乘试驾客户须知、试驾参与单位须知、客户试乘试驾协议书
	必要的宣传标志和宣传活动
	邀请参加的主要媒体
	活动的主要支出和财务预算
	活动预计的效果

视频

试乘试驾（2）

有宏远的目标，就不会在意短期的挫折。

学习笔记

任务测评

一、知识测评

确定本任务关键词,按重要程度进行关键词排序并举例解读。

根据自己对重要信息捕捉、排序、表达、创新和划分权重能力进行自评，满分 100 分，见表 6-3-4。

表 6-3-4　试乘试驾中知识测评表

序号	关　键　词	举 例 解 读	评分自定
1			
2			
3			
4			
总分			

二、能力测评

对表 6-3-5 所列作业内容，行为规范即得分，行为错误或未执行得零分。

表 6-3-5　推荐店内车型能力测评表

序号	作 业 内 容	配分	得分
1	正确佩戴胸牌	10	
2	能正确与客户交谈，语气适中	10	
3	能正确遵守礼仪礼节	20	
4	能够正确引导客户入座	20	
5	能够填写试乘试驾客户追踪表	40	
总分		100	

三、素养测评

对表 6-3-6 所列素养点，做到即得分，未做到得零分。

表 6-3-6　推荐店内车型素养测评表

序号	素　养　点	配分	得分
1	安全作业，无安全隐患	20	
2	保护环境，无乱扔乱倒	20	
3	行为规范，无不当行为	20	
4	团队协作，无不洽关系	20	
5	场地“5S”	20	
总分		100	

四、拓展训练

（1）请列举出反馈试乘试驾的过程中易出现的异议，分析产生异议的原因并制定解决问题的措施（满分 25 分）。

（2）现发现通过销售顾问与客户的沟通和交流，客户仍对购车存在一些异议。试分析产生异议问题的原因，依据客户试乘试驾反馈表并进行异议处理，再次推荐店内车型（满分 25 分）。

（3）请按照图 6-3-2 思维导图格式，对反馈试乘试驾的学习收获进行总结，思考为什么要进行试乘试驾的反馈，将你认为最重要的理由，填写在思维导图的空格中（满分 50 分）。

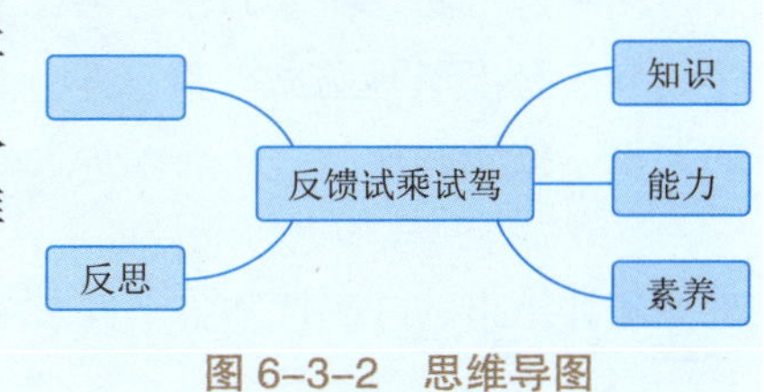

图 6-3-2　思维导图

学习笔记

学习考评

一、学习项目

根据所学，请对第二次到店进行试乘试驾的王先生进行陪同，同时为王先生做好试乘试驾服务。

二、实施准备

1. 学生准备

学生按照教学进度计划，已经完成了以下学习任务并达到了75分以上，可进行该学习考评的实施。

（1）理解并完成学习考评需要的职业知识和方法的学习，得分大于75分。

（2）运用学习考评需要的职业知识和方法进行作业，得分大于75分。

（3）按时、按质、按量完成相应作业，得分大于80分。

（4）自觉遵守岗位标准要求和相关规定（行为规范、安全规定、环保规定、“5S”作业要求），并具有团结协作的好习惯，得分大于80分。

（5）能制定客户试乘试驾流程并对异议进行有效处理。

2. 教师准备

（1）在安排学生实施学习考评前，通过课堂问题研讨、作业、实训和考核及其他方式，确认学生已经具备了实施学习考评所需的知识、技能和素养，并确保学生在安全状态下独立进行。

（2)对协助教师进行测评的学生进行测评和监督方法的培训，确保测评结果的准确性和公平性。

（3）准备好测评记录。

三、验证方法与标准

（1）每位测评人员负责对1名学生进行定点、全过程的监控和测评。

（2）详细记录学生在实施学习考评过程中的相关信息、数据、结果、行为方法、完成时间，以及出现错误、事故等情况。

（3）学习考评的作业过程和数据记录等，要求在60分钟内完成，时间不足，可在即将结束时，口述剩余部分的作业方法。

（4）考核内容及标准见下表。

考核内容及标准

序号	评分项	得分条件	分值	评分要求	自评	互评	师评
1	安全/5S/态度	□1. 能正确佩戴胸牌； □2. 能正确与客户交谈，语气适中； □3. 能正确遵守礼仪礼节	15	未完成1项扣5分，扣分不得超过15分	□ 熟练 □ 不熟练	□ 熟练 □ 不熟练	□ 合格 □ 不合格
2	专业技能能力	□1. 能正确邀请客户试乘试驾； □2. 能正确向客户提供行驶路线； □3. 能正确引导客户入座； □4. 能正确做好试乘试驾前的准备工作； □5. 能正确引导客户到试乘试驾停车位	45	未完成1项扣9分，扣分不得超过45分	□ 熟练 □ 不熟练	□ 熟练 □ 不熟练	□ 合格 □ 不合格

学习笔记

3	工具及设备的使用	□1. 能正确使用客户信息反馈表； □2. 能正确使用产品手册	10	未完成1项扣5分，扣分不得超过10分	□ 熟练 □ 不熟练	□ 熟练 □ 不熟练	□ 合格 □ 不合格
4	资料、信息查询能力	□1. 能正确在规定的时间内查询所需资料； □2. 能正确记录所需信息	10	未完成1项扣5分，扣分不得超过10分	□ 熟练 □ 不熟练	□ 熟练 □ 不熟练	□ 合格 □ 不合格
5	数据的判断和分析能力	□1. 能正确判断最佳的试乘试驾路线； □2. 能正确掌握客户对产品的配置是否清楚	10	未完成1项扣5分，扣分不得超过10分	□ 熟练 □ 不熟练	□ 熟练 □ 不熟练	□ 合格 □ 不合格
6	表单填写与报告的撰写能力	□1. 字迹清晰； □2. 语句通顺； □3. 无错别字； □4. 无涂改； □5. 无抄袭	10	未完成1项扣2分，扣分不得超过10分	□ 熟练 □ 不熟练	□ 熟练 □ 不熟练	□ 合格 □ 不合格
总分							

四、考评报告

说明：考评分为理论考评和实操考评，理论考评根据项目要求以及考评报告格式制定项目实施方案，方案经教师审核合格后，方可进行实操考评。考评报告详见附录A。

学习笔记

拓展阅读——宝马人才计划

2013 年，宝马公司启动了“BWM Genius Every-where”（宝马人才无处不在）工程，要求每家经销商至少聘用一名“产品人才”,专门负责为顾客解答疑惑,提供车型介绍和推荐。“产品人才”享受固定工资，不负责销售汽车，也就是说没有业绩压力。“产品天才”大多数是大专院校毕业生，也来自航空业、服务业以及其他商业领域，“产品人才”能够熟练使用数码工具，以让消费者产生共鸣为宗旨。

由于不存在经营压力，宝马“产品人才”可以完全投入向消费者解释汽车性能的工作中。实践证明，宝马营销模式让宝马高利润的选装配置销售额增长了 10% ～ 15%，这也打消了经销商担心成本增加的顾虑，尝到甜头的经销商决定改变 4S 店的人员结构，每店销售人员从目前的 4 名加一名“产品天才”，调整为 3 名“产品天才”加 2 名销售人员。

宝马人才计划的实施不仅提升了宝马经销商的利润，关键是提升了客户的购车体验和消费黏性。

思考：宝马人才计划还在推进优化中。创新无处不在，你有什么好点子促进汽车消费者黏性，从问题出发寻找答案，试一试。

项目七　异议处理

一、项目描述

完成客户异议解释和处理。

二、项目要求

依据客户的购车需求，为客户推荐新车销售服务，并根据客户的异议进行解释和处理。

（1）为客户分析异议，达成共识。

（2）运用多种方法为客户解释异议。

（3）对客户的异议做好反馈工作。

三、学习目标

（1）正确描述客户异议的类型。

（2）正确描述客户异议处理的方法。

（3）正确描述反馈处理异议的原则。

（4）正确分析客户异议。

（5）正确处理客户提出的异议。

（6）正确反馈客户异议。

（7）自觉遵守岗位职责要求和相关规定（行为规范、安全规定、环保规定、“5S”作业要求），并养成团结协作的好习惯。

（8）养成习惯于优秀的习惯。

（9）树立创新解决问题的思维惯性。

四、学习载体

王先生对销售人员李想的推荐十分满意，车辆试乘试驾体验非常好，回到销售洽谈区，王先生对车辆还有一些异议。销售人员李想为客户王先生进行异议解释和处理。

销售洽谈区

视频

异议处理（1）

学习笔记

任务一　分析购车异议

职业行动

流程一：工作准备

1. 工作地点

汽车洽谈区。

2. 工作设施

洽谈桌、座椅。

3. 工作用品（见表 7-1-1）

表 7-1-1　工作用品

销售文件夹	销售顾问名片	写字板	碳素笔

客户姓名：	意向车型：	产品介绍：
真实异议：　是□　否□	表面异议：　是□　否□	
购买需求异议		
购买力异议		
服务异议		
价格异议		
客户自身异议		
产品异议		
销售顾问异议		
其他异议		
销售顾问：	时间：	
备注：		

客户异议分析表

职业知识

客户异议分析表

内容	内容
真实异议	确认为真实异议，如实填写
表面异议	确认为表面异议，如实填写
购买需求异议	通过客户洽谈，确认购买的时间
客户自身异议	为客户全面介绍金融产品
其他异议	需要上报上一级领导的异议在这里填写

分析购车异议工作要求

- 必须着正装，穿深色皮鞋，男士打领带，女士戴丝巾；
- 正确使用标准用语，正确、客观、积极地认识客户异议；
- 注意商务礼仪行为规范，正确树立认知客户异议的态度；
- 注意不要直接反驳客户，要正确引导和纠正客户的错误观点

凡事都有三种以上解决的方法。

学习笔记

流程二：分析异议处理

1. 分析客户异议

（1）销售顾问李想询问客户王先生异议有哪些。

（2）销售顾问李想认真倾听客户王先生的异议，找到产生异议的真正原因。

（3）销售顾问李想记录客户王先生异议分析表，见表 7-1-2。

（4）销售顾问李想确定客户王先生异议的类型为真实异议。

表 7-1-2 客户异议分析表

客户姓名：王先生	意向车型：红旗 HSX	产品介绍：完成	
真实异议：是 否	表面异议：是 否		
购买需求异议	无	解决情况	
购买力异议	目前手里的资金不够全款支付？	已完成	未完成
服务异议	车出现问题，售后怎么样？	已完成	未完成
价格异议	价格可以再优惠一些吗？	已完成	未完成
客户自身异议	无	已完成	未完成
产品异议	无	已完成	未完成
销售顾问异议	无	已完成	未完成
其他异议	可否赠送底盘装甲？	已完成	未完成
		已完成	未完成
		已完成	未完成
销售顾问：李想	时间：202× 年 × 月 × 日		
备注：			

2. 重复并总结客户异议

（1）销售顾问李想重复异议分析表内容并和客户王先生确认其异议。

（2）销售顾问李想对于客户王先生的异议进行总结，总结其有购买力异议、服务异议、价格异议、其他异议。

异议行为类型

- 真实异议：指客户有真实的购买需求，自身也愿意接受销售员的产品推荐，但是根据自身对于产品的需求出发，对产品或是销售过程环节提出质疑，从而提出拒绝购买。真实的异议往往来自于客户真实的内心想法。
- 表面异议：指客户并非存在真实的购买需求，只是为了拒绝销售员的销售行为而编造的理由或借口，主要的作用在于拒绝和敷衍销售员。虚假的异议并非客户真实的想法，销售员要能懂得正确识别

客户的异议类型

类型	说明
价格异议	• 销售顾问最常面对，同时也是最害怕的客户异议是价格问题。销售顾问首先要有心理准备，客户只会强调产品价格高，很少会对销售顾问讲价格太便宜
质量异议	• 从新闻媒体、社会传闻得到的有关质量方面的信息。 • 从竞争对手那里获得的贬义信息以及对销售顾问所做的有关汽车质量的解释或说明有意见
售后服务异议	• 售后服务不够周到。 • 特约服务站网点不够多。 • 是否具备足够为客户解决问题的技术能力
交易条件异议	• 交易的条件也是一种客户经常提出的异议。如付款方式、交车时间、交车地点、赠送的物品、折扣、让利幅度、免费保养的次数、车辆的装修、美容等
对汽车公司的异议	• 来自别的竞争对手的宣传、朋友的抱怨、媒体的负面报道等。 • 客户可能对汽车公司或汽车品牌的知名度不高而留下不好的印象
对汽车销售顾问的异议	• 销售顾问不能取得客户的信任就会给客户产生不好的印象，从而将不购买的理由转移到销售顾问身上

学习笔记

任务测评

一、知识测评

确定本任务关键词,按重要程度进行关键词排序并举例解读。

根据自己对重要信息捕捉、排序、表达、创新和划分权重能力进行自评，满分100分，见表7-1-3。

表7-1-3 分析异议处理知识测评表

序号	关 键 词	举 例 解 读	评分自定
1			
2			
3			
4			
总分			

二、能力测评

对表7-1-4所列作业内容，行为规范即得分，行为错误或未执行得零分。

表7-1-4 分析异议处理能力测评表

序号	作 业 内 容	配分	得分
1	能够正确佩戴胸牌	10	
2	能正确与客户交谈，语气适中	10	
3	能正确遵守礼仪礼节	20	
4	能够正确判别客户异议类型	20	
5	能正确解答客户疑虑	40	
总分		100	

三、素养测评

对表7-1-5所列素养点，做到即得分，未做到得零分。

表7-1-5 分析异议处理素养测评表

序号	素 养 点	配分	得分
1	安全作业，无安全隐患	20	
2	保护环境，无乱扔乱倒	20	
3	行为规范，无不当行为	20	
4	团队协作，无不洽关系	20	
5	场地“5S”	20	
总分		100	

四、拓展训练

（1）请列举出异议处理的过程中易出现的问题，分析产生问题的原因并制定解决问题的措施（满分25分）。

（2）发现通过销售人员与客户的沟通和交流，客户仍对购车存在一些异议。试分析产生异议问题的原因，依据异议处理的准备，有针对性地进行异议消除（满分25分）。

（3）销售顾问李想根据客户王先生的购车异议，分析了王先生购车异议产生的原因，同时，理解客户的异议并以实事求是的态度告知客户可能的出现问题概率，这是赢得客户的认可与信任的良好方式。

请按照图7-1-1思维导图格式，对分析购车异议的学习收获进行总结，并说明“实事求是”的工作态度赢得客户的认可与信任的原因（满分50分）。

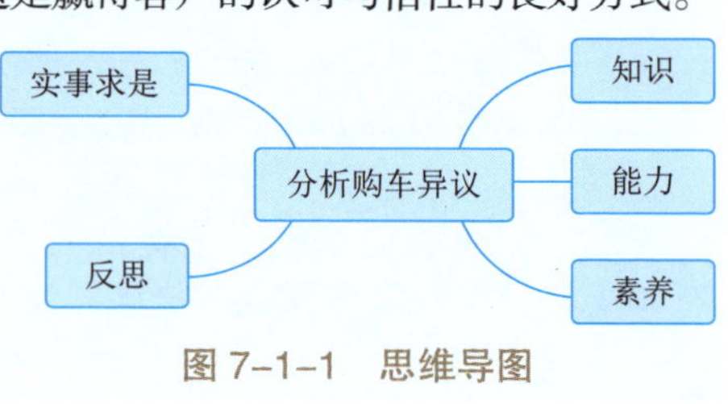

图7-1-1 思维导图

凡事都有三种以上解决的方法。

任务二　处理购车异议

职业行动

流程一：工作准备

1. 工作地点

汽车洽谈区。

2. 工作设施

洽谈桌、座椅。

3. 工作用品（见表 7-2-1）

表 7-2-1　工作用品

销售文件夹	销售顾问名片	写字板	碳素笔

客户姓名：　　意向车型：　　产品介绍：

真实异议：　是□　否□　　表面异议：　是□　否□

购买需求异议

购买力异议

服务异议

价格异议

客户自身异议

产品异议

销售顾问异议

其他异议

销售顾问：　　时间：

备注：

客户异议分析表

职业知识

客户异议分析表

内容	内容
真实异议	确认为真实异议，如实填写
表面异议	确认为表面异议，如实填写
购买需求异议	通过客户洽谈，确认购买的时间
客户自身异议	为客户全面介绍金融产品
其他异议	需要上报上一级领导的异议在这里填写

异议处理工作要求

- 必须着正装，穿深色皮鞋，男士打领带，女士戴丝巾；
- 正确使用标准用语，选择恰当时机回复客户异议；
- 不管客户如何批评，销售顾问永远不要与客户争辩；
- 以正确的资料佐证销售顾问的说法，获得客户的认同；
- 尊重客户的意见

凡事都有三种以上解决的方法。

学习笔记

流程二：处理购车异议

1. 处理销售顾问权限内的异议

① 销售顾问李想查看客户王先生异议分析表，对于客户王先生提出的异议表示理解和认同，重复客户王先生异议。

② 销售顾问李想针对客户王先生提出的异议进行解释，确认客户王先生对于销售顾问的解释清楚明白。

③ 销售顾问李想倾听客户王先生对于异议解释不理解、不明白的地方，找到客户王先生的真实需求。

④ 销售顾问李想详细记录客户王先生的二次异议，针对客户王先生的异议，进行及时回复，同时提出合理化的建议。

⑤ 销售顾问李想再次询问客户王先生对于解释是否清楚明白。

2. 处理非销售顾问权限内的异议

① 销售顾问李想给王先生进行饮品续杯，同时确认客户王先生今日有空余时间。

② 销售顾问李想告知客户王先生针对价格异议，当前价格为销售顾问的最大权限范围了，按照王先生的要求，需要请示上级领导。

③ 销售顾问李想询问客户王先生可以等待一会，同时将汽车宣传单递给客户王先生，让其详细查看意向车型红旗 HSX 参数。

④ 销售顾问李想与客户王先生进行短暂告别。

⑤ 销售顾问李想来到销售经理办公室，向销售经理杨帆详细介绍客户王先生的情况，并陈诉客户王先生的价格异议。

⑥ 销售顾问李想获得销售经理杨帆针对客户王先生价格异议的解决方案。

LSCPA 的法则	
L—倾听（LISTEN）	在解决客户的异议之前，通过倾听来进一步了解客户的真实想法，了解客户产生异议的关键点，耐心倾听有助于客户舒缓心情
	在倾听这个步骤中，销售员最重要的工作就是通过倾听客户的异议来找到客户真正的需求，并且要认真做好记录，以备以后解决异议时用
S—分担（SHARE）	在倾听完客户的异议之后，通常这个时候客户的情绪还没有得到舒缓，所以在解决客户的异议之前，我们要对客户的处境表示感同身受的理解
	销售员应当是体谅客户的处境和感受，而不是盲目地同意客户的异议
C—澄清（CLARIFY）	澄清指的是销售员及时就客户的异议向客户进行详细的解释，一定要在客户的情绪平复之后再进行，此外澄清应该是针对客户的异议展开，要把客户自身与客户提出的异议区别对待
	澄清时可能会遇到客户的反驳，不要因为急于澄清反而激怒客户，澄清的目的是为了解决客户异议，因此在澄清时销售员务必要将意思表达清楚
P—陈述（PRESENT）	陈述是指在向客户解释清楚异议之后，向客户提出的可行的解决方法。要秉承两个原则：一是提出的解决方法真实可行，能够真正的帮助客户消除或是弱化异议。二是要及时回复，及时处理
	在帮助客户解决异议时，一般建议销售员准备两套以上不同的方案比较稳妥。不仅有助于增加解决问题的成功率，同时也会让客户感觉销售员充满诚意，有被尊重的感觉
A—要求（ASK）	• 要求是指销售员在给客户提供异议解决方案之后，“要求”客户做出决策，或者帮助客户一起解决异议的过程； • 在要求这个环节中，销售员要注意不要逼迫客户做出决策，要有足够的耐心与客户良好沟通，从而达成双方相互理解和共识

凡事都有三种以上解决的方法。

任务测评

一、知识测评

确定本任务关键词，按重要程度进行关键词排序并举例解读。

根据自己对重要信息捕捉、排序、表达、创新和划分权重能力进行自评，满分 100 分，见表 7-2-2。

表 7-2-2　处理购车异议知识测评表

序号	关　键　词	举 例 解 读	评分自定
1			
2			
3			
4			
总分			

二、能力测评

对表 7-2-3 所列作业内容，行为规范即得分，行为错误或未执行得零分。

表 7-2-3　处理购车异议能力测评表

序号	作 业 内 容	配分	得分
1	正确佩戴胸牌	10	
2	能正确与客户交谈，语气适中	10	
3	能正确遵守礼仪礼节	20	
4	能正确解答客户疑虑	20	
5	针对不同的客户采用相对应应对方法	40	
总分		100	

三、素养测评

对表 7-2-4 所列素养点，做到即得分，未做到得零分。

表 7-2-4　处理购车异议素养测评表

序号	素养点	配分	得分
1	安全作业，无安全隐患	20	
2	保护环境，无乱扔乱倒	20	
3	行为规范，无不当行为	20	
4	团队协作，无不洽关系	20	
5	场地“5S”	20	
总分		100	

四、拓展训练

（1）请列举出进行处理购车异议的过程中易出现的问题，分析产生问题的原因并制定解决问题的措施（满分 25 分）。

（2）现发现通过销售人员与客户的沟通和交流，客户仍对购车存在一些异议。试分析产生异议问题的原因，依据处理购车异议过程中易出现的问题进行异议处理，再次进行推荐车型，消除客户异议（满分 25 分）。

（3）请按照图 7-2-1 思维导图格式，对处理购车异议的学习收获进行总结，走访至少 5 家低、中高端车型 4S 店，调查并列出最常见的购车异议并按照出现频率排序，将第一异议填在空格处，并将走访过程收集到的处理异议的方法汇总理解并掌握（满分 50 分）。

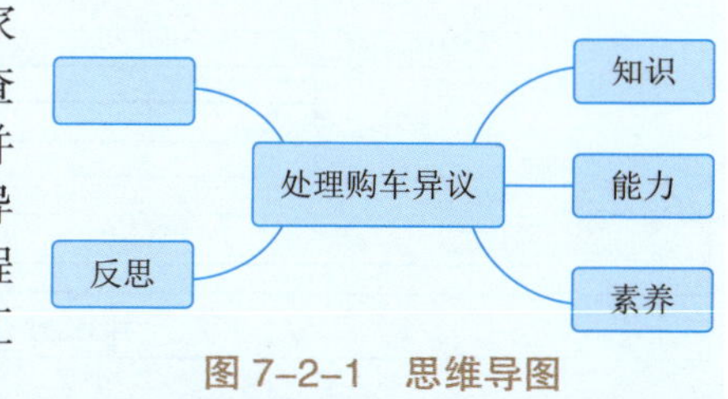

图 7-2-1　思维导图

学习笔记

任务三　反馈异议处理

职业行动

流程一：作业准备

1. 工作场地

汽车洽谈区。

2. 工作设施

洽谈桌、座椅。

3. 工作用品

表 7-3-1　工作用品

销售文件夹	销售顾问名片	写字板	碳素笔

客户姓名：	意向车型：	产品介绍：
真实异议：　是□　否□	表面异议：　是□　否□	
购买需求异议		
购买力异议		
服务异议		
价格异议		
客户自身异议		
产品异议		
销售顾问异议		
其他异议		
销售顾问：	时间：	
备注：		

客户异议分析表

职业知识

客户异议分析表

内容	内容
真实异议	确认为真实异议，如实填写
表面异议	确认为表面异议，如实填写
购买需求异议	通过客户洽谈，确认购买的时间
客户自身异议	为客户全面介绍金融产品
其他异议	需要上报上一级领导的异议在这里填写

反馈异议处理工作要求

- 必须着正装，穿深色皮鞋，男士打领带，女士戴丝巾；
- 正确做好异议反馈准备，做到心中有数，从容应对；
- 针对无法回答的奇谈怪论、容易造成争论的话题，保持沉默不回答；
- 注意敏感问题的询问方式

销售代表必须要按动客户的心动钮。

流程二：反馈异议处理

1. 进行反馈异议处理的心理准备

（1）销售顾问李想在客户王先生的立场冷静考虑，准备给客户王先生提出金融服务买车的建议。

（2）销售顾问李想准备金融服务方案的政策，针对客户王先生的情况，准备3年零利率的金融服务政策解读。

（3）销售顾问李想准备售后服务参观，解答客户王先生对售后方面的异议。

（4）销售顾问李想准备上级领导优惠价格的方案。

2. 反馈异议处理

（1）销售顾问李想首先认同客户王先生的异议。

（2）销售顾问李想把报告上级领导的价格优惠方案反馈给客户王先生。

（3）销售顾问李想把金融方案向王先生进行解释。

（4）销售顾问李想带领王先生参观售后服务部门，反馈客户对于售后方面的异议。

3. 管理客户的期望值

（1）对客户王先生的期望值进行有效的排序，顺序如下：第一为购买力异议，第二为服务异议，第三为价格异议，第四为其他异议。

（2）询问并确定客户王先生异议解决是否达到期望值，是否满意。

（3）表达对客户期望值的理解。

（4）与客户王先生确认所有异议处理完成（见图 7-3-1）。

图 7-3-1 现场反馈客户异议

反馈异议处理的原则	
事前做好准备	销售人员进行异议反馈应遵循的一个基本原则。考虑一个完善的答复。面对客户的拒绝，若事前有准备就可以胸中有数，从容应付
选择恰当的时机	是消除客户异议的最好方法。销售顾问选择恰当的时机并给予解释，这样可使销售人员争取主动，从而避免因纠正客户看法或反驳客户的意见而引起的不快
需要时可以暂时保持沉默	在异议显得模棱两可、含糊其辞、让人费解；异议显然站不住脚、不攻自破；异议不是三言两语可以辩解得了的；异议超过了销售人员的议论和能力水平；异议涉及较深的专业知识，解释不能让客户马上理解等情况下，销售人员应暂时保持沉默

客户期望值	
释义	客户认为企业提供的产品、服务应达到的状态和水平
实施要点	• 对客户坦诚相告。 • 要客观评价产品与服务。 • 与客户有效沟通。 • 严格执行企业标准。 • 有效管理客户的期望值。 • 争取客户认可与支持。 • 对客户的要求要谨慎

客户需求	
基本需求	客户认为理所应当的产品或者服务，其结果和过程只能决定客户的是否满意，其满意波动较大
期望需求	产品质量、服务体验与预期水平的差距，需求满足程度与客户满意度呈线性相关
惊喜需求	超越客户期望，客户更关注的是产品质量、售后服务和结果

学习笔记

视频

异议处理（2）

学习笔记

任务测评

一、知识测评

确定本任务关键词,按重要程度进行关键词排序并举例解读。

根据自己对重要信息捕捉、排序、表达、创新和划分权重能力进行自评，满分 100 分，见表 7-3-2。

表 7-3-2　反馈异议处理知识测评表

序号	关　键　词	举 例 解 读	评分自定
1			
2			
3			
4			
总分			

二、能力测评

对表 7-3-3 所列作业内容，行为规范即得分，行为错误或未执行得零分。

表 7-3-3　反馈异议处理能力测评表

序号	作 业 内 容	配分	得分
1	正确佩戴胸牌	10	
2	能正确与客户交谈，语气适中	10	
3	能正确遵守礼仪礼节	20	
4	能够增强客户购买信心	20	
5	能有效管理客户的期望值	40	
总分		100	

三、素养测评

对表 7-3-4 所列素养点，做到即得分，未做到得零分。

表 7-3-4　反馈异议处理素养测评表

序号	素　养　点	配分	得分
1	安全作业，无安全隐患	20	
2	保护环境，无乱扔乱倒	20	
3	行为规范，无不当行为	20	
4	团队协作，无不洽关系	20	
5	场地“5S”	20	
总分		100	

四、拓展训练

（1）请列举出反馈异议处理的过程中易出现的问题，分析产生问题的原因并制定解决问题的措施（满分 25 分）。

（2）现发现通过销售人员与客户的沟通和交流，客户仍对购车存在一些异议。试分析产生异议问题原因，依据异议处理反馈并进行异议处理，再次推荐店内车型（满分 25 分）。

（3）请按照图 7-3-2 思维导图格式，对反馈异议处理的学习收获进行总结，同时搜集至少 3 个反馈异议，客户不满意的案例进行研读后分析不满意的原因，将反馈处理的过程用思维导图表达出来（满分 50 分）。

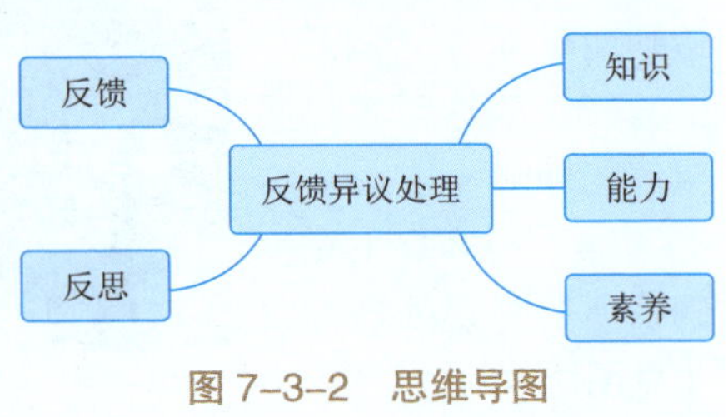

图 7-3-2　思维导图

销售代表必须要按动客户的心动钮。

学习笔记

学习考评

一、学习项目

根据所学，请对第二次到店的王先生进行异议处理，同时为王先生做好异议处理的服务。

二、实施准备

1. 学生准备

学生按照教学进度计划，已经完成了以下学习任务并达到了75分以上，可进行该学习考评的实施。

（1）理解并完成学习考评需要的职业知识和方法的学习，得分大于75分。

（2）运用学习考评需要的职业知识和方法进行作业，得分大于75分。

（3）按时、按质、按量完成相应作业，得分大于80分。

（4）自觉遵守岗位标准要求和相关规定（行为规范、安全规定、环保规定、“5S”作业要求），并具有团结协作的好习惯，得分大于80分。

（5）能制定客户异议处理流程并进行有效处理。

2. 教师准备

（1）在安排学生实施学习考评前，通过课堂问题研讨、作业、实训和考核及其他方式，确认学生已经具备了实施学习考评所需的知识、技能和素养，并确保学生在安全状态下独立进行。

（2）对协助教师进行测评的学生进行测评和监督方法的培训，确保测评结果的准确性和公平性。

（3）准备好测评记录。

三、验证方法与标准

（1）每位测评人员负责对1名学生进行定点、全过程的监控和测评。

（2）详细记录学生在实施学习考评过程中的相关信息、数据、结果、操作方法、完成时间，以及出现错误、事故等情况。

（3）学习考评的作业过程和数据记录等，要求在60分钟内完成，时间不足，可在即将结束时，口述剩余部分的作业方法。

（4）考核内容及标准见下表。

考核内容及标准

序号	评分项	得分条件	分值	评分要求	自评	互评	师评
1	安全/5S/态度	□1. 能正确佩戴胸牌； □2. 能正确与客户交谈，语气适中； □3. 能正确遵守礼仪礼节	15	未完成1项扣5分，扣分不得超过15分	□ 熟练 □ 不熟练	□ 熟练 □ 不熟练	□ 合格 □ 不合格
2	专业技能能力	□1. 能正确引导客户入座； □2. 能正确向客户介绍车型排量和配置等级的价格差异； □3. 能正确解答客户疑虑； □4. 能正确增加客户购买信心； □5. 能有效管理客户期望值。	45	未完成1项扣9分，扣分不得超过45分	□ 熟练 □ 不熟练	□ 熟练 □ 不熟练	□ 合格 □ 不合格

学习笔记

3	工具及设备的使用	□1. 能正确使用产品手册； □2. 能正确使用报价单和订单	10	未完成1项扣5分，扣分不得超过10分	□ 熟练 □ 不熟练	□ 熟练 □ 不熟练	□ 合格 □ 不合格
4	资料、信息查询能力	□1. 能正确在规定的时间内查询所需资料； □2. 能正确记录所需信息	10	未完成1项扣5分，扣分不得超过10分	□ 熟练 □ 不熟练	□ 熟练 □ 不熟练	□ 合格 □ 不合格
5	数据的判断和分析能力	□1. 能分析客户异议原因； □2. 能分析客户对价格是否有异议	10	未完成1项扣5分，扣分不得超过10分	□ 熟练 □ 不熟练	□ 熟练 □ 不熟练	□ 合格 □ 不合格
6	表单填写与报告的撰写能力	□1. 字迹清晰； □2. 语句通顺； □3. 无错别字； □4. 无涂改； □5. 无抄袭	10	未完成1项扣2分，扣分不得超过10分	□ 熟练 □ 不熟练	□ 熟练 □ 不熟练	□ 合格 □ 不合格
总分							

四、考评报告

说明：考评分为理论考评和实操考评，理论考评根据项目要求以及考评报告格式制定项目实施方案，方案经教师审核合格后，方可进行实操考评。考评报告详见附录A。

学习笔记

拓展阅读——汽车营销多样化业态

4S 店是我国汽车销售占主导地位的模式，随着 2014 年停止品牌授权备案的公告发布，极大促进了汽车销售模式多样化的发展。

一、汽车超市

汽车超市可以代理多种品牌的汽车，提供这些品牌汽车的销售和服务。对于消费者来说，汽车超市的优势在于方便对各种品牌车型进行比较、挑选。但汽车制造商由于担心受其他品牌影响，通常不会将代理权直接交给汽车超市，汽车超市只能从 4S 店进货，增加了成本。

二、汽车大专卖场

将许多 3S 店、4S 汽车专卖店集中在一起，提供多种品牌的销售和服务，同时还提供汽车销售的其他延伸服务，如贷款、保险、上牌等。经销商多致使汽车大专卖场管理难度增大，一些整车制造厂对专卖店服务半径的限制，也阻碍了一些汽车专卖店的加入。

三、汽车园区

汽车园区是汽车大专卖场的升级版，除了规模上的扩张，汽车园区最主要的特点体现在功能的全面性。除了汽车销售、维修、配件销售外，汽车园区加入了汽车文化、汽车科技、汽车科普、汽车展示、汽车旅游和娱乐等众多功能，不仅提供汽车交易、工商、税务、车检、保险等服务，而且还提供咨询、车迷论坛、汽车俱乐部、汽车博物馆等服务，甚至包括购物中心。

目前，随着业内外市场主体的投资和创新热情被极大地激发出来，品牌展厅、特约服务店、汽车体验中心等经销商门店的多种样式纷纷出现，汽车营销模式进入了“一枝独放不是春，百花齐放春满园”的多业态争奇斗艳的局面。

思考：新业态下汽车营销的新媒体方向是什么样的？

学习笔记

项目八　报价成交

一、项目描述

完成与客户洽谈报价成交。

二、项目要求

依据客户的购车需求，为客户推荐意向车型，并根据客户的需求，与王先生进行洽谈完成报价成交。

（1）与客户进行洽谈完成新车报价成交；

（2）为客户推荐符合需求的汽车精品；

（3）为客户提供汽车相关业务。

三、学习目标

（1）正确计算价格和提供报价单。

（2）正确向客户确认最终报价。

（3）正确向客户推荐汽车精品。

（4）正确引导客户完成洽谈，完成报价成交。

（5）正确向客户提供汽车相关业务。

（6）自觉遵守岗位职责要求和相关规定（行为规范、安全规定、环保规定、“5S”作业要求），并养成团结协作的好习惯。

（7）树立品德是产品的第一保证的营销观念。

四、学习载体

王先生对销售人员李想的推荐十分满意，打算购买。销售员李想把王先生带到了洽谈室，洽谈室有洽谈桌和座椅一套，远离喧嚣，同时能够清晰看到本店样车。销售人员李想为客户王先生进行了详细的报价介绍并引导客户交付定金。

客户洽谈室

视频

报价成交（1）

任务一　洽谈报价成交

职业行动

流程一：工作准备

1. 工作地点

洽谈室。

2. 工作设施

洽谈桌、座椅。

3. 工作用品（见表 8–1–1）

表 8–1–1　工作用品

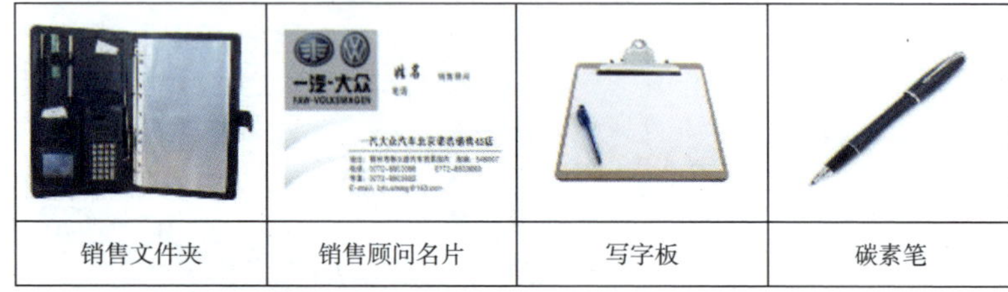

销售文件夹	销售顾问名片	写字板	碳素笔

流程二：洽谈报价成交

（1）说明销售方案。

①销售顾问李想拟定销售方案。

②向客户王先生清楚解释销售方案的所有细节，耐心回答其问题。

③协助客户王先生审核销售方案。

职业知识

销售文件夹的物品及功能

销售文件夹的物品	功能
计算器	为客户计算购车费用
销售合同	为客户介绍汽车销售合同
销售人员名片	向客户介绍自己
产品手册	为客户介绍店内产品
客户基本信息表	为客户寻找真实需求

洽谈报价成交工作要求

- 必须着正装，穿深色皮鞋，男士打领带，女士戴丝巾。
- 正确使用标准用语。
- 注意商务礼仪行为规范。
- 注意敏感问题的询问方式

报价说明要求

- 以“客户第一”的态度，考虑客户的利益。
- 尊重客户的意愿，完成报价步骤。
- 满足客户拥有产品的愿望。
- 了解客户的背景，包括客户的购车经历和客户的决策行为类型。
- 建立客户的舒适感。
- 销售顾问利用专业知识、热情的服务，赢得客户的信任和好感。
- 关心客户的需求，让客户感觉到，销售顾问是在帮助其购买到最合适的车，而不是销售顾问将车买给这个客户

达成一笔交易可能很容易，但创造一个品牌却需要天才、信仰和毅力。

（2）进行报价说明。

① 李想选择“三明治”报价法，向客户王先生解释报价。

② 在报价前，再次确认客户王先生选定车型的主要配备及客户利益，然后报价。

③ 报价完毕后，向客户王先生描述选定车型对客户王先生生活或工作带来的正面变化。

④ 填写报价表格准确计算并说明商品价格及相关选装件的价格。

⑤ 向客户王先生说明应付的款项与所有费用及税金。

⑥ 客户王先生需要代办保险，填写专用的表格准确计算并说明费用。

（3）销售顾问李想确认客户王先生已完全明白。

（4）为客户王先生计算并填写报价单，见表 8-1-2。

表 8-1-2　汽车报价单

欲购买意向车型	红旗 HSX	颜色	白色
车价	25.× 万元	发动机号	320× × ×
上牌费	800 元	付件加装	
车船税	1 080 元		
购置税	2.5× 万元		
服务费	1 000 元		
总计	28.× 万元		
客户签名	王先生		
销售顾问签名	李想		

报价方法	
“三明治”报价法	• 针对客户需求，总结客户选定车型的主要配备及客户利益。 • 明确地报出价格，明确说明客户应付的款项与所有费用及税金。 • 重点强调客户选定的车型对客户生活或工作带来的正面变化，指出超越客户期望的地方
优势报价法	了解同类汽车品牌的价位，车型在同类车型中的价位所处的位置
迂回报价法	当客户直接询价时，要尽量通过问答的形式了解客户
对半报价法	第一次报价之后，探询客户的期望价格，在自己的报价和客户期望的价格找中间值，在应用对半报价时，第一次报价至关重要，把自己最后想要成交的价格设定为第一次报价和客户期望价格的中间值，或者是中间值稍高于自己最终想成交的价格
让客户报价法	• 直接询问客户的需求和价格预期，针对客户的回答制定相应的策略。 • 潜在客户，对市场行情了解得非常清楚，会把目标车型的性能、规格、技术要求报得很详细，价格也有一定范围。这时报价一定要真实可靠，在介绍车型的卖点时也要清楚无误。 • 客户根本不报价，因为他自己都不清楚，只是想以你的报价为依据。对于这样的客户，你了解清楚他的意愿后，一定要报一款最低的车型价格给他，但要说明这款车型的优劣势所在，让客户明白货与价的关系

学习笔记

学习笔记

（5）判断客户成交行为，完成成交。

① 发现客户王先生表情比较愉快，确定客户王先生具备成交意愿。

② 发现客户王先生拿手上的汽车样本资料做笔记，拿出计算器计算，并开始热烈讨论，同时发现客户对销售顾问的说明开始点头，确定客户王先生具备成交意愿。

③ 发现客户王先生的反应变得积极，从先前的冷淡、被动逐渐转化或者突然变得热情时，确定客户王先生具备成交意愿。

④ 发现客户王先生由关注车辆性能，转变为开始认真地杀价时，同时主动谈及具体的支付条件、赠送品、车身颜色、交货期，询问有关保修、售后等问题，确定客户王先生具备成交意愿。

（6）再次询问客户王先生今日是否购车，确认王先生今日购车（见图 8-1-1）。

图 8-1-1　引导客户洽谈成交

成交谈判

前提条件	让客户认可自己的产品比竞争对手的产品优秀，让客户意识到如果不马上购买的话他的损失会更大
	建立企业的核心能力与客户利益的关系，在产品同质化和服务同质化的今天，将企业服务能力的差异与客户利益紧密联系在一起是唯一的出路
	建立对汽车产品与服务毫不动摇的信念，客户经常会问到一些他们关注的问题，包括产品本身、售后服务和汽车销售商。不论是客户刻意提问，还是不经意之间的问题，销售顾问的回答将在一定程度上影响该客户是否下决心
成交阶段让步策略	• 只能在次要的方面让步。 • 过早让步只会导致销售失利。 • 须让客户也作出让步。 • 假设性的提议转换客户的注意力

成交信号

客户做购买决定时在无意中流露出来的信号，客户在洽谈的最后阶段，通过语言、行为等表现出来，对产品感兴趣，并愿意采取购买行为的信息

成交信号分类

行为信号	行为信号包括客户在购买过程中所表现出来的肢体动作、表情变化和态度转变等
语言信号	语言信号包括客户在购买过程中，通过语言所表现出来的赞叹、喜爱、吃惊、欣赏、请教等语气变化，有时也会通过提出反对意见体现出来

成交信号捕捉内容

捕捉内容	• 客户对产品有好感时，就会产生购买欲望，从而通过表情、言行、举止释放出各种成交信号。 • 客户对于购买信号的透露并不是单一的，通常是多种方式互相结合。 • 客户刚刚看到产品时，可能会详细询问产品的具体情况，这种情况不可笼统地归为购买信号

达成一笔交易可能很容易，但创造一个品牌却需要天才、信仰和毅力。

任务测评

1. 知识测评

确定本任务关键词，按重要程度进行关键词排序并举例解读。

根据自己对重要信息捕捉、排序、表达、创新和划分权重能力进行自评，满分 100 分，见表 8-1-3。

表 8-1-3　洽谈报价成交知识测评表

序号	关　键　词	举 例 解 读	评分自定
1			
2			
3			
4			
总分			

2. 能力测评

对表 8-1-4 所列作业内容，行为规范即得分，行为错误或未执行得零分。

表 8-1-4　洽谈报价成交能力测评表

序号	作 业 内 容	配分	得分
1	能够正确佩戴胸牌	10	
2	能正确与客户交谈，语气适中	10	
3	能正确遵守礼仪礼节	20	
4	能正确计算价格和提供报价单	20	
5	能正确向客户确认最终报价	40	
总分		100	

3. 素养测评

对表 8-1-5 所列素养点，做到即得分，未做到得零分。

表 8-1-5　洽谈报价成交素养测评表

序号	素　养　点	配分	得分
1	安全作业，无安全隐患	20	
2	保护环境，无乱扔乱倒	20	
3	行为规范，无不当行为	20	
4	团队协作，无不洽关系	20	
5	场地“5S”	20	
总分		100	

4. 拓展训练

（1）请列举出洽谈报价成交的过程中易出现的问题，分析产生问题的原因并制定解决问题的措施（满分 25 分）。

（2）发现通过销售人员与客户的沟通和交流，客户仍对购车存在一些异议。试分析产生异议问题的原因，依据洽谈报价成交的准备，有针对性地进行异议消除（满分 25 分）。

（3）销售顾问李想根据客户王先生的购车需求，帮助王先生制定了购车方案，并表示公司对于所有客户的车辆购买价格一定会保证公平公正的原则。

请按照图 8-1-2 思维导图格式，对洽谈报价成交的学习收获进行总结，走访至少 5 个 4S 店销售顾问，了解怎样才能让客户迅速认可并接受销售价格，让客户明白这个价格是“公平合理”的(满分 50 分)。

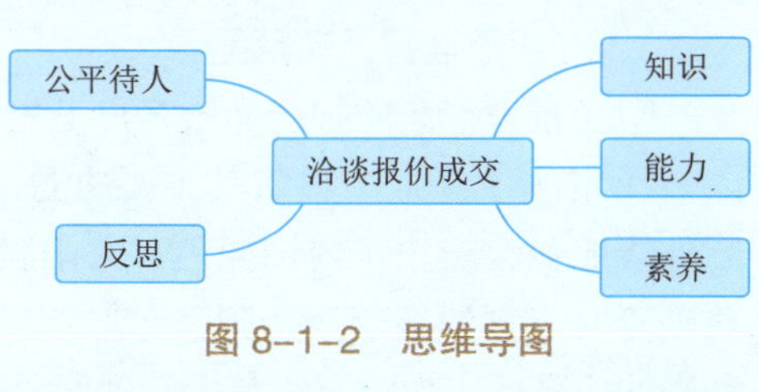

图 8-1-2　思维导图

任务二　推荐汽车精品

职业行动

流程一：工作准备

1. 工作地点

汽车洽谈室。

2. 工作设施

洽谈桌、座椅。

3. 工作用品

销售文件夹、销售顾问名片、写字板、碳素笔、领带丝巾，见表 8-2-1。

表 8-2-1　工作用品

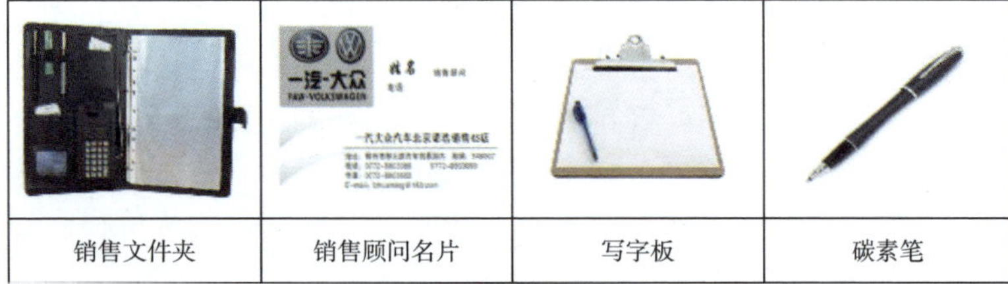

销售文件夹	销售顾问名片	写字板	碳素笔

流程二：推荐汽车精品

1. 向客户推荐汽车精品

（1）推荐汽车防护产品给客户王先生。

① 推荐太阳膜，讲解其主要功能，能遮挡刺眼的阳光，阻隔紫外线照射，防止车内饰褪色，太阳膜有较强的隔热效果防止玻璃破碎时飞溅的玻璃渣伤到人，增加安全性，不同颜色保证空间私密性，降低车内空调负荷，起到保温效果。

职业知识

销售文件夹的物品及功能

销售文件夹的物品	功能
计算器	为客户计算购车费用
销售合同	为客户介绍汽车销售合同
销售人员名片	向客户介绍自己
产品手册	为客户介绍店内产品
客户基本信息表	为客户寻找真实需求

推荐汽车精品工作要求

- 必须着正装，穿深色皮鞋，男士打领带，女士戴丝巾；
- 正确向客户介绍汽车精品的样式和功能；
- 在实车上精品配件边介绍边演示；
- 注意观察客户对汽车精品的反应，做好重点介绍

你一生中卖的唯一产品就是你自己。

② 推荐底盘装甲，讲解其主要功能，能在底盘表面起到防腐蚀、防锈，吸附在底盘上密封底盘，起到隔热效果降低车内空调负荷。底盘装甲类似于沥青物质，有一定弹性，小石块飞溅到底盘上起到降低路噪和风噪的效果，路况不良时可抵挡轻微的底盘刮蹭。

③ 推荐发动机钢护板，讲解其主要功能，能抵抗不良路面和石块强烈撞击，有效地保护发动机、变速器，框架底盘结构不易变形，保护发动机舱的干净整洁，和底盘完美结合保证底盘平整性，减小风阻系数。

④ 推荐镀膜封釉套装，讲解其主要功能，能减小漆面长时间氧化，防止酸雨腐蚀，增加漆面亮度，增加漆面强度，减小风阻系数，防尘。

⑤ 推荐地胶，讲解其主要功能，能避免渗透，防止底盘生锈，容易清洁，能起到保温效果。

⑥ 推荐脚垫，讲解其主要功能，能保证车内清洁，易清洗，提高档次。

⑦ 推荐行李舱垫，讲解其主要功能，能保证车内清洁，易清洗，提高档次。

⑧ 推荐蜡刷掸子，讲解其主要功能，能清洁车内外的灰尘，蜡层保护漆面。

（2）推荐美容产品给客户王先生。

① 推荐前照灯罩，讲解其主要功能，美观大气、提高档次、彰显个性、运动感强，保护前照灯不易受损。

② 推荐四季坐垫，讲解其主要功能，美观、提高档次，保护座椅不易脏，冬天保暖、夏天清凉。

汽车精品分类方式	
按用途	• 防护产品：太阳膜，底盘装甲（油性、水溶性），发动机钢护板，镀膜封釉套装，地胶，脚垫，行李舱垫，蜡刷掸子。 • 美容产品：前照灯罩，四季坐垫。 • 电子产品：行车导航仪，行车记录仪，氙气前照灯，倒车雷达，倒车影像。 • 其他小精品
按精品来源	原厂精品、配套精品、通用精品
按使用位置	外观精品和内装精品
按销售模式	加装销售：售前加装又称之为加装销售，主要指的是在汽车出厂时安装的精品产品。简单的理解就是打造新车型将一款市场上的车型自己添加一些功能和配置，推出一款全新的车型，以有别于其他集团公司的同品牌4S店所售车型。 售中销售：没有加装到整车上，客户购买新车时，销售顾问推荐销售的产品，大多数精品都可以采取这种方式销售。很多4S店将精品的销售纳入到销售顾问的绩效考核中，每个月设置一定的任务量，需要销售顾问完成。 售后销售：车主购买新车之后在4S店或街边美容连锁店加装了精品，再次在4S店购买的消费行为。在汽车回厂保养时进行，在客户等候时给予介绍。 联合销售：将精品销售与经销商的其他业务种类结合在一起进行销售的一种模式。主要包括：与汽车消费信贷业务、二手车业务、保险业务

学习笔记

学习笔记

（3）推荐电子产品给客户王先生。

① 推荐行车导航仪，讲解其主要功能，能增加美观度、提高档次，导航指引路线，有娱乐系统，可侦测、报警。

② 推荐行车记录仪，讲解其主要功能，能记录行车状况，保障行车安全。

③ 推荐氙气前照灯，讲解其主要功能，能提高爱车档次，照明亮度高，使用寿命长。

④ 推荐倒车雷达，讲解其主要功能，能距离显示、声响报警、区域警示。

⑤ 推荐倒车影像，讲解其主要功能，能提高爱车档次，解决倒车雷达测不到的死角，增加倒车时信心。

2. 运用 RFABE 法则为客户推荐汽车精品

（1）在精品销售中首先应从客户的语言、肢体、表情等方面挖掘探寻客户的需求，确认客户对汽车精品中的重点推荐精品。

（2）推荐汽车精品，阐述汽车精品的属性特点、作用优势和给客户带来的利益，强化客户的购买欲望，并填写表 8-2-2。

表 8-2-2　汽车报价单

欲购买意向车型	红旗 HSX	颜色	白色	
车价	25 万元	发动机号	320×××	
上牌费	800 元	付件加装	太阳膜	2 000 元
车船税	1 080 元		行车导航仪	2 000 元
购置税	2.5 万元		倒车影像	2 000 元
服务费	1 000 元		氙气前照灯	4 000 元
总计	28.788 万元			
客户签名	王先生			
销售顾问签名	李想			

RFABE 法则

R	Research（需求探寻）的缩写，即发掘客户真正需求
F	Feature（特点）的缩写，即纯正精品的产品介绍
A	Advance（优势）的缩写，即产品优势介绍
B	Benefit（利益）的缩写，即给客户带来的利益、好处
E	Evidence（事例参考）的缩写，即实际客户体验事例说明

汽车导航精品推荐用语要点

需求探寻（R）	看您用的是智能手机吧，想不想试一试用手机操控这部汽车？
	现在马路上车多人多，视线稍微离开路面，就有可能发生危险
推荐用语（FAB）	F：我们的导航拥有手机映射功能．东风日产的纯正精品导航采用了语音控制和手势控制模式，原厂自带 120 GB 的超大的卫星图片
	A：我们这套导航系统，在您开车时，如果想调节多媒体设备，只需语音或手势即可操作，无须低头查找按键。另外坐在后排的乘客通过手机即可操控多媒体功能。道路导航过程中，由于自带详尽的地图信息，路线设定精准、迅速
	B：由于新交规规定 14 岁以下小孩不能坐副驾驶位置，当您带着孩子开车出行时，您的小孩可以通过手机在后排操作多媒体设备，让您专心开车，保证行车安全。同时借助精确的导航定位，帮您省时省油，出行便利
事例参考（E）	现在是智能化的社会，任何终端电器物品都将实现远程的操作遥控，而原厂导航产品，正是顺应客户的需要推出这些个性化的使用功能
客户疑问	客户：你们的导航会不会不准确啊？ 销售顾问：先生您很关注这些细节，说明您也是一个很仔细、考虑周全的人。您说的这个问题通常在一些其他品牌的导航里确有发生，但是我们的地图是经过国家检测、XX 认证的最新正版地图，这个您大可以放心

学习笔记

任务测评

1. 知识测评

确定本任务关键词,按重要程度进行关键词排序并举例解读。

根据自己对重要信息捕捉、排序、表达、创新和划分权重能力进行自评，满分 100 分，见表 8-2-3。

表 8-2-3　推荐汽车精品知识测评表

序号	关　键　词	举 例 解 读	评分自定
1			
2			
3			
4			
总分			

2. 能力测评

对表 8-2-4 所列作业内容，行为规范即得分，行为错误或未执行得零分。

表 8-2-4　推荐汽车精品能力测评表

序号	作 业 内 容	配分	得分
1	正确佩戴胸牌	10	
2	能正确与客户交谈，语气适中	10	
3	能正确遵守礼仪礼节	20	
4	正确探询客户的购车用途和价位	20	
5	正确探询客户对车辆的喜好和要求	40	
总分		100	

3. 素养测评

对表 8-2-5 所列素养点，做到即得分，未做到得零分。

表 8-2-5　推荐汽车精品素养测评表

序号	素　养　点	配分	得分
1	安全作业，无安全隐患	20	
2	保护环境，无乱扔乱倒	20	
3	行为规范，无不当行为	20	
4	团队协作，无不洽关系	20	
5	场地“5S”	20	
总分		100	

4. 拓展训练

（1）请列举出推荐汽车精品的过程中易出现的问题，分析产生问题的原因并制定解决问题的措施（满分 25 分）。

（2）现发现通过销售人员与客户的沟通和交流，客户仍对购车存在一些异议。试分析产生异议问题的原因，依据推荐汽车精品过程中出现的问题进行异议处理，再次进行推荐车型，消除客户异议（满分 25 分）。

（3）请按照图 8-2-1 思维导图格式，对推荐汽车精品的学习收获进行总结，同时想一下汽车 4S 店配件的价格会比汽车美容公司的高很多，但是为什么大部分的客户都会在汽车 4S 店进行精品加装，请您用三个以上的词概括出现这种现象的原因，并选出最重要的一个原因填写在思维导图的空格里（满分 50 分）。

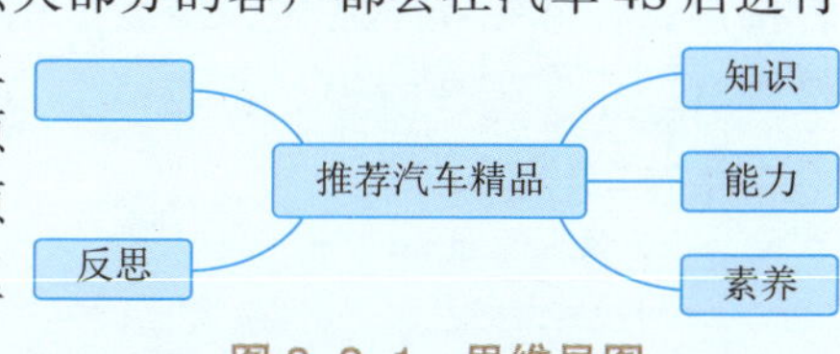

图 8-2-1　思维导图

学习笔记

任务三　推荐汽车相关业务

职业行动

流程一：工作准备

1. 工作地点

汽车洽谈室。

2. 工作设施

洽谈桌、座椅。

3. 工作用品（见表 8-3-1）

表 8-3-1　工作用品

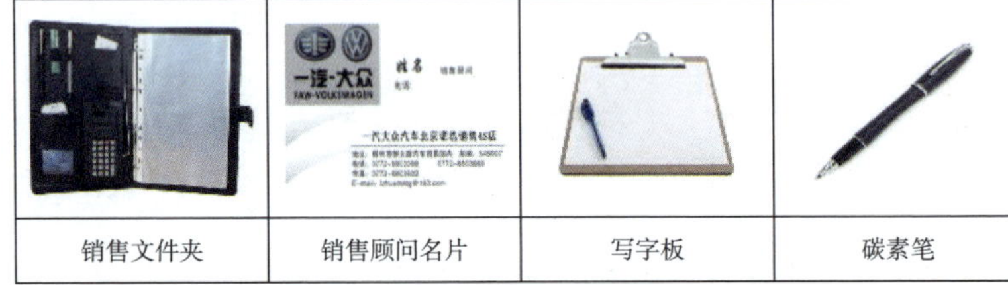

销售文件夹	销售顾问名片	写字板	碳素笔

流程二：推荐汽车相关业务

1. 推荐客户王先生办理二手车置换手续

（1）推荐客户王先生办理二手车置换。

① 客户王先生第二次到达新车销售店中，由新车销售顾问李想接待，在介绍新车之后，由新车销售顾问李想提示客户王先生是否有二手车需要置换。将邀请本公司的二手车评估师高尚进行二手车鉴定评估定价。

职业知识

销售文件夹的物品及功能

销售文件夹的物品	功能
计算器	为客户计算购车费用
销售合同	为客户介绍汽车销售合同
销售人员名片	向客户介绍自己
产品手册	为客户介绍店内产品
客户基本信息表	为客户寻找真实需求

推荐汽车相关业务工作要求

- 必须着正装，穿深色皮鞋，男生打领带，女生戴丝巾；
- 正确使用标准用语向客户推荐汽车相关业务；
- 注意商务礼仪行为规范；
- 注意询问的语气与语调

如果你送走一位快乐的客户，他会给你带来十位客户。

② 销售顾问李想、二手车评估师高尚与客户共同议定价格，确定差价，陪同客户王先生选订新车。

③ 与客户王先生签订二手车购销协议以及置换协议。

④ 置换二手车的钱款直接冲抵新车的车款，客户王先生补足新车差价后，办理提车手续，或由二手车置换授权经营商的销售顾问协助在制定的经营商处提取所订车辆，二手车置换授权经销商提供一条龙服务。

⑤ 客户王先生需贷款购新车，则置换二手车的钱款作为新车的首付款，二手车置换授权经营商为客户办理购车贷款手续，建立提供因汽车消费信贷所产生的资信管理服务，并建立个人资信数据库。

⑥ 二手车置换授权经营商办理旧车过户手续，客户王先生提供必要的协助和资料。

⑦ 二手车置换授权经销商为客户王先生提供全程后续服务。

（2）汽车销售顾问李想介绍汽车 4S 店二手车置换业务优点。

① 汽车 4S 店二手车业务周期短、时间快；

② 汽车 4S 店二手车业务风险小、有保障；

③ 汽车 4S 店二手车业务多重促销、车主受益。

（3）二手车评估师高尚为客户王先生讲解二手车置换业务注意事项。

① 讲解驾驶车辆证件方面要求；

② 讲解车主证件方面要求；

二手车置换定义	
狭义的二手车置换	指消费者用二手车的评估价值加上另行支付的车款从品牌经销商处购买新车的业务
广义的二手车置换	指在以旧换新业务基础上，同时兼容二手商品整新、跟踪服务、二手商品在销售乃至折抵分期付款等项目的一系列业务组合，使之成为一种有机而独立的营销方式

汽车 4S 店二手车置换业务优点	
周期短，时间快	二手车车主只需将二手车开到 4S 店，经过专业的二手车评估师作出评估，同时车主选好心仪的新车后，只要缴纳中间的差价即可完成置换手续
风险小，有保障	将自己的二手车交给 4S 店同时在 4S 店内购买新车，没有任何中间商，让车主安心，参与置换的厂商拥有良好的信誉和服务，消除了不懂车不知道怎么挑车的疑虑，充分保障了消费者的利益
多重促销，车主受益	众多 4S 店在二手车领域配合国家出台的政策补贴，纷纷在打出降价的同时，又推出了“原价”置换，置换送高额补贴，再送礼品或免费活动等多重优惠活动，打动众多车主换车，促进新车销售

二手车置换要求		
交易车辆手续	证件齐全	包括：机动车行驶证、机动车登记证书、车辆购置税完税证明、养路费缴费凭证、车船使用税交付凭证、保险单、购车发票、有效的机动车安全技术检验合格标志、维修保养记录等
	车主证件	含身份证（外地人可持一年期内暂住证）、户口簿，而且车主本人最好在场；公车户要带法人代码证书、公章、介绍信、资金往来发票或收据

学习笔记

学习笔记

2. 为客户讲解和办理消费信贷

（1）为客户王先生讲解消费信贷的模式。

①讲解商业银行信贷；

②讲解汽车金融公司信贷；

③讲解信用卡分期购车。

（2）为客户王先生讲解汽车消费信贷条件及流程。

①核对客户王先生是否符合个人汽车信贷业务条件；

②核对客户王先生是否符合申请机构汽车贷款条件；

③为客户王先生办理汽车消费信贷业务流程。

a 通过银行进行消费信贷的客户王先生首先应到银行营业网点进行咨询，网点为客户王先生推荐已与银行签订《汽车贷款合作协议书》的特约经销商。

b 提出贷款申请，明确车型、数量、颜色等。

c 签订购车合同，填写汽车贷款报价单，见表 8-3-2。

表 8-3-2 汽车贷款报价单

欲购买意向车型	红旗 HSX	颜色	白色
车价	29.× 万元	发动机号	321×××
首次付车款	19.× 万元	保证金	10 000 元
贷款金额	10 万元	公证费	400 元
每月还贷	6 250 元	期数	24
总计	34.× 万元		
客户签名	王先生		
销售顾问签名	李想		

二手车估价要求

- 充分了解新车及二手车的价格行情，做到心中有数。
- 二手车置换时要将旧车评估价格、新车价格、售后服务、融资服务和保险等综合考虑，单一考虑二手车价格或单一考虑新车价格是全面的。
- 了解二手车实际车况，关注评估过程，评估时最好邀请车主本人跟随评估师一起进行。
- 出售的二手车辆应在年检有效期内，且消除车辆违章，车辆必须在交易日之前不拖欠税费，且强制保险有效。
- 车辆外观符合行驶证照片，改装及相关损伤部分按照车辆管理要求恢复正常状态

汽车消费信贷模式

模式	说明
商业银行信贷	由银行、专业资信调查公司、保险、汽车经销商四方联合，银行直接面对客户，在对客户信用进行评定后。银行与客户签订信贷协议，客户将在银行设立的汽车贷款消费机构获得一个购车贷款额度。使用该信贷额度就可以在汽车市场上选购自己满意的产品。银行信贷部门还为客户提供相应的售后服务，如汽车维修等一系列增值服务。在该模式中，银行是中心。银行指定相关机构出具客户的资信报告，指定保险公司并要求客户购买其保证保险，银行指定经销商销售车辆。风险由银行与保险公司共同承担
汽车金融公司信贷	在汽车金融公司办理购车贷款。国内的上汽、北汽等都有自己的金融公司。汽车金融公司一般都是由汽车公司投资创建的
信用卡分期购车	消费者利用手中拥有的银行信用卡进行刷卡消费购车，同时通过信用卡消费还款的一种形式。信用卡分期购车是银行机构推出的一种信用卡分期业务。持卡人可申请的信用额度为 2 万～ 20 万元，部分银行视情况而定：分期有 12 个月、24 个月和 36 个月三类。信用分期购车不存在贷款利率，银行只收取手续费，不同分期的手续费率各有不同。低手续费零利率是信用卡分期购车的一大优势。相比银行贷款购车和汽车金融机构贷款购车，信用卡分期购车是没有利息的，当然，所谓的零利率会在手续费上有所支出

如果你送走一位快乐的客户，他会给你带来十位客户。

（3）为客户王先生讲解和办理汽车租赁业务。

① 为客户王先生办理租车手续。

a. 接洽租车（见图 8-3-1）。

图 8-3-1　为客户讲解租车手续

业务人员齐红详细询问客户王先生的租车目的、用途、所需车型、所用时间；查询备车情况，若没有客户所需车型，应提供建议车型，尽可能满足客户需求。

b. 查验证件、信用。

通过洽谈达成意向后，业务人员齐红应仔细查验客户王先生所提供的证件、证明，有条件的应查询信用咨询体系，确认相关信息资料。

c. 签订合同。

留存复印件和必要的抵押后，与客户王先生签订正式汽车租赁合同。

d. 办理财务手续。

业务人员齐红陪同客户王先生到财务部缴纳押金，预付租金。

e. 租赁验车签字。

车管部门提供所需车辆，业务人员引导客户王先生试车、验车，客户王先生试车满意后，双方共同在租赁车辆交接单上登录验车情况，并签字确认。

f. 离站。

汽车消费信贷条件	
个人汽车信贷业务条件	• 中华人民共和国公民，或在中华人民共和国境内连续居住一年以上（含一年）的港、台居民及外国人。 • 具有有效身份证明、固定和详细住址且具有完全民事行为能力。 • 具有稳定的合法收入或足够偿还贷款本息的个人合法资产。 • 个人信用良好。 • 能够支付本办法规定的首期付款。 • 贷款人要求的其他条件
申请机构汽车贷款条件	• 具有企业或事业单位登记管理机关核发的企业法人执照或事业单位法人证书等证明借款人具有法人资格的法定文件。 • 具有合法、稳定的收入或足够偿还贷款本息的合法资产。 • 能够支付本办法规定的首期付款。 • 无重大违约行为或信用不良记录。 • 贷款人要求的其他条件

汽车租赁手续	
个人租赁携带证件	• 当地人员：携带户口本、身份证、驾驶证、保证金、租车预付费用。 • 外地人员：身份证、驾驶证、担保人户口簿（当地）、身份证
单位租赁携带证件	• 企业单位：营业执照副本、组织机构代码证及复印件加盖公章、法人代表身份证及复印件。如法人不能在合同上签字，则须有法人委托书，经办人身份证和驾驶证、合同章。 • 事业单位：上级单位介绍信、组织机构代码证及复印件加盖公章、经办人身份证和驾驶证、合同章。 • 外国派驻机构：登记证原件、派出机构证明及担保函、首席代表工作证、身份证原件及复印件、合同章。如在租期内发生违章造成的损失，则由承租人独自承担
手续办理流程	• 在汽车租赁业务所需要的各类手续中，签订《汽车租赁合同》。此外，汽车租赁日常经营与管理中涉及的手续一般还包括：《车辆交接检验项目说明》《汽车租赁业务登记单》《车辆交接单》等

学习笔记

学习笔记

② 还车流程。

a. 业务员齐红查验汽车租赁合同、车辆交接单等相关单据及其租车时所用证件、证明，确认后对照车辆交接单，然后进行现场验车。

b. 验车结果经车管部门和承租方共同确认后，双方签字，之后承租方进行财务结算。

c. 财务部门出具结算证明，交车手续结束，汽车租赁合同终止。

3. 为客户讲解并办理汽车保险

（1）为客户王先生讲解汽车保险中的交强险。

（2）为客户王先生讲解汽车保险中的商业主险。

① 为客户王先生讲解车辆损失险；

② 为客户王先生讲解第三者责任险；

③ 为客户王先生讲解车上人员责任险；

④ 为客户王先生讲解全车盗抢险。

（3）为客户王先生讲解汽车保险中的商业附加险。

① 为客户王先生讲解车上货物责任险；

② 为客户王先生讲解车载货物掉落责任险；

③ 为客户王先生讲解玻璃单独破碎险；

④ 为客户王先生讲解车辆停驶损失险；

⑤ 为客户王先生讲解自燃损失险；

⑥ 为客户王先生讲解新增加设备损失险；

⑦ 为客户王先生讲解不计免赔特约险；

⑧ 为客户王先生讲解无过失责任险。

融资性汽车租赁方式

- 客户可以按照协议付清尾款获得车辆拥有权。
- 客户可以按照协议要求进行二手车置换，将车辆退还经销商，然后从经销商获得价值差价的补偿款。
- 客户可以按照协议要求进行二手车置换，将差价补偿款转换为新车租赁款，获得新车使用权

汽车交强险

定义 商业保险	交强险是由保险公司对被保险机动车发生道路交通事故造成受害人（不包括本车人员和被保险人）的人身伤亡、财产损失，在责任限额内予以赔偿的强制性责任保险
计算公式	交强险保费＝交强险基础保费 ×（1＋与道路交通事故相联系的浮动比率）
规定	根据《交强险条例》的规定，在中华人民共和国境内道路上行驶的机动车的所有人或者管理人都应当投保交强险，机动车所有人、管理人未按照规定投保交强险的，公安机关交通管理部门有权扣留机动车，通知机动车所有人、管理人依照规定投保，并处应缴纳的保险费的 2 倍罚款

汽车商业主险

车辆损失险商业保险	指保险车辆遭受保险责任范围内的自然灾害或意外事故，造成保险车辆本身损失时赔付的一种险种。保障范围包括雷击、暴风、暴雨、洪水等自然灾害和碰撞、倾覆等意外事故造成保险车辆的损失以及相关的施救费用
第三者责任险	指被保险车辆在使用过程中发生意外事故，造成他人（也就是第三者）的财产损失或人身伤亡而对其进行赔偿的一种险种。根据被保险车辆驾驶人在交通事故中的责任大小划定不同的免赔率。也就是说保险公司可以有一定比率可以不予赔付的
车上人员责任险	指被保险人允许的合格驾驶员在使用保险车辆过程中发生保险事故，致使车内驾驶人和乘客人身伤亡，依法应由被保险人承担的赔偿责任，保险公司会按照保险合同进行赔偿。车上人员责任险算是车辆商业险的主要保险，它主要功能是赔偿车辆因交通事故造成的车内人员的伤亡的保险
全车盗抢险	保险车辆全车被盗窃、被抢夺，经公安刑侦部门立案证实，满三个月未查明下落，或保险车辆在被盗窃、被抢劫、被抢夺期间受到损坏，或车上零部件及附属设备丢失需要修复的合理费用，保险公司负责赔偿

如果你送走一位快乐的客户，他会给你带来十位客户。

学习笔记

（4）为客户王先生讲解汽车保险购买原则。

① 告知客户王先生交强险必须投保，所有的新车和保险到期的车辆续保或必须购买车辆交强险。对于未投保交强险的车辆，不予上牌。

② 告知客户王先生不要重复投保，解释《保险法》规定："重复保险的车辆各保险人的赔偿金额的总和不得超过保险价值。"因此，即使投保人重复投保，也不会得到超价值赔款。

③ 告知客户王先生不要超额投保，解释《保险法》规定："保险金额不得超过保险价值，超过保险价值的，超过的部分无效。"所以超额投保不能获得额外的利益。

④ 告知客户王先生车损险要足额投保，解释《保险法》规定："保险金额低于保险价值的，除合同另有约定外，保险人按照保险金额与保险价值的比例承担赔偿责任。"

⑤ 告知客户王先生基本险保全，解释各险种都有各自的保险责任，假如车辆真的出事，保险公司只能依据当初订立的保险合同承担保险责任给予赔付，而车主的其他损失有可能就得不到赔偿。车损险与三者险尤为重要。

⑥ 告知客户王先生附加险按需投保，可以根据投保人汽车实际状况与使用情况，有针对性地选择附加险。

（5）为客户王先生推荐常见险种组合。

① 为客户王先生介绍最低保障方案。

a. 为客户王先生讲解险种组合；

b. 为客户王先生讲解保障范围；

汽车商业附加险	
车上货物责任险	指投保了本项保险的机动车辆在使用过程中，发生意外事故，致使保险车辆上所载货物遭受直接损毁和车上人员的人身伤亡，依法应由被保险人承担的经济赔偿责任，保险公司在保险单所载明的该保险赔偿额内计算赔偿
车载货物掉落责任险	指投保了本保险的机动车辆在使用中，所载货物从车上掉下致使第三者遭受人身伤亡或财产的直接损毁，依法应由被保险人承担的经济赔偿责任，保险公司负责赔偿
玻璃单独破碎险	指投保了本项保险的机动车辆在停放或使用过程中，发生本车玻璃单独破碎，保险公司按实际损失进行赔偿
车辆停驶损失险	指投保了本项保险的机动车辆在使用过程中，因遭受自然灾害或意外事故，造成车身损毁，致使车辆停驶造成的损失。保险公司按照与被保险人约定的赔偿天数和日赔偿额进行赔付
自燃损失险	指投保了本项保险的机动车辆在使用过程中，因本车电路、线路、供油系统发生故障及运载货物自身起火燃烧，造成保险车辆的损失，保险公司负责赔偿
新增加设备损失险	指投保了本项保险的机动车辆在使用过程中，因自然灾害或意外事故造成车上新增设备的直接损毁，保险公司负责赔偿
不计免赔特约险	指办理了本项特约保险的机动车辆发生事故，损失险及第三者责任险事故造成赔偿，对其在符合赔偿规定的金额内按责任应承担的免赔金额，保险公司负责赔偿
无过失责任险	指投保了本项保险的车辆在使用中，因与非机动车辆、行人发生交通事故，造成对方人员伤亡和财产直接损毁，保险车辆一方无过失，且被保险人拒绝赔偿未果，对被保险已经支付给对方而无法追回的费用，保险公司负责给予赔偿

学习笔记

c. 为客户王先生讲解最低保障方案优点。

② 为客户王先生介绍基本保障方案。

a. 为客户王先生讲解险种组合；

b. 为客户王先生讲解保障范围；

c. 为客户王先生讲解基本保障方案优点；

d. 为客户王先生讲解基本保障方案缺点。

③ 为客户介绍最佳保障方案。

a. 为客户讲解险种组合；

b. 为客户讲解保障范围；

c. 为客户讲解最佳保障方案优点；

d. 为客户讲解最佳保障方案缺点。

④ 为客户王先生讲解完全保障方案。

a. 为客户讲解险种组合；

b. 为客户讲解保障范围；

c. 为客户讲解完全保障方案优点；

d. 为客户讲解完全保障方案缺点。

（6）解答新车投保过程中客户的疑问。

（7）为客户王先生解释投保的优惠政策。

（8）为客户王先生计算保险金额。

（9）协助客户王先生完成新车投保。

常见险种组合	
最低保障方案	• 机动车交通事故责任强制保险。 • 只能在交强险的责任范围内对第三者的人伤和物损负赔偿责任；只有最低保障，费用低，因为只有交强险属于强制保险，而且交强险和车辆的车价没有关系，仅与座位数相关。保障额度不高，一旦撞车或撞人，对方的损失能得到保险公司的部分赔偿，且自己车辆的损失只有自己负担
基本保障方案	• 交强险 + 车辆损失险 + 第三者责任险。 • 只投保基本险，能为自己的车与他人损失的赔偿责任提供基本的保障。 • 费用适中，必要性最高。 • 不是最佳组合，最好加入不计免赔特约险。 • 经济实力不太强或短期资金不宽余，有一定经济压力的车主。这部分车主一般认识到事故后修车费用较高，愿意为自己的车和第三者责任寻求基本保障，但又不愿意多花钱寻求更全面的保障
最佳保障方案	• 交强险 + 车辆损失险 + 第三者责任险 + 车上责任险 + 风窗玻璃玻璃险 + 不计免赔特约险 + 全车盗抢险。 • 在经济投保方案的基础上，加入了车上人员责任险和玻璃险，使乘客及车辆易损部分得到安全保障。 • 投保价值大的险种，不花冤枉钱，物有所值。 • 经济较宽余、保障需要比较全面、乘客不固定的私家车主或单位用车
完全保障方案	• 交强险 + 车辆损失险 + 第三者责任险 + 车上责任险 + 风窗玻璃玻璃险 + 不计免赔特约险 + 新增加设备损失险 + 自燃损失险 + 全车盗抢险。 • 能保的险种全部投保，从容上路，不必担心交通所带来的种种风险。 • 几乎与汽车有关的全部事故损失都能得到赔偿。投保的人不必为少保某一个险种而得不到赔偿，也不必承担投保决策失误的损失。 • 保全险保费高，某些险种出险的几率相对较小。 • 经济宽裕的车主、价格偏高的车辆和企事业单位用车

视频

报价成交（2）

如果你送走一位快乐的客户，他会给你带来十位客户。

学习笔记

任务测评

1. 知识测评

确定本任务关键词，按重要程度进行关键词排序并举例解读。根据自己对重要信息捕捉、排序、表达、创新和划分权重能力进行自评，满分 100 分，见表 8-3-3。

表 8-3-3　推荐汽车相关业务知识测评表

序号	关　键　词	举 例 解 读	评分自定
1			
2			
3			
4			
总分			

2. 能力测评

对表 8-3-4 所列作业内容，行为规范即得分，行为错误或未执行得零分。

表 8-3-4　推荐汽车相关业务能力测评表

序号	作 业 内 容	配分	得分
1	正确佩戴胸牌	10	
2	能正确与客户交谈，语气适中	10	
3	能正确遵守礼仪礼节	20	
4	能够正确引导客户入座	20	
5	能够填写试乘试驾客户追踪表	40	
总分		100	

3. 素养测评

对表 8-3-5 所列素养点，做到即得分，未做到得零分。

4. 拓展训练

表 8-3-5　推荐汽车相关业务素养测评表

序号	素　养　点	配分	得分
1	安全作业，无安全隐患	20	
2	保护环境，无乱扔乱倒	20	
3	行为规范，无不当行为	20	
4	团队协作，无不洽关系	20	
5	场地“5S”	20	
总分		100	

（1）请列举出推荐汽车相关业务的过程中易出现的异议，分析产生异议的原因并制定解决问题的措施（满分 25 分）。

（2）现发现通过销售人员与客户的沟通和交流，客户仍对购车存在一些异议。试分析产生异议问题原因，依据推荐汽车相关业务并进行异议处理，完成报价成交（满分 25 分）。

（3）请按照图 8-3-2 思维导图格式，对推荐汽车相关业务的学习收获进行总结，你认为在“推荐汽车相关业务”过程中最应该注意什么，请走访至少 3 个 4S 店销售顾问，让他们每人至少提供一个推荐汽车相关业务最难忘的一个经历，你根据叙述做成 3 个汽车推荐成功或失败的案例（满分 50 分）。

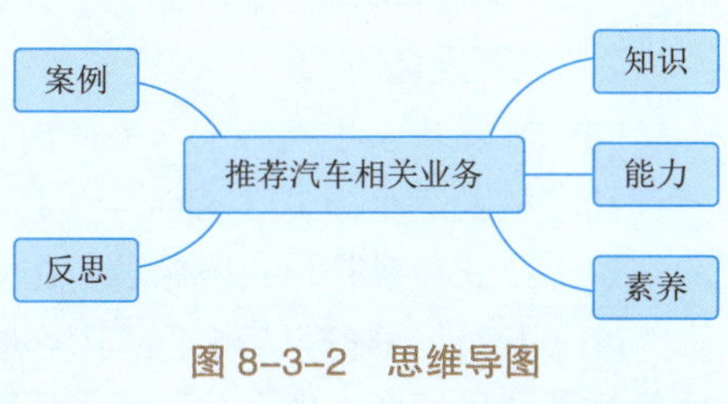

图 8-3-2　思维导图

如果你送走一位快乐的客户，他会给你带来十位客户。

学习笔记

学习考评

一、学习项目

根据所学，请对第二次到店的客户进行报价洽谈，同时为王先生做好报价成交服务。

二、实施准备

1. 学生准备

学生按照教学进度计划，已经完成了以下学习任务并达到了75分以上，可进行该学习考评的实施。

（1）理解并完成学习考评需要的职业知识和方法的学习，得分大于75分。

（2）运用学习考评需要的职业知识和方法进行作业，得分大于75分。

（3）按时、按质、按量完成相应作业，得分大于80分。

（4）自觉遵守岗位标准要求和相关规定（行为规范、安全规定、环保规定、“5S”作业要求），并具有团结协作的好习惯，得分大于80分。

（5）能为客户制定报价成交的方案并对异议进行有效处理。

2. 教师准备

（1）在安排学生实施学习考评前，通过课堂问题研讨、作业、实训和考核及其他方式，确认学生已经具备了实施学习考评所需的知识、技能和素养，并确保学生在安全状态下独立进行。

（2）对协助教师进行测评的学生进行测评和监督方法的培训，确保测评结果的准确性和公平性。

（3）准备好测评记录。

三、验证方法与标准

（1）每位测评人员负责对1名学生进行定点、全过程的监控和测评。

（2）详细记录学生在实施学习考评过程中的相关信息、数据、结果、流程、完成时间，以及出现错误、事故等情况。

（3）学习考评的作业过程和数据记录等，要求在60分钟内完成，时间不足，可在即将结束时，口述剩余部分的作业方法。

（4）考核内容及标准见下表。

考核内容及标准

序号	评分项	得分条件	分值	评分要求	自评	互评	师评
1	安全/5S/态度	□1. 能正确佩戴胸牌； □2. 能正确穿着制服和皮鞋； □3. 能正确与客户交谈，语气适中； □4. 能正确遵守礼仪礼节； □5. 能正确做好个人的卫生和形象	15	未完成1项扣3分，扣分不得超过15分	□熟练 □不熟练	□熟练 □不熟练	□合格 □不合格
2	专业技能能力	□1. 能正确根据客户意向推荐车型； □2. 能正确计算价格和提供报价单及引导客户交付定金； □3. 能正确向客户提供贷款购车； □4. 能正确向客户提供二手车置换； □5. 能正确向客户推荐装潢、保险等附加值销售	45	未完成1项扣9分，扣分不得超过45分	□熟练 □不熟练	□熟练 □不熟练	□合格 □不合格

学习笔记

3	工具及设备的使用	□1. 能正确使用报价单和订单; □2. 能正确使用产品手册	10	未完成1项扣5分,扣分不得超过10分	□熟练 □不熟练	□熟练 □不熟练	□合格 □不合格
4	资料、信息查询能力	□1. 能正确在规定的时间内查询所需资料; □2. 能正确告知客户大致提车时间	10	未完成1项扣5分,扣分不得超过10分	□熟练 □不熟练	□熟练 □不熟练	□合格 □不合格
5	数据的判断和分析能力	□1 能正确询问客户车辆需求时间限制; □2. 能正确询问客户对产品的配置是否清楚	10	未完成1项扣5分,扣分不得超过10分	□熟练 □不熟练	□熟练 □不熟练	□合格 □不合格
6	表单填写与报告的撰写能力	□1. 字迹清晰; □2. 语句通顺; □3. 无错别字; □4. 无涂改; □5. 无抄袭	10	未完成1项扣2分,扣分不得超过10分	□熟练 □不熟练	□熟练 □不熟练	□合格 □不合格
总分							

四、考评报告

说明：考评分为理论考评和实操考评，理论考评根据项目要求以及考评报告格式制定项目实施方案，方案经教师审核合格后，方可进行实操考评。考评报告详见附录A。

学习笔记

拓展阅读——二手车交易的井喷时代

相较于发达国家二手汽车发展，我国二手汽车市场发展起源较晚，为了规范二手车交易，我国于1998年颁发了《旧机动车交易管理办法》。自2003年汽车大量进入家庭以来，汽车在不断地更新换代，汽车厂商更是不遗余力地推陈出新，加之汽车在使用一段时间后出现机件性能下降、养护成本提高等，以上诸多因素都会促使用户更新在用车辆。近年来，我国经济高速发展，最先的“有车一族”现已进入购置第二辆车或更换新车的阶段，即第一次购车的消费者希望淘汰当前用车，实现二次购买的消费者集中“扎堆”。换代消费旺盛，形成了巨大的二手汽车卖方和买方市场，并且还在不断扩大。

根据中国汽车工业协会数据，2012—2020年我国二手汽车交易额呈现逐年递增趋势，交易额平均增速为17.55%，年复合增长率为16.41%。2020年我国二手车市场交易额为8 888.4亿元，全年二手车交易量为859万台，新车销售量为1 928万台，二手车和新车的销售比例为0.4 ∶ 1，二手车的交易比例是相对成熟的美国市场的1/6，因此我国二手车市场未来或将有较大的发展空间，预计2026年交易额将超过1.6万亿元。

思考： 二手车市场商机如何与新车销售市场更好地对接，达成汽车市场的有序发展？

项目九　新车交付

一、项目描述

完成新车交付工作。

二、项目要求

依据王先生的购车需求，为王先生提供新车交付的服务，并根据新车交付要求，协助其完成新车交付。

（1）为客户王先生的新车交付做好准备工作；

（2）协助客户王先生完成新车交付；

（3）为客户王先生做好转介绍汽车服务顾问。

三、学习目标

（1）描述新车文件准备内容。

（2）正确描述客户交车流程。

（3）正确描述转介客户工作内容。

（4）正确完成交车准备工作。

（5）按照交车流程完成交车工作。

（6）正确地把客户转介绍给汽车服务顾问。

（7）自觉遵守岗位职责要求和相关规定（行为规范、安全规定、环保规定、“5S”作业要求），并养成团结协作的好习惯。

（8）形成协作、服务的工作观念。

四、学习载体

销售顾问李想给王先生打电话告知新车到店，王先生打算进行车辆验收工作，新车内有客户购置车辆和相关验收设备，场地宽敞明亮。销售顾问李想进行新车准备工作，并协助王先生完成新车交付，做好转介汽车服务顾问工作。

新车交付区

学习笔记

视频 

新车交付（1）

学习笔记

任务一　准备交车

职业活动

流程一：工作准备

1. 工作地点

新车交付区。

2. 工作设施

洽谈桌、座椅、新车。

3. 工作用品（见表 9-1-1）

表 9-1-1　工作用品

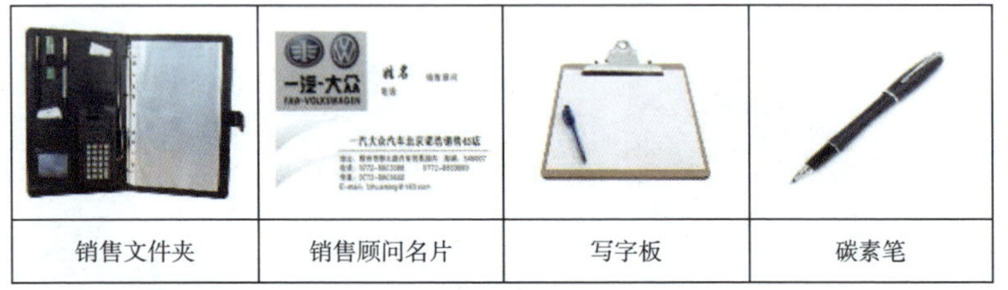

销售文件夹	销售顾问名片	写字板	碳素笔

职业知识

PDI 检查表

内容	要求
检查项目	功能正常在 OK 处打√
	功能不正常在 NO 处打 ×，并将最终结果写入处理措施
PDI 检查员	逐一核对，实名签字
提车人	二次审核签字
经销商	经销商必须填好此表，并保存两年

准备交车工作要点

- PDI 必须在交车给客户的前一天完成；
- 检查员必须按照 PDI 表进行逐项落实检查，发现问题必须立即排除；
- 提车人必须完成新车的确认后并在 PDI 表签名，才能提走车辆；
- PDI 表格一式两联，第一联 PDI 存查，第二联交付提车人（汽车销售顾问）

对产品质量来说，如果不是 100 分那就是 0 分。

流程二：准备交车

1. 准备文件给客户

销售顾问李想交车前要对涉及车辆的相关文件进行仔细全面的检查，确认无误后，装入文件袋以便交给客户王先生。

（1）准备商业票据，装入文件袋。

（2）准备随车文件，装入文件袋。

（3）准备商务活动用品，装入文件袋。

（4）准备交车工具表格，装入文件袋。

（5）准备增值服务相关资料，装入文件袋。

2. 准备车辆给客户

（1）汽车销售顾问李想协助服务部维修检验技师完成新车PDI检查。

① 协助维修检验技师完成车辆外观及漆面检查。

② 协助维修检验技师完成车辆室内检查。

③ 协助维修检验技师完成发动机舱检查。

④ 协助维修检验技师完成后箱室检查。

⑤ 协助维修检验技师完成底盘检查。

⑥ 协助维修检验技师完成特殊附件检查。

⑦ 协助维修检验技师完成填写新车交车PDI表，见表9-1-2。

（2）汽车销售顾问李想再次确认并于新车交车PDI表签字。

（3）汽车销售顾问李想对新车进行全面清洁及准备。

① 对新车进行全方位清洁，同时特别要同客户确认是否要撕掉保护膜等。

② 在车内铺上三件套，确认随车工具完备、备胎摆放整齐，各项功能可正常使用。

③ 确认客户王先生加装项目完毕，确认精品加装项目加装完成，确认精品加装件功能可正常使用。

新车文件准备	
商业票据类	收费凭证、发票、合同或协议、完税证明、保险凭证、尾款结算单据等
随车文件类	车辆使用手册、保修手册、车辆合格证等
商务活动类	销售经理、销售顾问、服务经理和服务顾问的名片等
交车工具类	交车确认单据、PDI检查表格
增值服务类	售后服务介绍资料、车友俱乐部介绍资料文件、试乘试驾联谊卡、资料袋等
PDI检查内容（车辆外观检查 \ 车辆室内检查）	
车辆外观 / 漆面检查内容	• 前保险杆、发动机舱盖、右前翼子板、车顶、车门左右后轮板、后行李舱盖、后保险杆； • 前后风窗玻璃、车门玻璃、其他玻璃； • 标志、电镀饰条、车门把手、外照后视镜； • 前照灯、侧灯、雾灯、尼灯、第三制动灯； • 安装刮水器片及轮胎饰盖
车辆室内检查内容	• 遥控器功能、钥匙对车门开锁上锁功能； • 天窗功能及电动座椅功能； • 室内灯、仪表各指示灯及危险警告灯功能； • 喇叭、刮水器及喷水、前照灯、转向灯、侧灯、雾灯、尾灯及制动灯功能； • 空调 / 音调功能及后风窗玻璃除雾功能； • 电控及手摇车门玻璃升降及上开锁功能、外后视镜调整功能、儿童锁功能； • 车门内外把手开启功能、发动机舱盖、行李舱盖、油箱盖开启功能

学习笔记

学习笔记

表 9-1-2　新车交车 PDI 表

<table>
<tr><td colspan="3">经销商名称：XX 汽车经销有限公司</td><td colspan="3">编号：10001</td></tr>
<tr><td colspan="3">车型：红旗 HS7</td><td colspan="3">钥匙号码：12×××××</td></tr>
<tr><td colspan="2">车架号：
LFV1234567890×××</td><td>发动机号码：
306×××</td><td colspan="3">车身颜色：白色</td></tr>
<tr><td rowspan="2">项次</td><td colspan="2" rowspan="2">检查内容说明</td><td colspan="2">状况</td><td>维修确认及签字</td></tr>
<tr><td>OK</td><td>NO</td><td>王 ××</td></tr>
<tr><td>1</td><td colspan="2">车辆外观 / 漆面检查</td><td colspan="2">√</td><td>王 ××</td></tr>
<tr><td>2</td><td colspan="2">车辆室内检查</td><td colspan="2">√</td><td>王 ××</td></tr>
<tr><td>3</td><td colspan="2">发动机舱检查</td><td colspan="2">√</td><td>王 ××</td></tr>
<tr><td>4</td><td colspan="2">后箱室检查</td><td colspan="2">√</td><td>王 ××</td></tr>
<tr><td>5</td><td colspan="2">底盘检查</td><td colspan="2">√</td><td>王 ××</td></tr>
<tr><td>6</td><td colspan="2">特殊附件检查</td><td colspan="2">√</td><td>王 ××</td></tr>
<tr><td colspan="6">PDI 检查员：王 ××　　　　提车人：李想</td></tr>
<tr><td colspan="6">日　　期：202×.×.×　　　日　期：202×.×.×</td></tr>
<tr><td colspan="6">注：第一联（浅红）经销商存档　　第二联（白色）汽车销售顾问存档</td></tr>
</table>

④ 确认油箱内超过 1/4 箱汽油。

3. 为客户准备交车场地

（1）确认交车场地 5S。

（2）放置欢迎牌。

（3）布置交车区。

<table>
<tr><th colspan="2">检查内容（发动机舱检查及其他检查）</th></tr>
<tr><td>发动机舱检查内容</td><td>• 液位检查：发动机、变速器、制动油壶、转向助力泵、副水箱、刮水器喷水壶；
• 蓄电池状态：电压值；
• 各油管、水管、束夹状况，有无泄漏等</td></tr>
<tr><td>行李舱检查内容</td><td>• 行李舱锁上锁及开锁功能；
• 行李舱照明灯功能</td></tr>
<tr><td>底盘检查内容</td><td>• 发动机及变速器下方有无漏油及漏水痕迹；
• 各水管 / 油管有无渗漏痕迹；
• 传动轴 / 转向系统有无漏油痕迹；
• 制动系统有无漏油痕迹；
• 悬架系统有无漏油痕迹；
• 调整轮胎胎压到规格内（新车出厂时胎压均高于规格上线，交车时务必调整）</td></tr>
<tr><td>特殊附件检查</td><td>• 内装及附加配备；
• 随车手册 / 点烟器放置定位</td></tr>
<tr><th colspan="2">交车场地准备</th></tr>
<tr><td>交车场地 5S</td><td>• 交车场地 5S 检查，保证交车场地的干净整洁，清理交车区场地；
• 交车区出口无障碍物，方便客户驾驶新车离店不受任何影响，布置交车背景板</td></tr>
<tr><td>放置欢迎牌</td><td>在展厅入口处放置欢迎牌，在欢迎牌上书写来提车的客户姓名</td></tr>
<tr><td>布置交车区</td><td>在交车区悬挂 LED 交车横幅，准备手捧花、交车铭牌、大红花、红丝带、交车贵宾胸卡、照相机、三角架、赠送的小礼品等</td></tr>
</table>

对产品质量来说，如果不是 100 分那就是 0 分。

学习笔记

任务测评

1. 知识测评

确定本任务关键词，按重要程度进行关键词排序并举例解读。

根据自己对重要信息捕捉、排序、表达、创新和划分权重能力进行自评，满分 100 分，见表 9-1-3。

表 9-1-3　准备交车知识测评表

序号	关　键　词	举 例 解 读	评分自定
1			
2			
3			
4			
总分			

2. 能力测评

对表 9-1-4 所列作业内容，行为规范即得分，行为错误或未执行得零分。

表 9-1-4　准备交车能力测评表

序号	作 业 内 容	配分	得分
1	能够正确佩戴胸牌	10	
2	能正确与客户交谈，语气适中	10	
3	能够正确为客户准备交车文件	20	
4	能够协助汽车服务顾问做好 PDI	20	
5	能够正确为客户准备交车场地	40	
总分		100	

3. 素养测评

对表 9-1-5 所列素养点，做到即得分，未做到得零分。

表 9-1-5　准备交车素养测评表

序号	素　养　点	配分	得分
1	安全作业，无安全隐患	20	
2	保护环境，无乱扔乱倒	20	
3	行为规范，无不当行为	20	
4	团队协作，无不洽关系	20	
5	场地“5S”	20	
总分		100	

4. 拓展训练

（1）请列举出准备交车的过程中易出现的问题，分析产生问题的原因并制定解决问题的措施（满分 25 分）。

（2）发现通过销售顾问与客户的沟通和交流，客户仍对交车存在一些异议。试分析产生异议问题原因，依据准备交车的流程，有针对性地进行异议消除（满分 25 分）。

（3）销售顾问李想根据客户王先生的新车交付需求，和售后部门一起对于车辆 PDI 的项目进行了逐一检查，保证达到交车标准。

请按照图 9-1-1 思维导图格式，对准备交车的学习收获进行总结，特别对准备交车的注意事项做一个概要阐述，同时结合自身以及身边事举 2 个事例谈一谈对“协作”的理解（满分 50 分）。

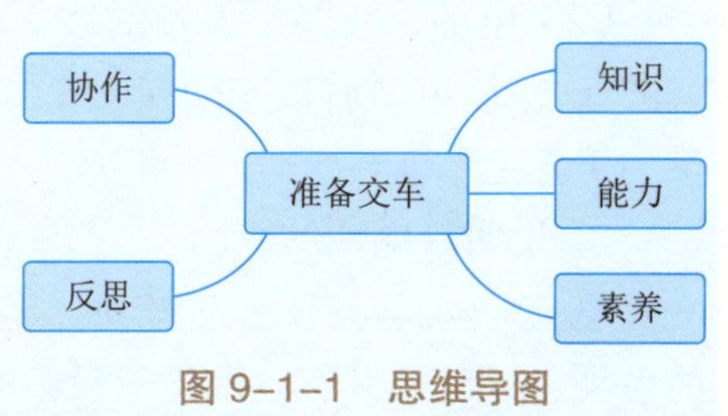

图 9-1-1　思维导图

学习笔记

任务二　进行新车交付

职业行动

流程一：工作准备

1. 工作地点

新车交付区。

2. 工作设施

洽谈桌、座椅、新车。

3. 工作用品（见表 9-2-1）

表 9-2-1　工作用品

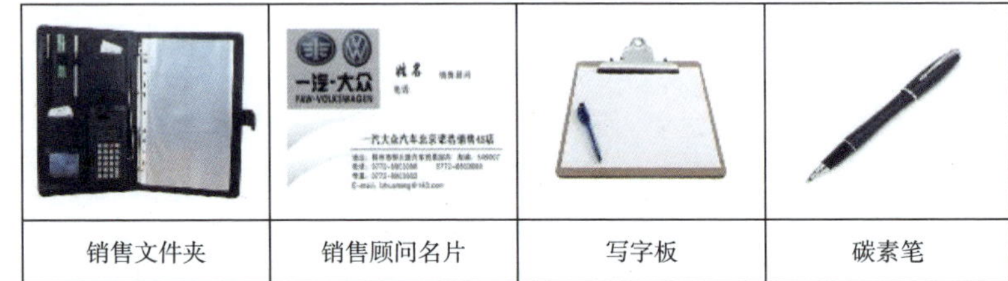

销售文件夹	销售顾问名片	写字板	碳素笔

流程二：进行新车交付

1. 与客户预约交车

（1）准备预约前的工作。

（2）电话预约客户王先生。

① 接通电话后首先问候王先生并做自我介绍，确认接电话人员为王先生。

② 说明打电话的原因。

③ 逐一与客户王先生核对《客户交车需求记录》文件中记录的各项，以确认其有效性，记录新的或有变化的客户需求。

职业知识

销售文件夹的物品及功能

销售文件夹的物品	功能
计算器	为客户计算购车费用
销售合同	为客户介绍汽车销售合同
销售顾问名片	向客户介绍自己
新车交付流程单	为客户解释交车流程
客户基本信息表	最终核对客户的信息

进行新车交付工作要点

- 检查发动机号、车架号、出厂日期、车身颜色等是否与车内铭牌一样，避免上户时产生不必要的麻烦；
- 在购车时一定要提前与 4S 店约定好拿合格证的时间；
- 核对车辆保单正本、保险发票、交强险发票、车船和购置税务发票、完税证明及交强险标志；
- 按照规范的操作流程进行新车交付工作

　一次成功的营销不是一个偶然的事件，而是学习、计划全力以赴实施的结果。

④ 根据《客户交车需求记录》文件中记录的客户王先生可行的时间安排向客户建议总体交车时间。

⑤ 提醒客户王先生完成新车交付所必须携带的相关证件、待付车款等，以保证顺利办理交车相关手续。

⑥ 在结束通话前，重述约定的日期与时间。

⑦ 向客户王先生致谢，通话结束。

（3）预定交车日期发生延迟时，第一时间主动向客户王先生说明原因及解决方案。

2. 准备交车前的最后工作

（1）车辆的最后检查。

（2）更新预约看板。

（3）再次核实客户背景信息。

3. 交车接待

（1）前台接待客户王先生。

① 在4S店展厅门口立欢迎标牌，祝贺客户王先生提车。

② 销售顾问李想（主管或经理也可参与）到门口迎接并祝贺客户王先生。

③ 为客户王先生挂上交车贵宾的识别标志。

④ 确认经销店内每位员工见到带有交车贵宾识别标志客户并进行热情道贺。

⑤ 引领客户王先生至洽谈桌就坐，并提供饮料。

（2）洽谈交车。

① 向客户王先生简要说明交车流程和所需的时间，并征询其意见取得认可。

② 利用准备好的各项清单与客户王先生结算各项费用。

预约前的准备工作	
预约前准备	客户订车时应同客户一起在《客户交车需求记录》文件上记录客户对交车的各项需求
	如果客户希望安装精品附件等，应与服务部门确认附件的库存情况，并根据需要安排订货
	在客户所订新车到达后，应将与客户约定的交车日期和时间通知库管，由库管统一安排新车准备计划
	准备新车交付档案、新车销售合同、详细的客户账目信息、已付款和待付款信息、交车检查表、PDI检查表、《客户交车需求记录》、车钥匙、齿形码条；车辆合格证、《使用手册》、《三包凭证和保养手册》等；车辆上牌信息（购置税、车船使用税、养路费、验车费、保险费等费用以及相关服务）；其他（如点烟器、天线）
交车前的最后准备工作	
车辆的最后检查	• 交车前2小时确定已经将准备好的待交新车停放在新车交付区，油箱内有充足的汽油。 • 根据PDI检查表确认随车文件及工具是否齐全。填写新车交车检查表中的基本信息，按照交车顺序做最后的车辆检查，根据交付的具体车型划掉不适用项目。 • 确保新车干净整洁，无任何瑕疵。锁好待交车辆，并将车钥匙交给展厅经理统一管理
更新预约看板	更新并展示交车预约看板
再次核实客户背景信息	• 在客户到达前，查阅交车档案以便确保清楚地把握客户的背景信息及所购车型；清楚客户对交车的需求

学习笔记

学习笔记

③ 移交有关的物品：用户使用手册、保修保养手册、行驶证、车辆钥匙等。

④ 保证文件交接手续工作应在最短的时间内充成，如有必要，其他部门人员应到场协助，避免客户久等。

⑤ 说明车辆使用结合用户使用手册，其余各项文件一一打开展示说明，逐条解释让客户王先生了解，并提醒其详细阅读，不明之处随时提出。

⑥ 注意及时添加饮品。

（3）陪同客户王先生交车。

① 在第一时间将新车钥匙郑重地交给客户王先生，并予以恭喜、祝贺。同时销售人员带客户王先生到车辆存放地点选车，陪同客户王先生对新车进行全面检查验收，包括车况检查、随车工具检查、钥匙检查。

② 填写销售业务流程单，把客户的个人资料、车辆信息填写完整。

③ 协助客户王先生持本人有效证件、车辆合格证、业务流程单、装饰单到财务部交款，财务部收到各款项后，开具汽车零售/增值发票。

④ 协助客户王先生在本店办理保险，将复印好的发票、车辆合格证、车主身份证、指定驾驶人驾照等客户资料交由保险公司在本店驻点的工作人员计算无误后填写并签字确认，出保单。

⑤ 协助客户王先生持王先生身份证、发票、车辆合格证到保险部门投保出保单后，将以上手续转交客户服务部办理验车上牌，待验车上牌后由客户服务部与客户王先生办理相关车辆手续交接，并签字确认。

⑥ 由验车员带客户王先生王先生缴纳购置税，并为其按区域验车上牌。

车辆手续办理要点	
客户提供办理证件	• 个人提供身份证。 • 单位提供企业法人代码证。 • 军人购车须部队出具本人姓名、单位、住址证明
汽车经销商提供文件	• 正规购车发票。 • 厂家提供的汽车质量合格证。 • 进口车须提供海关货物进口证明或罚没证明、商检证明
上保险要点	• 汽车出事率较高，容易给他人带来危害。因此购买新车必须承保第三者责任险，其他险种可酌情办理。车主可在保险公司或 4S 店办理保险，交纳保费。 • 办理保险时须提供身份证或法人代码证、购车发票
缴纳车船使用税要点	新车领回行驶证后，车主应带上购车发票和行驶证，自行或委托 4S 店办理尽快去所在地税务局（或购车时在其驻场代征处）交纳车船使用税，领取“税”字牌
工商验证要点	• 购车发票。 • 汽车出厂合格证明（合格证）。 • 单位代码证或个人身份证。 • 进口车辆须提供海关证明、商检证明。 • 罚没车须出示罚没证明。 • 凡车价差异较大或售车后退货又重新出售的车须由售车单位出具证明，后者则须出示原售车发票
办移动证要点	• 身份证。 • 购车发票。 • 进口车还须带海关货物进口证明或罚没证明、商检证明。 • 单位的车须带法人代码证书和公章

一次成功的营销不是一个偶然的事件，而是学习、计划全力以赴实施的结果。

⑦ 协助客户王先生持装饰流程单到维修前台为客户办理汽车装饰业务。

⑧ 在客户王先生办理完验车、上牌等相关车辆手续后，为其办理新车交付，检查车辆外观、灯光、液面、随车工具及物品等，介绍新车功能及使用常识、售后职业知识，填写《出库验收单》《销售定单》《技术报告单》，请客户在上面签字确认；填写保修手册，并将感谢信、保修手册、说明书交给客户。填写客户满意度调查表，由客户王先生签字确认。

⑨ 将所有的证件、文件、手册、名片放入资料袋内，并将其交给客户王先生。

4. 协助客户办理车辆手续

（1）办理手续。

① 准备购车证件。

② 为车辆上保险。

③ 缴纳车船使用税。

④ 进行工商验证。

⑤ 办理移动证。

⑥ 缴纳附加费。

⑦ 验车。

⑧ 领取车辆临时牌照。

⑨ 保险公司登记车牌号。

⑩ 新车备案。

（2）利用裸车系统交车。

① 制作交车单。

② 核对客户信息及车辆信息。

③ 核对整车销售的金额。

④ 进行整车销售收款。

车辆手续办理要点	
缴纳附加费要点	• 工商验证发票原件及复印件两张。 • 汽车质量合格证。 • 进口车须提供海关货物进口证明或罚没证明、商检证明。 • 个人提供身份证，单位提供企业法人代码证，属国家控制车辆还须提供控办“准购证”
验车要点	• 车主身份证或法人代码证。 • 车辆合格证。 • 进口车还须出示商检证书、进口单和车管所核发的准验单。 • 购车发票（进口车还须出示商检证书、进口单和车管所核发的准验单）
领取车辆临时拍照要点	• 车辆合格证。 • 占地证明（停车泊位证明）。 • 个人须提供身份证，单位须企业法人代码证，属国家控制车辆还须提供控办“准购证”。 • 购置附加费证。 • 验车合格的机动车登记表
保险公司登记车牌号	尽快把新车车牌号通知保险公司是非常必要的，《机动车辆保险条款》中有规定：保险车辆必须有交通管理部门核发的行驶证和号牌，否则本保险单无效
新车备案	• 新车领回牌照后，应先去备案，然后再办行驶证。备案地点是所在地的安委会。 • 备案时须带车主身份证明和临时行车执照
新车建档	新车建档是在交购置费的购置附加费征稽所进行，建档后，他们将在购置附加费上加盖“已建档”的章。

学习笔记

学习笔记

（3）为客户提供一条龙服务系统交车。

① 打开操作系统一条龙服务，制作一条龙服务预估单；

② 填写信息内容。

5. 递交新车

（1）检查交车场地。

（2）进行交车仪式。

① 所交新车用绸缎盖住或在后视镜处带上礼花，准备好模拟新车的大钥匙、鲜花、交车钥匙铭牌等小礼品。

② 销售顾问、展厅经理、售后服务经理、客服人员等人员出席参加交车仪式，店内有时间的其他销售顾问都可以出席参加交车仪式并向车主祝贺。

③ 销售顾问经过展厅经理进行现场组织，指挥工作人员在新车旁列队。

④ 由销售顾问奉上鲜花交予车主，同时向其家人赠送一些小礼物。

⑤ 现场全体人员与新车合影留念，合影结束后全体鼓掌，表示热烈祝贺（见图 9-2-1）。

图 9-2-1　新车店内交车

裸车系统交车要点	
交车单制作要点	打开企业销售操作系统交车界面，交车单制作需要填写客户信息、交易信息、车辆基本信息、车主信息、保养里程 / 交车里程及业务信息等
整车销售收款要点	打开企业销售操作系统收款界面，需要填写信息包括：业务单号、客户号、客户名称、联系人、收款日期、交款方式、摘要、收款金额、选装件金额、已收定金、应收合计金额、实收金额、欠款金额、开票方式、发票号、收款归属日期、备注、收款人、应收日期等
一条龙服务系统交车	
信息填写内容	• 客户信息。 • 交易信息。 • 车辆基本信息。 • 车主信息。 • 保养里程 / 交车里程及业务信息等
新车交车场地准备	
交车场地准备	• 4S 店内应设置专用的交车区域用于交车服务，销售顾问应事先布置好交车的场地。 • 保证交车场地的干净整洁。 • 在展厅入门处设置恭贺牌。 • 交车区出口无障碍物。 • 布置交车背景板

一次成功的营销不是一个偶然的事件，而是学习、计划全力以赴实施的结果。

学习笔记

任务测评

1. 知识测评

确定本任务关键词,按重要程度进行关键词排序并举例解读。

根据自己对重要信息捕捉、排序、表达、创新和划分权重能力进行自评,满分100分,见表9-2-2。

表9-2-2 进行新车交付知识测评表

序号	关键词	举例解读	评分自定
1			
2			
3			
4			
总分			

2. 能力测评

对表9-2-3所列作业内容,行为规范即得分,行为错误或未执行得零分。

表9-2-3 进行新车交付能力测评表

序号	作业内容	配分	得分
1	能正确遵守礼仪礼节	10	
2	能正确与客户交谈,语气适中	10	
3	能正确向客户介绍交车流程	20	
4	能正确向客户说明车辆具体操作	20	
5	能正确邀约经理与客户留影	40	
总分		100	

3. 素养测评

对表9-2-4所列素养点,做到即得分,未做到得零分。

表9-2-4 进行新车交付素养测评表

序号	素养点	配分	得分
1	安全作业,无安全隐患	20	
2	保护环境,无乱扔乱倒	20	
3	行为规范,无不当行为	20	
4	团队协作,无不洽关系	20	
5	场地"5S"	20	
总分		100	

4. 拓展训练

(1)请列举出进行新车交付的过程中易出现的问题,分析产生问题的原因并制定解决问题的措施(满分25分)。

(2)现发现通过销售人员与客户的沟通和交流,客户仍对新车交付存在一些异议。试分析产生异议问题的原因,依据客户新车交付过程中出现的问题进行异议处理,再次进行新车交付,消除客户异议(满分25分)。

(3)请按照图9-2-2思维导图格式,对进行新车交付的学习收获进行总结,搜集一个新车交付过程中出现问题的案例并进行讨论,思考出现问题的原因并提出解决方案(满分50分)。

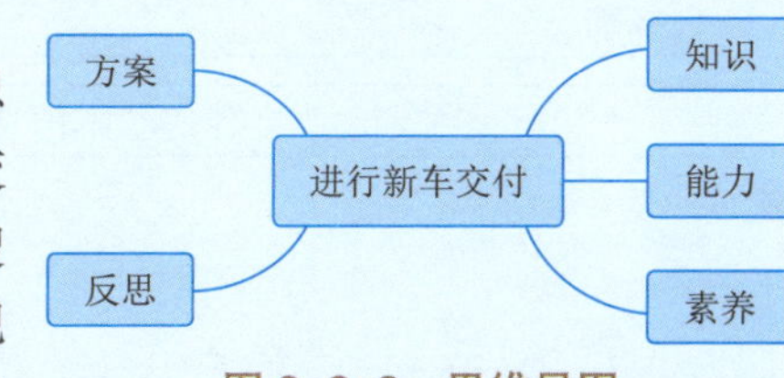

图9-2-2 思维导图

任务三　转介客户

职业行动

流程一：工作准备

1. 工作地点

新车交付区。

2. 工作设施

洽谈桌、座椅。

3. 工作用品（见表 9-3-1）

表 9-3-1　工作用品

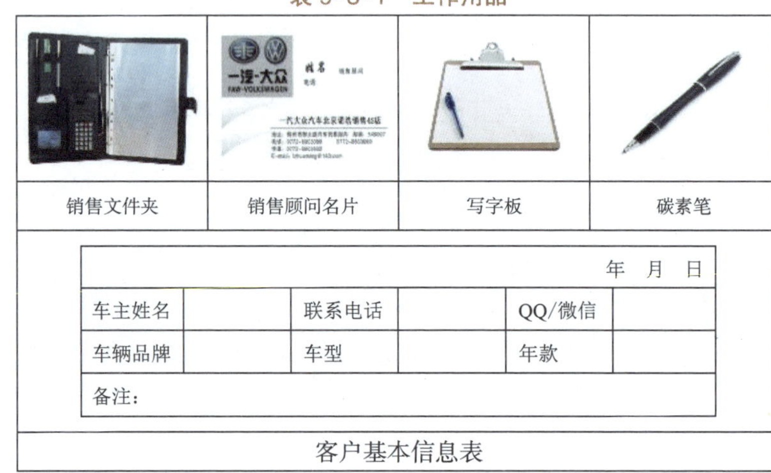

销售文件夹	销售顾问名片	写字板	碳素笔

				年　月　日	
车主姓名		联系电话		QQ/微信	
车辆品牌		车型		年款	
备注：					

客户基本信息表

职业知识

客户信息登记表

内容	功能
车主姓名	最终确定客户信息，为转介做好准备
联系电话	最终确定客户联系电话，也可以记录重要联系人电话
微信	最终确定客户微信信息，经客户同意加为好友，并备注
车辆品牌	最终确定客户购买车辆品牌信息
车型配置	最终确定客户购买车型配置信息
年款	最终确定车辆年款信息，并提供不同年款同型号车辆的区别

转介客户工作要点

- 必须着正装，穿深色皮鞋，男士打领带，女士戴丝巾；
- 正确使用标准用语介绍；
- 售后服务顾问注意商务礼仪行为规范；
- 注意敏感问题的询问方式

人才是利润最高的商品，能够经营好人才的企业才是最终的大赢家。

流程二：转介客户

（1）介绍服务顾问（见图 9-3-1）。

① 带领客户来到售后接待区。

② 向客户介绍服务顾问。

图 9-3-1　介绍服务顾问

③ 将服务顾问的名片和随车文件交给客户。

④ 提醒客户重要时间点。

⑤ 提醒客户携带好相关文件和随身物品。

（2）预约专员代驾新车，送客回家。

（3）目送客户离店。

（4）做好文件总结工作。

① 收集交车文件归档。

② 录入管理系统相关信息。

（5）确认客户顺利到家、提醒客户新车上牌。

① 电话问候或者微信问候，确认客户安全到家。

② 提醒客户及时上牌。

③ 做好潜客开发。

交车后工作	
介绍服务顾问	• 交车结束之后将专属服务顾问介绍给客户，将服务顾问的名片随同随车文件一起交给客户。 • 并告知客户如果希望了解更多情况，可以电话联系予以解决。 • 提醒客户重要的时间点：首次保养时间；定期检查的时间；保修终止日期。提醒客户携带好相关文件和随身物品
代驾新车送客回家	• 如果客户是开着车来提新车的，询问客户是否需要帮忙把车辆送回家。 • 如果需要则由 4S 店指派驾驶员帮客户把车辆送回其指定的地点。 • 如果客户因驾驶经验较少，希望 4S 店提供送车服务，应安排相关服务。 • 如果客户是新上路的驾驶员，不敢独自一人驾车离店，则应帮助客人把新车开回家
目送客户离店	• 客户离店时，销售顾问应该送到店门口。 • 目送客户离开，直到客户消失在车流中再转身回店
做好文件总结工作	客户离店后销售顾问做好交车文件的总结收集归纳工作，将交车相关信息录入经销商客户管理系统，做好大数据管理
关心客户顺利到家	当日交车后预计客户到家后给予电话问候，确认客户是否安全到家，提升客户满意度。在客户提车后 3 天内，电话联系客户，了解客户车辆使用情况，使用《购车客户回访表》记录客户的反馈，如有疑问并在第一时间给予解决，积极要求客户给予转介绍
提醒客户新车上牌	• 客户离店三天后，给客户打电话回访，询问新车使用情况，提醒客户及时上牌； • 询问客户的家人或朋友对新车的评价情况，如果客户表示满意，则顺便要求其帮忙介绍新客户来购车，并表示感谢

视频

新车交付（2）

人才是利润最高的商品，能够经营好人才的企业才是最终的大赢家。

学习笔记

任务测评

一、知识测评

确定本任务关键词，按重要程度进行关键词排序并举例解读。

根据自己对重要信息捕捉、排序、表达、创新和划分权重能力进行自评，满分 100 分，见表 9-3-2。

表 9-3-2 转介客户知识测评表

序号	关 键 词	举 例 解 读	评分自定
1			
2			
3			
4			
总分			

二、能力测评

对表 9-3-3 所列作业内容，行为规范即得分，行为错误或未执行得零分。

表 9-3-3 转介客户能力测评表

序号	作 业 内 容	配分	得分
1	正确佩戴胸牌	10	
2	能正确与客户交谈，语气适中	10	
3	能正确遵守礼仪礼节	20	
4	能够正确引导客户入座	20	
5	能够把客户转介给汽车服务顾问	40	
总分		100	

三、素养测评

对表 9-3-4 所列素养点，做到即得分，未做到得零分。

表 9-3-4 转介客户素养测评表

序号	素 养 点	配分	得分
1	安全作业，无安全隐患	20	
2	保护环境，无乱扔乱倒	20	
3	行为规范，无不当行为	20	
4	团队协作，无不洽关系	20	
5	场地“5S”	20	
总分		100	

四、拓展训练

（1）请列举出转介客户的过程中易出现的异议，分析产生异议的原因并制定解决问题的措施（满分 25 分）。

（2）现发现通过销售人员与客户的沟通和交流，客户仍对购车后服务存在一些异议。试分析产生异议问题的原因，依据转介客户并进行异议处理，再次推荐店内车型（满分 25 分）。

（3）请按照图 9-3-2 思维导图格式，对转介客户的学习收获进行总结，想一想为什么会在新车交付后将服务顾问介绍给客户，而且还带领客户参观维修车间，请你思考原因，并把结果总结成一个词填写到思维导图的空格中（满分 50 分）。

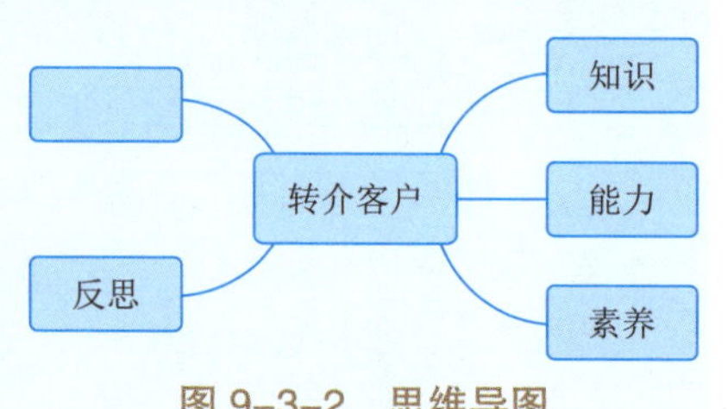

图 9-3-2 思维导图

人才是利润最高的商品，能够经营好人才的企业才是最终的大赢家。

学习笔记

学习考评

一、学习项目

根据所学，请对第二次邀约到店提车的王先生进行新车交付，同时为王先生做好新车交付服务。

二、实施准备

1. 学生准备

学生按照教学进度计划，已经完成了以下学习任务并达到了75分以上，可进行该学习考评的实施。

（1）理解并完成学习考评需要的职业知识和方法的学习，得分大于75分。

（2）运用学习考评需要的职业知识和方法进行作业，得分大于75分。

（3）按时、按质、按量完成相应作业，得分大于80分。

（4）自觉遵守岗位标准要求和相关规定（行为规范、安全规定、环保规定、“5S”作业要求），并具有团结协作的好习惯，得分大于80分。

（5）能制定客户新车交付流程并对异议进行有效处理。

2. 教师准备

（1）在安排学生实施学习考评前，通过课堂问题研讨、作业、实训和考核及其他方式，确认学生已经具备了实施学习考评所需的知识、技能和素养，并确保学生在安全状态下独立进行。

（2）对协助教师进行测评的学生进行测评和监督方法的培训，确保测评结果的准确性和公平性。

（3）准备好测评记录。

三、验证方法与标准

（1）每位测评人员负责对1名学生进行定点、全过程的监控和测评。

（2）详细记录学生在实施学习考评过程中的相关信息、数据、结果、流程、完成时间，以及出现错误、事故等情况。

（3）学习考评的作业过程和数据记录等，要求在60 min内完成，时间不足，可在即将结束时，口述剩余部分的作业方法。

（4）考核内容及标准见下表。

考核内容及标准

序号	评分项	得分条件	分值	评分要求	自评	互评	师评
1	安全/5S/态度	□1. 能正确佩戴胸牌； □2. 能正确穿着制服和皮鞋； □3. 能正确与客户交谈，语气适中； □4. 能正确遵守礼仪礼节； □5. 能正确做好个人的卫生和形象	15	未完成1项扣3分，扣分不得超过15分	□熟练 □不熟练	□熟练 □不熟练	□合格 □不合格
2	专业技能能力	□1. 能正确向客户解释书面文件； □2. 能正确向客户说明办理手续时间； □3. 能正确向客户介绍交车流程； □4. 能正确向客户说明车辆具体操作； □5. 能正确邀约经理与客户留影	45	未完成1项扣9分，扣分不得超过45分	□熟练 □不熟练	□熟练 □不熟练	□合格 □不合格

学习笔记

3	工具及设备的使用	□1. 能正确使用客户信息反馈表； □2. 能正确使用产品手册	10	未完成1项扣5分，扣分不得超过10分	□ 熟练 □ 不熟练	□ 熟练 □ 不熟练	□ 合格 □ 不合格
4	资料、信息查询能力	□1. 能正确在规定的时间内查询所需资料； □2. 能正确记录所需信息	10	未完成1项扣5分，扣分不得超过10分	□ 熟练 □ 不熟练	□ 熟练 □ 不熟练	□ 合格 □ 不合格
5	数据的判断和分析能力	□1. 能正确把客户介绍给汽车服务顾问； □2. 能分析客户对价格是否有异议	10	未完成1项扣5分，扣分不得超过10分	□ 熟练 □ 不熟练	□ 熟练 □ 不熟练	□ 合格 □ 不合格
6	表单填写与报告的撰写能力	□1. 字迹清晰； □2. 语句通顺； □3. 无错别字； □4. 无涂改； □5. 无抄袭	10	未完成1项扣2分，扣分不得超过10分	□ 熟练 □ 不熟练	□ 熟练 □ 不熟练	□ 合格 □ 不合格
总分							

四、考评报告

说明： 考评分为理论考评和实操考评，理论考评根据项目要求以及考评报告格式制定项目实施方案，方案经教师审核合格后，方可进行实操考评。考评报告详见附录A。

学习笔记

拓展阅读——汽车营销多样化业态

4S 店是我国汽车销售占主导地位的模式，随着 2014 年停止品牌授权备案的公告发布，极大促进了汽车销售模式多样化的发展。

一、汽车超市

汽车超市可以代理多种品牌的汽车，提供这些品牌汽车的销售和服务。对于消费者来说，汽车超市的优势在于方便对各种品牌车型进行比较、挑选。但汽车制造商由于担心受其他品牌影响，通常不会将代理权直接交给汽车超市，汽车超市只能从 4S 店进货，增加了成本。

二、汽车大专卖场

将许多 3S 店、4S 汽车专卖店集中在一起，提供多种品牌的销售和服务，同时还提供汽车销售的其他延伸服务，如贷款、保险、上牌等。经销商多致使汽车大专卖场管理难度增大，一些整车制造厂对专卖店服务半径的限制，也阻碍了一些汽车专卖店的加入。

三、汽车园区

汽车园区是汽车大专卖场的升级版，除了规模上的扩张，汽车园区最主要的特点体现在功能的全面性。除了汽车销售、维修、配件销售外，汽车园区加入了汽车文化、汽车科技、汽车科普、汽车展示、汽车旅游和娱乐等众多功能，不仅提供汽车交易、工商、税务、车检、保险等服务，而且还提供咨询、车迷论坛、汽车俱乐部、汽车博物馆等服务，甚至包括购物中心。

目前，随着业内外市场主体的投资和创新热情被极大地激发出来，品牌展厅、特约服务店、汽车体验中心等经销商门店的多种样式纷纷出现，汽车营销模式进入了“一枝独放不是春，百花齐放春满园”的多业态争奇斗艳的局面。

思考：汽车营销多样化业态的发展趋势将如何？

学习笔记

项目十　售后跟踪

一、项目描述

完成对购置新车客户进行售后跟踪回访。

二、项目要求

依据王先生的新购置车辆的情况，对王先生进行电话回访，并解决王先生的抱怨投诉，维系和王先生的关系。

（1）对购车客户王先生进行电话回访；

（2）处理购车客户王先生的抱怨和投诉；

（3）维系与购车客户王先生的关系。

三、学习目标

（1）正确描述客户电话回访的类型。

（2）正确描述抱怨投诉的类型和原则。

（3）正确描述客户沟通内容。

（4）正确对客户进行电话回访。

（5）正确处理客户的抱怨与投诉。

（6）正确维系和客户的关系。

（7）自觉遵守岗位职责要求和相关规定（行为规范、安全规定、环保规定、“5S”作业要求），并养成团结协作的好习惯。

（8）树立营销是帮助别人解决问题的服务观。

四、学习载体

王先生已经购置完新车，销售顾问李想打算进行客户回访，客户回访区有工作桌和座椅1套、座机1台。销售人员李想对王先生进行电话回访，并解决回访过程中王先生的抱怨和投诉，维系和客户王先生的良好关系。

客户回访区

视频

售后跟踪（1）

学习笔记

任务一　回访购车客户

职业行动

流程一：工作准备

1. 工作地点

汽车售后回访区。

2. 工作设施

办公桌、座椅、座机。

3. 工作用品（见表 10-1-1）

表 10-1-1　工作用品

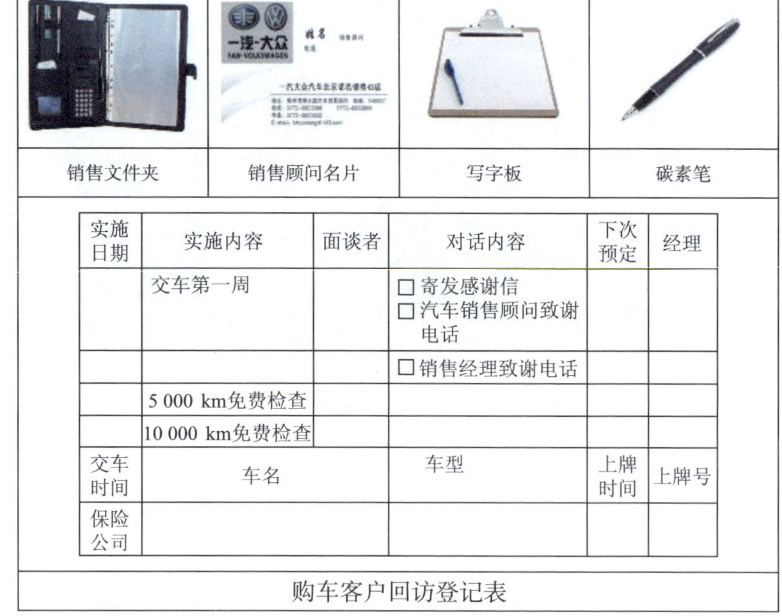

销售文件夹	销售顾问名片	写字板	碳素笔

实施日期	实施内容	面谈者	对话内容	下次预定	经理
	交车第一周		□寄发感谢信 □汽车销售顾问致谢电话		
			□销售经理致谢电话		
	5 000 km免费检查				
	10 000 km免费检查				
交车时间	车名		车型	上牌时间	上牌号
保险公司					

购车客户回访登记表

职业知识

回访购车客户登记表

内容	功能
上牌时间	补充车辆信息，建立车辆完整档案
上牌号	补充车辆牌照信息，建立车辆完整档案
实施内容（交车第一周、5 000 km 免费检查、10 000 km 免费检查）	提醒客户免费的保养，增加与客户关系好感度
面谈者	确定车辆的使用人
对话内容	增加客户的满意度
下次预定	提升车辆的回厂率

回访购车客户工作要求

- 必须准备好相应的客户资料和登记表；
- 正确使用标准用语，注意语速不要太快；
- 注意商务礼仪行为规范；
- 注意敏感问题的询问方式，不要打断客户；
- 引导客户主动提问

第一次成交是产品的魅力，第二次成交则是服务的魅力。

学习笔记

流程二：回访购车客户

1. 回访购车客户

（1）确定回访时间。

① 根据客户王先生的工作时间规律，确定拨打王先生电话的时间。

② 拨打电话回访过程中，客户王先生不方便接听电话，采用短信和微信形式确定回访时间。

（2）多渠道回访客户王先生。

① 发送短信提醒客户王先生，提醒其保险、驾驶证、车辆年检等各种情况。

② 拨打电话提醒客户王先生预约服务，告知预约服务内容，培养客户服务预约意识。

③ 拨打电话提醒客户王先生进行满意度回访，了解客户王先生销售、售后的服务体验，收集意见及建议，找出薄弱环节，改善服务，提升客户满意度。

④ 拨打电话提醒客户王先生进行关爱回访，询问客户王先生汽车的使用情况，为客户王先生解决疑问的回访。

（3）电话回访。

① 告知客户王先生汽车专营店名称和你的名字、职务。

② 征询客户王先生是否有时间交流，客户王先生回答方便，感谢客户王先生接听电话。

③ 再次感谢客户王先生购买本品牌汽车或选择本专营店的服务。

④ 明确告知与客户王先生通电话的原因，询问车辆使用过程中遇到的问题，并确认是客户王先生本人。

⑤ 确认客户王先生对车辆满意，了解客户王先生车辆使用情况。

客户回访原因

- 通过回访为客户提供专业的咨询，有助于增进客户对服务的满意评价，培养企业的忠诚客户。
- 购车之后对客户进行回访，了解客户的使用现状，淡化客户购车后的失落感，增加客户的信任程度，从而有利于实现保有客户的介绍。
- 通过售后回访，能够获取客户对企业服务的评价，从而有助于企业提高服务水平

客户电话回访类型

类型	内容
1天回访	销售顾问要反复练习车辆的各种主要功能，以便在试驾全程中能系统地为客户做各项操控指导及性能的详细说明
3天回访	在交车后的3天内由完成售车的销售顾问负责打出第二个电话
7天回访	在交车后的7天内由售车的销售顾问负责打出第三个电话
30天回访	在销售后第一个月左右由服务顾问负责打出第四个电话
维系回访	客服专员根据实际情况每月定期回访，主要是进行日常车辆使用跟踪，维系客户关系
特殊回访	如客户的生日、购车周年日、节假日等都是回访的时机，销售顾问可以自然而然地打电话或发短信问候客户、关心客户

电话问卷设计原则

- 主题明确；
- 结构合理、逻辑性强；
- 通俗易懂；
- 控制问卷的长度，一个完整的电话回访时间应该控制在5～8 min；
- 便于资料的校验、整理和统计

第一次成交是产品的魅力，第二次成交则是服务的魅力。

学习笔记

⑥ 礼貌道别客户王先生。

（4）整理、处置回访信息。

回访结束后，整理回访王先生个人信息，对跟踪的情况进行分析及处置。

① 完善客户王先生资料将回访结果记录到客户跟踪表里，见表 10-1-2，以便跟踪。

表 10-1-2 客户跟踪表

实施日期	实施内容	面谈者	对话内容	下次预定	经理
200×.×.×	交车第一周	王先生	寄发感谢信 汽车销售顾问致谢电话	202 × . ×	张 × ×
			销售经理致谢电话		
	5 000 km 免费检查				
	10 000 km 免费检查				
交车时间	202×.×.×			上牌时间	上牌号
保险公司	PICC		红旗 HS7	202×.×.×	京 A×××××
备注：					

② 挖掘客户王先生周围人群的需求

a 通过回访，发掘客户王先生周边人群有增购新的需求；

b 做好信息登记，及时填写潜在客户姓名、电话等信息；

c 拨打潜在客户杨先生，及时邀约客户杨先生到店。

（5）反馈回访。

潜在客户杨先生到店就要及时反馈给顾客王先生。

与客户交流的要点

- 再次确认回访时与客户沟通内容；
- 打回访电话的人要懂基本汽车养护常识、沟通及语言技巧；
- 打电话时为避免客户觉得车辆有问题，建议使用标准语言及顺序，发音要自然、友善；
- 不要讲话太快，一方面给没有准备的客户时间和机会回忆细节，另一方面避免让客户觉得你很忙；
- 不要打断客户，记下客户的评语，无论批评或表扬；
- 访问过程中，尽量激起客户对在销售店情形的回忆，以聊天的形式与客户进行感情沟通，引导客户主动提问

客户特殊情况应对

情况	当回访潜在客户时，客户表示其朋友有购车计划	有客户担心个人信息会被泄露时	咨询车辆已经出保，再到 4S 店维修有什么好处	表示在车辆购买或维修后会接到很多回访电话
应对方法	主动询问客户朋友的姓名、联系方式，留取详细的信息，建立潜在客户信息档案	给出正面肯定的回答，并积极表明立场，请客户放心	给出积极肯定的回答，并要举例说明	首先要感谢客户的配合，态度要诚恳，同时要讲明回访的目的
参考用语	“您是否方便提供您朋友的电话，我们可以联系他，向他详细介绍车辆的信息”如客户表示不方便提供：“那是否方便留下邮寄地址，便于您朋友了解信息，再次感谢您”	“您的参与将会是匿名的，我们将遵循行业规范，不会向任何与项目无关人员透露您的个人信息，请您放心回答”	“在维修质量上的保障，我们 4S 店的维修技师都经过专业培训及指导，同时配备专业维修设备，保证了维修质量；我们店提供的均为原厂备件，可以保证备件质量及使用安全”	“非常感谢您的配合，我们的回访是为了了解您的服务体验以便收集您的意见和建议，使我们能及时改善，更好地为您提供服务”

学习笔记

任务测评

一、知识测评

确定本任务关键词，按重要程度进行关键词排序并举例解读。

根据自己对重要信息捕捉、排序、表达、创新和划分权重能力进行自评，满分 100 分，见表 10-1-3。

表 10-1-3　回访购车客户知识测评表

序号	关 键 词	举 例 解 读	评分自定
1			
2			
3			
4			
总分			

二、能力测评

对表 10-1-4 所列作业内容，行为规范即得分，行为错误或未执行得零分。

表 10-1-4　回访购车客户能力测评表

序号	作 业 内 容	配分	得分
1	能够正确佩戴胸牌	10	
2	能正确与客户交谈，语气适中	10	
3	能正确遵守礼仪礼节	20	
4	正确对客户进行电话回访，感谢客户的购车	20	
5	能正确完成客户信息的录入上传	40	
总分		100	

三、素养测评

对表 10-1-5 所列素养点，做到即得分，未做到得零分。

表 10-1-5　回访购车客户素养测评表

序号	素 养 点	配分	得分
1	安全作业，无安全隐患	20	
2	保护环境，无乱扔乱倒	20	
3	行为规范，无不当行为	20	
4	团队协作，无不洽关系	20	
5	场地“5S”	20	
总分		100	

四、拓展训练

（1）请列举出回访购车用户的过程中易出现的问题，分析产生问题的原因并制定解决问题的措施（满分 25 分）。

（2）发现通过销售人员与客户的沟通和交流，客户仍对购车及新车使用存在一些异议。试分析产生异议问题的原因，依据回访购车用户的知识，有针对性地进行异议消除（满分 25 分）。

（3）请按照图 10-1-1 思维导图格式，对回访购车客户的学习收获进行总结，查阅相关资料，思考一般回访购车客户的次数分成几次，其中最重要的是哪次？并将理由填写到思维导图的空格中（满分 50 分）。

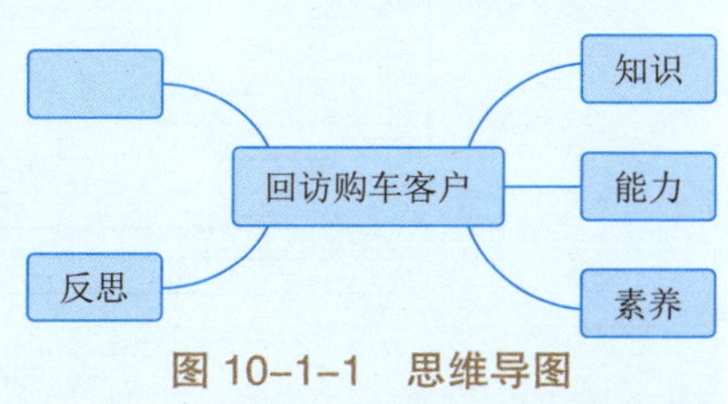

图 10-1-1　思维导图

任务二 处理客户抱怨投诉

职业行动

流程一：作业准备

1. 工作地点

汽车售后回访区。

2. 工作设施

办公桌、座椅、座机。

3. 工作用品（见表 10-2-1）

表 10-2-1 工作用品

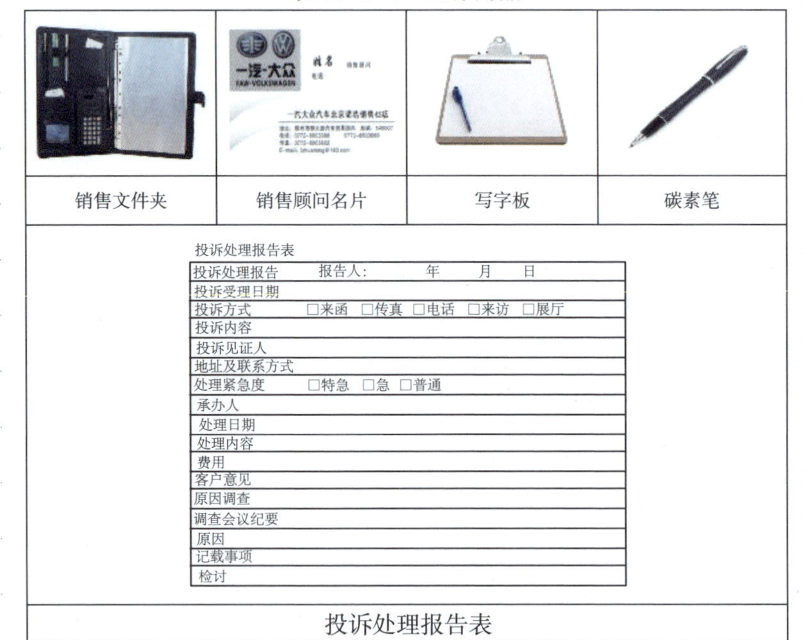

销售文件夹	销售顾问名片	写字板	碳素笔

投诉处理报告表

投诉处理报告	报告人：　　年　　月　　日
投诉受理日期	
投诉方式	□来函 □传真 □电话 □来访 □展厅
投诉内容	
投诉见证人	
地址及联系方式	
处理紧急度	□特急 □急 □普通
承办人	
处理日期	
处理内容	
费用	
客户意见	
原因调查	
调查会议纪要	
原因	
记载事项	
检讨	

投诉处理报告表

职业知识

客户投诉登记表

内容	功能
报告人	确定客户投诉抱怨回馈人
投诉方式	确定客户投诉抱怨的方式
投诉内容	详细记录客户的投诉内容
处理紧急度	按照客户的投诉进行分类，并进行优先级处理
处理内容	按照客户投诉内容进行处理并反馈
客户意见	如果满意，致谢； 如果不满意，二次处理

处理客户抱怨工作要求

- 必须准备好客户抱怨投诉前的准备工作；
- 正确使用标准用语；
- 注意商务礼仪行为规范；
- 采用标准流程，处理客户的抱怨投诉

一错再错不是能力问题，而是态度问题。

学习笔记

流程二：处理客户抱怨投诉

1. 处理客户抱怨

（1）接听客户王先生抱怨投诉电话，保持镇定、自信，面带微笑。

（2）耐心聆听客户王先生讲完，不要打断客户王先生的说话，安抚客户不满情绪。

（3）在客户王先生抱怨的同时，以十分同情和理解的态度聆听，取得客户的认可和信任。

（4）当客户王先生说完之后，不要着急地讲客户王先生刚才说的哪里不对，而是将客户王先生的抱怨加以详细阐述，让客户王先生觉得你了解他不满的原因。

（5）不论客户王先生抱怨的理由是否正确，给客户王先生表达自己很高兴处理他的问题，销售顾问李想不能处理则安抚客户情绪后及时上报，进行处理交接。

（6）督促相关人员在规定时间内处理王先生的抱怨。

（7）对王先生的投诉进行处理，处理完毕之后，和王先生最终核对确认。

（8）完成填写客户王先生抱怨投诉表。

（9）销售顾问李想拨打王先生的电话，询问王先生对抱怨情况处理的满意度。

（10）王先生对于抱怨处理不满意，销售顾问李想对抱怨再处理。

（11）销售顾问李想安排专员对王先生抱怨再次处理。

（12）销售顾问李想将王先生抱怨情况转叙各级主管。

（13）销售顾问李想再次拨打王先生的电话，询问王先生对抱怨情况处理的满意度。王先生对本次处理结果满意。

（14）感谢客户王先生及并告诉王先生日后改进。

抱怨投诉定义

抱怨	客户因对产品或服务的不满而诉说别人的过错
投诉	客户对产品或者服务的不满而向有关人员提出申诉
区别	抱怨不要求结果。 投诉必须有结果

抱怨的类型及应对

类型	特征	应对方法
宣泄型	抱怨宣泄是主要目的，本身在电话联系之前并没有明确的目的来索取赔偿	• 花点时间耐心听； • 适当的道歉和安抚其情绪； • 热应对，冷处理
现实型	只要有任何不满的地方，都会一而再地进行投诉。本身并没有什么特别的或者特定的不满	• 一般都是解释为主，并坚持原则立场； • 首先必须先查证客户的问题
执着型	比较执着于讲道理的客户	• 对待这种客户，往往只能解释为主，并对客户提出的建议及支持表示感谢

抱怨处理原则

- 积极倾听；
- 使用第一人称；
- 不推卸责任；
- 适时表达；
- 恰当提问；
- 探讨解决方案；
- 致谢

学习笔记

2. 准备客户的投诉前工作

（1）先平静心情，再处理事情。

（2）遇到客户投诉不回避。

（3）遇到客户投诉第一时间处理。

（4）找出原因，控制局面，防止节外生枝、事态扩大。

（5）必要时请上级领导参与，运用团队的力量解决问题。

（6）在解决过程中，不作过度的承诺，寻求共识，争取双赢。

3. 处理客户投诉（见图 10-2-1）

图 10-2-1　处理客户投诉

（1）鼓励客户解释投诉问题，做好记录。

（2）确认投诉性质，判断事实真相。

（3）提供解决办法。

（4）公平地解决索赔。

（5）及时沟通解决方案。

（6）化抱怨为满意。

（7）检讨结果，填写投诉处理报告，见表 10-2-2。

客户投诉性质分类	
有效投诉	• 用户对服务管理单位在管理服务、收费、经费管理、维修养护等方面失职、违法、违纪等行为的投诉，并经过有关行业主管部门查实登记的。 • 用户向服务管理单位提出的管理单位或管理人员故意、非故意，或失误造成用户或公众利益受到损害的投诉
沟通性投诉	• 求助型：投诉者有困难或问题需给予帮助解决的。 • 咨询型：投诉者有问题或建议向管理部门联络的。 • 发泄型：投诉者带有某种不满、受委屈或误会等造成的内心不满，要求把问题得到解决的
客户投诉反映渠道分类	
一般投诉	面对面地表示不满。这类客户会直接将不满发泄给接待他们的人，如服务接待、销售顾问等
重大投诉	如果客户的一般投诉不能得到有效的处理和解决，有些客户就会通过其他的渠道进行投诉。 • 向行业主管部门投诉、消费者协会投诉，向电视、广播、报纸等新闻媒体表示不满； • 在互联网上发布消息
恶意投诉	客户提出不合理索赔要求，这是指客户对企业服务失误不符合公平性原则，提出过分要求，并有意扩大事端以获取额外补偿的投诉事件
客户投诉的原因	
• 汽车产品本身的质量投诉； • 服务质量投诉； • 维修技术投诉； • 备件质量投诉； • 服务价格投诉； • 客户另有企图的恶意投诉	

一错再错不是能力问题，而是态度问题。

表 10-2-2 投诉处理报告

投诉处理报告 报告人：王先生 202× 年 × 月 × 日	
投诉受理日期	202× 年 × 月 × 日
投诉方式	来函 传真 电话 来访 展厅
投诉内容	冷却液较少
投诉见证人	李想
地址及联系方式	北京市 ×× 区 ×× 街道 ×× 号
处理紧急度	特急 急 普通
承办人	李想
处理日期	202× 年 × 月 × 日
处理内容	补充冷却液
费用	无
客户意见	满意
原因调查	客户投诉
调查会议纪要	连同技师确认问题
原因	负压导致冷却液液位下降
记载事项	解决冷却液液位不足现象
检讨	增加新车冷却液的液位

学习笔记

投诉处理注意事项

- 稳定客户情绪，防止意外状况，处理投诉最关键的环节是要稳定客户的情绪。
- 以诚恳、专注的态度来听取客户对汽车产品、服务的意见，听取他们的不满和牢骚。
- 确认自己理解的事实是否与对方所说的一致，并站在对方的立场上替客户考虑，不可心存偏见。
- 倾听时不可有防范心理，不要认为客户吹毛求疵，鸡蛋里面挑骨头。绝大多数客户的不满都是因为工作失误造成的，即使部分客户无理取闹，也不可与之争执。
- 必要时，认同客户的情感，对其抱怨表示理解

普通客户向忠诚客户转变过程

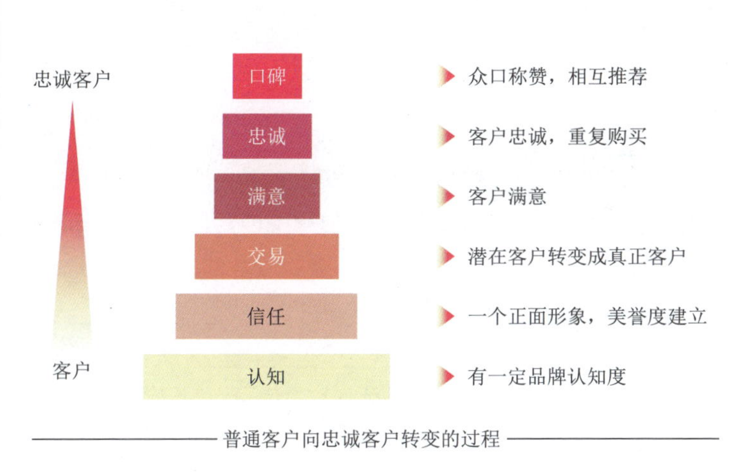

普通客户向忠诚客户转变的过程

学习笔记

任务二　测评

一、知识测评

确定本任务关键词，按重要程度进行关键词排序并举例解读。

根据自己对重要信息捕捉、排序、表达、创新和划分权重能力进行自评，满分100分，见表10-2-3。

表 10-2-3　处理客户抱怨投诉知识测评表

序号	关　键　词	举 例 解 读	评分自定
1			
2			
3			
4			
总分			

二、能力测评

对表10-2-4所列作业内容，行为规范即得分，行为错误或未执行得零分。

表 10-2-4　处理客户抱怨投诉能力测评表

序号	作 业 内 容	配分	得分
1	正确佩戴胸牌	10	
2	能正确与客户交谈，语气适中	10	
3	能正确遵守礼仪礼节	20	
4	能正确处理客户的抱怨与投诉	20	
5	能正确对客户进行电话回访，感谢客户的购车	40	
总分		100	

三、素养测评

对表10-2-5所列素养点，做到即得分，未做到得零分。

表 10-2-5　处理客户抱怨投诉素养测评表

序号	素　养　点	配分	得分
1	安全作业，无安全隐患	20	
2	保护环境，无乱扔乱倒	20	
3	行为规范，无不当行为	20	
4	团队协作，无不洽关系	20	
5	场地“5S”	20	
总分		100	

四、拓展训练

（1）请列举出处理客户抱怨投诉的过程中易出现的问题，分析产生问题的原因并制定解决问题的措施（满分25分）。

（2）现发现通过销售人员与客户的沟通和交流，客户仍对购车存在一些异议。试分析产生异议问题原因，依据客户处理抱怨投诉过程中出现的问题进行异议处理，再次进行对客户的抱怨和投诉反馈，消除客户异议（满分25分）。

（3）请按照图10-2-2思维导图格式，对处理客户抱怨投诉的学习收获进行总结，搜集投诉和抱怨各一个视频并进行讨论，思考投诉和抱怨的不同之处，同时体会工作态度的重要性，将你最大体会归纳成一个词语，填写到思维导图的空格中，并作说明（满分50分）。

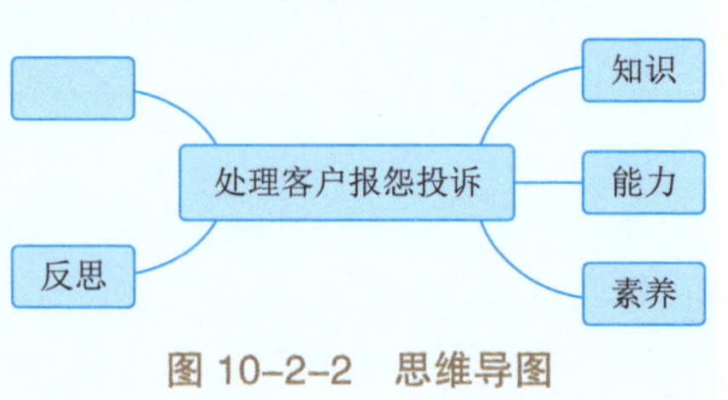

图 10-2-2　思维导图

一错再错不是能力问题，而是态度问题。

任务三　维系客户关系

职业行动

流程一：工作准备

1. 工作地点

汽车售后回访区。

2. 工作设施

办公桌、座椅、座机。

3. 工作用品（见表 10-3-1）

表 10-3-1　工作用品

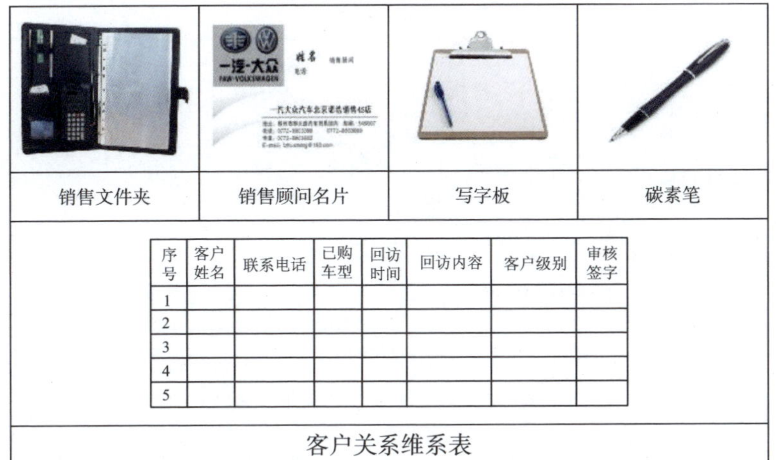

销售文件夹	销售顾问名片	写字板	碳素笔

序号	客户姓名	联系电话	已购车型	回访时间	回访内容	客户级别	审核签字
1							
2							
3							
4							
5							

客户关系维系表

职业知识

客户关系维系表

内容	功能
客户姓名	确定客户信息
联系电话	确定客户联系方式
已购车型	确定车辆信息
回访内容	车辆使用反馈或者车友会相关活动，提高与客户的关系
客户级别	为客户提供专属服务
审核签字	确认客户反馈情况

维系客户关系工作要求

- 必须着正装，穿深色皮鞋，男士打领带，女士戴丝巾；
- 正确使用标准用语拨打电话；
- 注意核对客户信息准确，真实有效；
- 注意持续更新客户信息，维系客户关系

学习笔记

流程二：维系客户关系

1. 保持客户之间的有效沟通，填写客户关系维系表（见表 10-3-2）

表 10-3-2　客户关系维系表

序号	客户姓名	联系电话	已购车型	回访时间	回访内容	客户级别	审核签字
1	王先生	135××××××××	红旗 HSX	202×.×.×	处理投诉意见反馈	A 级	李想
2							
3							
4							
5							
备注：							

（1）发送短信给客户王先生进行节日及生日问候；

（2）邀请客户王先生到店参加亲子展厅活动；

（3）拨打电话询问客户王先生对品牌的认可程度；

（4）拨打电话给客户王先生询问使用意见；

（5）发送微信给客户王先生介绍车辆购置的最新政策。

2. 利用多渠道建立客户与企业之间的互动平台

（1）拨打电话告诉客户王先生投诉电话号码，以便与客户建立电话互动平台。

（2）拨打电话告诉客户王先生投诉网址，以便与客户建立网络互动平台。

客户关系维系	
定义	客户关系的维系是指企业通过努力来巩固及进一步发展与客户长期、稳定关系的动态过程和策略
目的	客户关系维系的目标就是要实现客户的忠诚，特别是要避免优质客户的流失，实现优质客户的忠诚
原因	• 对于汽车企业而言，老客户的价值要远高于新客户。汽车购买是一次性的服务，而客户用车过程中的维修保养，才是汽车服务企业的利润之源。 • 企业既要不断建立新的客户关系，不断争取新客户，又要努力维系已经建立的客户关系，努力保持现有客户，并且培育忠诚客户
与客户建立沟通渠道	
通过销售顾问与客户沟通	通过销售当面向客户介绍企业产品和服务的信息，及时答复解决客户提出的问题，对客户进行主动询问和典型调查，了解客户的意见
通过活动与客户沟通	通过活动与客户沟通，征求客户对企业的投诉和意见，为客户提供广交同行朋友的机会，消除企业与客户的隔阂
通过电话、网络、电邮等方式与客户沟通	通过信函、电话、网络、电邮、博客、呼叫中心等方式与客户沟通，通过信函、电话与客户沟通时指企业向客户寄去信函，或者打电话宣传、介绍企业的产品或服务，或者解答客户的疑问
通过广告与客户沟通	通过广告与客户沟通，广告的形式多样，传播范围广，可对目标客户、潜在客户和现实客户进行解释、说明、说服、提醒等，是企业与客户沟通的一种重要途径
通过公共宣传及企业的自办宣传物与客户沟通	通过公共宣传及企业的自办宣传物与客户沟通，通过公共宣传与客户沟通的优点是可以增加信息的可信度，因为它是一个与获利无关的评论，比较可靠。另外，公共宣传还可使企业欲与客户沟通的信息得到免费曝光的机会，从而提高对客户的影响力
通过包装与客户沟通	通过包装与客户沟通，企业给客户的第一印象往往来自企业的产品，而产品给客户的第一印象不是来自产品的内在质量，而是来自产品的包装

把你的客户变成你的朋友，你会拥有无尽的财富。

（3）拨打电话告诉客户王先生展厅投诉意见箱，以便与客户建立信件互动平台。

（4）拨打电话告诉客户王先生投诉管理制度，以便与客户建立监督互动平台。

3. 管理客户关系

（1）转化客户关系。

① 销售顾问李想把新车卖给王先生之后，通过电话、微信等方式继续和王先生保持联系。

② 销售顾问李想在完成销售之后，鼓励客户王先生在遇到问题的时候，随时给汽车销售有限公司拨打电话进行沟通。

③ 销售顾问李想在新车销售完成之后，给王先生拨打电话，确认王先生的新车符合他的期望值。

④ 销售顾问李想与客户王先生保持联系，查询其有关改进产品用途并提供建议。

⑤ 销售顾问李想拨打电话告知最新的优惠信息，帮助客户王先生更好的购买售后的加装配件。

（2）销售顾问李想通过活动了解客户情绪变化，判断客户对其品牌的认可度。

（3）完成客户由普通用户向忠诚用户转变。

① 推荐新的车型，向王先生的朋友提供新车购买的相关销售服务工作，感谢王先生的推荐。

② 提供全方位的服务，让王先生感受用车过程中的贴心细致的关怀，加快客户王先生的忠实度的转换。

③ 为王先生提供完美的购车经历。

④ 为王先生提供高技术、高质量的维修服务。

学习笔记

客户沟通内容
• 信息沟通，企业把产品或服务的信息传递给客户，也包括客户将其需求或者要求的信息反映给企业。 • 情感沟通，企业主动采取相关措施，加强与客户的情感交流，加深客户对企业的感情依恋所采取的行动。 • 理念沟通，企业把其宗旨、理念介绍给客户，并使客户认同和接受采取行动。 • 意见沟通，企业主动向客户征求意见，或者客户主动将对企业的意见（包括投诉）反映给企业的行动。 • 政策沟通，主要是指企业向客户传达、宣传有关的政策所采取的行动

客户关系管理内容	
定义	客户关系管理是企业为提高核心竞争力，为达到竞争取胜、快速成长的目的，建立以客户为中心的企业发展战略
目的	• 售前的销售，售后的保养维修
增加客户的好感	• 注意个人的礼仪、形象、修养、素质、专业知识、诚信、口碑和良好的服务； • 把客户的利益放在首位； • 创造一个安心、舒适的销售环境，与客户保持适当的距离； • 尊重和重视同行的每一位客户，认真对待和处理客户的每一个问题、意见和建议； • 适时正确地使用销售技巧； • 努力提升客户的满意度； • 适时地赞美和感谢客户
客户关系的维护	• 客户往往期望在他们离开之后仍能得到企业和销售顾问的关心和帮助； • 在客户交车时，要创造轻松、愉快的销售气氛； • 为客户提供满意的售后服务，做好客户关系维护工作

把你的客户变成你的朋友，你会拥有无尽的财富。

学习笔记

4. 使用客户关系管理系统

（1）使用客户信息管理功能。

① 建立客户王先生完整信息；

② 更新客户王先生变动信息；

③ 动态管理客户王先生信息和车辆信息。

（2）使用市场营销管理功能。

进行新车上市的营销。

（3）使用销售管理功能。

① 进行销售的关怀；

② 管理会员卡和推送优惠。

（4）使用服务管理功能。

① 记录进店服务的项目；

② 记录加装配件。

（5）使用客户关怀管理功能。

① 车辆生日祝贺和相关提醒；

② 车主王先生生日祝贺；

③ 邀请车主王先生参加外展和车主课堂的讲解。

5. 登记客户关系表

如表 10-3-3 所示。

表 10–3–3　客户关系表

新车资料	车牌号	底盘号	车型	配置	颜色	上牌日	交车日
内容				日期		执行情况	
三日关怀亲访（三日左右）							
通知强保（15 天或者 3 000 km 内）				202×		完成通知	
续保通知							
年检通知（提前 15 天）							
重大节日问候							

客户关系管理内容	
客户资料卡管理	客户资料卡是客户重要信息的载体之一，客户资料卡的完善对客户关系进行有效管理的前提
客户合同管理	客户合同是客户与企业达成交易的重要凭证，通常汽车的质保期为 2 年，因此正常情况下，合同的有效保存期为 2 年
客户满意度管理	一方面企业为客户提供更多的、具有更高附加价值的产品与更多的增值服务项目；另一方面可以与客户缔结战略伙伴关系

客户关系管理系统	
核心思想	• 客户关系系统简称 CRM，其核心是客户价值管理； • 通过一对一营销的原则，满足不同价值客户的个性化要求； • 提高客户总程度和保有率，实现客户价值的持续贡献，提升企业盈利能力
核心内涵	• 客户价值管理，它将客户价值分为即成价值、潜在价值和模型价值
系统实施价值	• 客户关系管理系统的实施有利于降低企业运营成本； • 提升客户转化率； • 提高客户回购率； • 提高企业销售额； • 提高企业管理水平

客户关系部门职责

- 与公司其他部门共同处理，解决所有客户咨询、问题和抱怨。
- 在新车交车后和服务维修后做有关客户满意度的跟踪，并对其他部门的客户服务态度和质量进行监督和评估。
- 追逐和分析客户问题，并向客户推荐问题解决方法。
- 收集并管控潜在客户和车主的资料，不间断地监控客户信息，以确保信息的准确和适时，评价销售和服务部门有效利用信息的能力。
- 配合品牌做好客户关怀活动并对活动效果进行跟踪，促进销售、服务和其他业务

视频

售后跟踪（2）

把你的客户变成你的朋友，你会拥有无尽的财富。

学习笔记

任务测评

一、知识测评

确定本任务关键词，按重要程度进行关键词排序并举例解读。

根据自己对重要信息捕捉、排序、表达、创新和划分权重能力进行自评，满分 100 分，见表 10-3-4。

表 10-3-4　维系客户关系知识测评表

序号	关　键　词	举 例 解 读	评分自定
1			
2			
3			
4			
总分			

二、能力测评

对表 10-3-5 所列作业内容，行为规范即得分，行为错误或未执行得零分。

表 10-3-5　维系客户关系能力测评表

序号	作 业 内 容	配分	得分
1	正确佩戴胸牌	10	
2	能正确与客户交谈，语气适中	10	
3	能正确遵守礼仪礼节	20	
4	能正确维系和客户的关系	20	
5	能够掌握利用客户发展客户的方法	40	
总分		100	

三、素养测评

对表 10-3-6 所列素养点，做到即得分，未做到得零分。

表 10-3-6　维系客户关系素养测评表

序号	素　养　点	配分	得分
1	安全作业，无安全隐患	20	
2	保护环境，无乱扔乱倒	20	
3	行为规范，无不当行为	20	
4	团队协作，无不洽关系	20	
5	场地“5S”	20	
总分		100	

四、拓展训练

（1）请列举出维系客户关系的过程中易出现的异议，分析产生异议的原因并制定解决问题的措施（满分 25 分）。

（2）现发现通过销售人员与客户的沟通和交流，客户仍对车辆使用过程存在一些异议。试分析产生异议问题原因，依据维系客户关系活动进行异议处理，再次提升汽车品牌认知度，为后续的客户增购和换购打下基础（满分 25 分）。

（3）请按照图 10-3-1 思维导图格式，对维系客户关系的学习收获进行总结，思考维护客户关系和项目一学习的集客到店的联系，请你将这种联系归纳成一个词语，填写到思维导图的空格中，并说明理由（满分 50 分）。

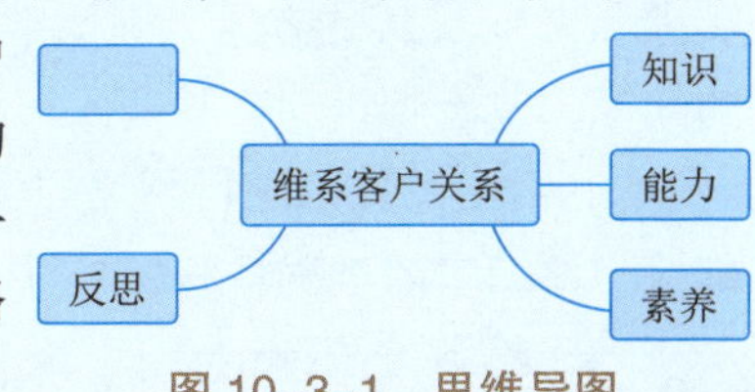

图 10-3-1　思维导图

学习笔记

学习考评

一、学习项目

根据所学，请对新车用户王先生的投诉进行跟踪处理，同时为王先生做好售后跟踪服务。

二、实施准备

（一）学生准备

学生按照教学进度计划，已经完成了以下学习任务并达到了75分以上，可进行该学习考评的实施。

（1）理解并完成学习考评需要的职业知识和方法的学习，得分大于75分。

（2）运用学习考评需要的职业知识和方法进行作业，得分大于75分。

（3）按时、按质、按量完成相应作业，得分大于80分。

（4）自觉遵守岗位标准要求和相关规定（行为规范、安全规定、环保规定、“5S”作业要求），并具有团结协作的好习惯，得分大于80分。

（5）能完成客户售后跟踪流程并对抱怨投诉进行有效处理。

（二）教师准备

（1）在安排学生实施学习考评前，通过课堂问题研讨、作业、实训和考核及其他方式，确认学生已经具备了实施学习考评所需的知识、技能和素养，并确保学生在安全状态下独立进行。

（2）对协助教师进行测评的学生进行测评和监督方法的培训，确保测评结果的准确性和公平性。

（3）准备好测评记录。

三、验证方法与标准

（1）每位测评人员负责对1名学生进行定点、全过程的监控和测评。

（2）详细记录学生在实施学习考评过程中的相关信息、数据、结果、行为方法、完成时间，以及出现错误、事故等情况。

（3）学习考评的作业过程和数据记录等，要求在60 min内完成，时间不足，可在即将结束时，口述剩余部分的作业方法。

（4）考核内容及标准见下表。

考核内容及标准

序号	评分项	得分条件	分值	评分要求	自评	互评	师评
1	安全/5S/态度	□1. 能正确佩戴胸牌； □2. 能正确穿着制服和皮鞋； □3. 能正确与客户交谈，语气适中； □4. 能正确遵守礼仪礼节； □5. 能正确做好个人的卫生和形象	15	未完成1项扣3分，扣分不得超过15分	□熟练 □不熟练	□熟练 □不熟练	□合格 □不合格
2	专业技能能力	□1. 能正确对客户进行电话回访，感谢客户的购车； □2. 能正确完成客户信息的录入上传； □3. 能正确掌握客户回访时间安排的原则； □4. 能正确处理客户的抱怨与投诉； □5. 能正确维系和客户的关系	45	未完成1项扣9分，扣分不得超过45分	□熟练 □不熟练	□熟练 □不熟练	□合格 □不合格

学习笔记

3	工具及设备的使用	□1. 能正确使用客户信息反馈表； □2. 能正确使用产品手册	10	未完成1项扣5分，扣分不得超过10分	□ 熟练 □ 不熟练	□ 熟练 □ 不熟练	□ 合格 □ 不合格
4	资料、信息查询能力	□1. 能正确在规定的时间内查询所需资料； □2. 能正确记录所需信息	10	未完成1项扣5分，扣分不得超过10分	□ 熟练 □ 不熟练	□ 熟练 □ 不熟练	□ 合格 □ 不合格
5	数据的判断和分析能力	□1. 能正确记录、处理并上报客户的抱怨投诉； □2. 能正确维系与客户的关系	10	未完成1项扣5分，扣分不得超过10分	□ 熟练 □ 不熟练	□ 熟练 □ 不熟练	□ 合格 □ 不合格
6	表单填写与报告的撰写能力	□1. 字迹清晰； □2. 语句通顺； □3. 无错别字； □4. 无涂改； □5. 无抄袭	10	未完成1项扣2分，扣分不得超过10分	□ 熟练 □ 不熟练	□ 熟练 □ 不熟练	□ 合格 □ 不合格
总分							

四、考评报告

说明：考评分为理论考评和实操考评，理论考评根据项目要求以及考评报告格式制定项目实施方案，方案经教师审核合格后，方可进行实操考评。考评报告详见附录A。

学习笔记

拓展阅读——汽车营销的电商时代

互联网的出现不断颠覆汽车营销形态。以门户为代表，涌现了汽车之家、易车、太平洋汽车网、搜狐汽车、网易汽车，汽车营销进入专业时代。

以社交网络为代表。微博、微信公众号、微头条的三微一体，自媒体掌握越来越多的话语权。同时企业的三个官微成为标配，汽车营销不甘人后，一支优秀的蓝V团队能抵得过上亿的广告投放。

以抖音为代表的短视频生态后来者居上，据《抖音汽车创作者生态白皮书》显示，截至2020年10月，抖音已经累积了超过2.8亿的汽车兴趣用户，较去年同比增长37%。同时，157家车企已经开通抖音蓝V，占行业总体的90%。汽车蓝V积累粉丝数达1.2亿，内容发布量、互动量、完播率在过去一年间均实现翻倍。2021年1～3月部分车企抖音号状态统计如下表所示。

序号	车企名称	新增作品	转发数	评论数	点赞数	累计粉丝
1	五菱汽车	107	68554	94366	127万	139万
2	宝马	45	14592	21957	113万	359万
3	奔驰	29	10865	9798	109万	228万
4	一汽大众	41	9418	22599	71万	173万
5	吉利	28	7336	26507	93万	133万
6	上汽大众	19	7861	11862	164万	95万
7	沃尔沃	15	6152	36468	98万	66万
8	一汽奔腾	48	6325	7842	110万	59万
9	一汽丰田	42	2038	2135	29万	67万
10	一汽红旗	26	1432	577	23585	146万

以抖音为代表的汽车营销新世界正在生成。

思考：互联网催生了自媒体的空前繁荣，人人都是主持人已经成为现实。抖音是其中的卓越代表，你利用所学知识，选定一个主题，制作10个作品，上传抖音号，试试你的汽车营销水平！

附录A　学习考评

考评报告

学习笔记

项目名称：集客到店		考核时间：60分钟（理论）+90分钟（实操）	
姓名：	班级：	学号：	教师签字：
自评：□合格 □不合格	互评：□合格 □不合格	师评：□合格 □不合格	
日期：	日期：	日期：	

工作流程

第一部分　客户信息登记表

年　月　日

车主姓名		联系电话		QQ/微信	
车辆品牌		车型		年款	

备注：

第二部分　销售顾问的自我介绍

序号	工作内容	检查结果			备注
1	介绍汽车销售顾问应遵守的职业道德规范	□完成	□未完成	□其他	
2	介绍汽车销售顾问应具备的职业素质	□完整	□不完整	□其他	

第三部分　开发潜在客户

序号	工作内容	检查结果			备注
1	明确潜在客户的要素及分类	□完成	□未完成	□其他	
2	至少利用两种客户开发渠道开发客户	□完成	□未完成	□其他	
3	进行客户资格审查	□完成	□未完成	□其他	

第四部分　邀约客户

序号	工作内容	检查结果			备注
1	电话邀约需要做的准备工作	□完成	□未完成	□其他	
2	按照电话邀约流程邀约客户	□完成	□未完成	□其他	

第五部分　项目总结

注：表格不足可加行。

学习笔记

考评报告

项目名称：售前准备		考核时间：60 分钟（理论）+90 分钟（实操）	
姓名：	班级：	学号：	教师签字：
自评：□合格 □不合格	互评：□合格 □不合格	师评：□合格 □不合格	
日期：	日期：	日期：	
工作流程			
第一部分　客户信息登记表			
年　月　日			

车主姓名		联系电话		QQ/ 微信	
车辆品牌		车型		年款	
备注：					

第二部分　查询车辆状态

序号	工作内容	检查结果			备注
1	客户预定车辆	□采购中	□在途	□在库	
2	订车车型	□有	□无		
3	颜色	□黑色	□白色	□其他	
4	数量	□ 1	□ 2	□其他	
5	选装配件信息	□有	□无	□其他	
6	车辆订金	□首付 10%	□无	□其他	

第三部分　展车和展厅准备

序号	工作内容	检查结果			备注
1	展车外观整理	□完整	□不完整	□其他	
2	展车内部整理	□完整	□不完整	□其他	
3	展车区准备	□完整	□不完整	□其他	
4	客户休息区准备	□完整	□不完整	□其他	
5	业务洽谈区准备	□完整	□不完整	□其他	
6	客户接待区准备	□完整	□不完整	□其他	
7	洗手间准备	□完整	□不完整	□其他	
8	儿童游戏区准备	□完整	□不完整	□其他	

第四部分　邀约客户

序号	工作内容	检查结果			备注
1	专业询问准备	□完整	□不完整	□其他	
2	共同话题准备	□完整	□不完整	□其他	
3	行业新闻准备	□完整	□不完整	□其他	
4	销售工具准备	□完整	□不完整	□其他	

第五部分　项目总结

注：表格不足可加行。

考评报告

项目名称：展厅接待		考核时间: 60 分钟(理论)+90 分钟(实操)	
姓名：	班级：	学号：	教师签字：
自评：□合格 □不合格	互评：□合格 □不合格	师评：□合格 □不合格	
日期：	日期：	日期：	

工作流程					
第一部分　客户信息登记表					
年　月　日					
车主姓名		联系电话		QQ/ 微信	
车辆品牌		车型		年款	
备注：					

第二部分　准备展厅接待

序号	工作内容	检查结果			备注
1	穿着经销店指定的制服，保持整洁，佩戴工作牌	□完成	□未完成	□其他	
2	每日互检仪容仪表，着装规范	□完成	□未完成	□其他	
3	配备自己的销售文件夹，并把常见的销售工具放于文件夹内，与客户商谈时随身携带	□完成	□未完成	□其他	
4	每日自行检查销售文件夹内的资料，及时更新	□完成	□未完成	□其他	
5	遵守主管设定的排班顺序	□完成	□未完成	□其他	
6	在展厅等候来店客户	□完成	□未完成	□其他	

第三部分　接待展厅客户

序号	工作内容	检查结果			备注
1	在展厅大门内热情迎接客户，询问客户的来访目的	□完成	□未完成	□其他	
2	及时递上名片，简短自我介绍并请教客户尊姓	□完成	□未完成	□其他	
3	对到店客户进行接待（问候、请坐、倒水、寒暄、再次递名片）	□完成	□未完成	□其他	

第四部分　邀约客户

序号	工作内容	检查结果			备注
1	为了消除客户的紧张情绪，与客户进行沟通	□完成	□未完成	□其他	
2	与客户沟通时，要保持基本的语气和表情	□完成	□未完成	□其他	
3	与客户进行良好的沟通，并取得客户的认同	□完成	□未完成	□其他	

第五部分　项目总结

注：表格不足可加行。

学习笔记

学习笔记

考评报告

<table>
<tr><td colspan="3">项目名称：客户信息登记表</td><td colspan="2">考核时间：60 分钟（理论）+90 分钟（实操）</td></tr>
<tr><td>姓名：</td><td>班级：</td><td colspan="2">学号：</td><td rowspan="3">教师签字：</td></tr>
<tr><td>自评：□合格
□不合格</td><td>互评：□合格
□不合格</td><td colspan="2">师评：□合格
□不合格</td></tr>
<tr><td>日期：</td><td>日期：</td><td colspan="2">日期：</td></tr>
<tr><td colspan="5">工作流程</td></tr>
</table>

第一部分　客户信息登记表

年　月　日

车主姓名		联系电话		QQ/ 微信	
车辆品牌		车型		年款	

备注：

第二部分　客户类型判断与应对

序号	工作内容	检查结果			备注
1	客户进店的类型分析	□完整	□不完整	□其他	
2	针对不同的客户采用相对应的应对方法	□完整	□不完整	□其他	

第三部分　进行需求分析

序号	工作内容	检查结果			备注
1	获取客户信息	□完成	□未完成	□其他	
2	发掘客户的隐性需求	□完成	□未完成	□其他	
3	需求分析、心理分析	□完成	□未完成	□其他	
4	分析、总结客户需求	□完成	□未完成	□其他	

第四部分　推荐店内车型

序号	工作内容	检查结果			备注
1	对比店内车型价格	□完成	□未完成	□其他	
2	对比店内车型功能	□完成	□未完成	□其他	
3	总结客户的真实需求	□完成	□未完成	□其他	
4	推荐店内车型	□完成	□未完成	□其他	

第五部分　项目总结

注：表格不足可加行。

考评报告

项目名称：产品介绍			考核时间: 60分钟(理论)+90分钟(实操)
姓名：	班级：	学号：	教师签字：
自评：□合格 □不合格	互评：□合格 □不合格	师评：□合格 □不合格	
日期：	日期：	日期：	

工作流程					
第一部分　客户信息登记表					
年　月　日					
车主姓名		联系电话		QQ/ 微信	
车辆品牌		车型		年　　款	
备注：					

第二部分　确认展车状态

序号	工作内容	检查结果			备注
1	外观状态确认	□完整	□不完整	□其他	
2	内部状态确认	□完整	□不完整	□其他	
3	汽车性能介绍准备	□完整	□不完整	□其他	

第三部分　介绍车辆

序号	工作内容	检查结果			备注
1	根据客户类型选择车型介绍法介绍车辆	□完成	□未完成	□其他	
2	最少为客户介绍车辆前方的两个关注点	□完成	□未完成	□其他	
3	最少为客户介绍车辆侧方的两个关注点	□完成	□未完成	□其他	
4	最少为客户介绍车辆侧方的两个关注点	□完成	□未完成	□其他	
5	最少为客户介绍车辆后备箱的两个关注点	□完成	□未完成	□其他	
6	最少为客户介绍车辆乘坐舱的两个关注点	□完成	□未完成	□其他	
7	最少为客户介绍车辆驾驶舱的两个关注点	□完成	□未完成	□其他	

第四部分　比较竞品

序号	工作内容	检查结果			备注
1	为客户进行竞品车型外观对比	□完成	□未完成	□其他	
2	为客户进行竞品车辆参数及配置对比	□完成	□未完成	□其他	
3	为客户进行竞品车辆消费者口碑对比	□完成	□未完成	□其他	
4	为客户进行竞品车辆价格对比	□完成	□未完成	□其他	

第五部分　项目总结

注：表格不足可加行。

学习笔记

学习笔记

考评报告

项目名称：售前准备		考核时间：60分钟（理论）+90分钟（实操）	
姓名：	班级：	学号：	教师签字：
自评：□合格 □不合格	互评：□合格 □不合格	师评：□合格 □不合格	
日期：	日期：	日期：	
工作流程			

第一部分　客户信息登记表					
年　月　日					
车主姓名		联系电话		QQ/微信	
车辆品牌		车型		年款	
备注：					

第二部分　准备试乘试驾					
序号	准备工作	检查结果			备注
1	客户邀约	□完整	□不完整	□其他	
2	填写试乘试驾登记表	□完整	□不完整	□其他	
3	填写试乘试驾协议书	□完整	□不完整	□其他	
4	填写试车试驾协议	□完整	□不完整	□其他	
5	检查车辆，并填写试乘试驾检查表	□完整	□不完整	□其他	
6	路线准备	□完整	□不完整	□其他	
7	人员准备	□完整	□不完整	□其他	

第三部分　进行试乘试驾					
序号	工作内容	检查结果			备注
1	客户试乘介绍	□完成	□未完成	□其他	
2	换手环节介绍	□完成	□未完成	□其他	
3	客户试驾介绍	□完成	□未完成	□其他	

第四部分　反馈试乘试驾					
序号	工作内容	检查结果			备注
1	引导客户回到展厅（休息区）	□完成	□未完成	□其他	
2	填写客户试乘试驾反馈表	□完成	□未完成	□其他	
3	客户意见处理	□完成	□未完成	□其他	
4	适时促成成交的信号	□完成	□未完成	□其他	
5	客户关系维系	□完成	□未完成	□其他	

第五部分　项目总结

注：表格不足可加行。

考评报告

项目名称：异议处理		考核时间：60 分钟（理论）+90 分钟（实操）	
姓名：	班级：	学号：	教师签字：
自评：□合格 □不合格	互评：□合格 □不合格	师评：□合格 □不合格	
日期：	日期：	日期：	

工作流程					
第一部分　客户信息登记表					
年　月　日					
车主姓名		联系电话		QQ/ 微信	
车辆品牌		车型		年款	
备注：					

第二部分　分析购车异议

序号	工作内容	检查结果			备注
1	价格异议	□有	□无	□其他	
2	产品功能和质量异议	□有	□无	□其他	
3	产品的造型、样式与包装异议	□有	□无	□其他	
4	企业服务异议	□有	□无	□其他	
5	客户支付异议	□有	□无	□其他	
6	销售顾问个人异议	□有	□无	□其他	

第三部分　处理购车异议

序号	工作内容	检查结果			备注
1	处理购车异议的流程	□完成	□未完成	□其他	
2	利用 LSCPA 的处理策略消除顾客异议	□完成	□未完成	□其他	
3	利用两种以上的方法消除客户异议	□完成	□未完成	□其他	

第四部分　反馈客户异议

序号	工作内容	检查结果			备注
1	反馈客户异议的心理准备	□完成	□未完成	□其他	
2	反馈客户异议的流程	□完成	□未完成	□其他	
3	有效管理客户的期望值	□完整	□不完整	□其他	

第五部分　项目总结

注：表格不足可加行。

学习笔记

学习笔记

考评报告

<table>
<tr><td colspan="2">项目名称：报价成交</td><td colspan="2">考核时间：60分钟（理论）+90分钟（实操）</td></tr>
<tr><td>姓名：</td><td>班级：</td><td>学号：</td><td rowspan="3">教师签字：</td></tr>
<tr><td>自评：□合格
□不合格</td><td>互评：□合格
□不合格</td><td>师评：□合格
□不合格</td></tr>
<tr><td>日期：</td><td>日期：</td><td>日期：</td></tr>
<tr><td colspan="4">工作流程</td></tr>
</table>

<table>
<tr><td colspan="6">第一部分　客户信息登记表</td></tr>
<tr><td colspan="6">年　月　日</td></tr>
<tr><td>车主姓名</td><td></td><td>联系电话</td><td></td><td>QQ/微信</td><td></td></tr>
<tr><td>车辆品牌</td><td></td><td>车型</td><td></td><td>年款</td><td></td></tr>
<tr><td colspan="6">备注：</td></tr>
</table>

<table>
<tr><td colspan="6">第二部分　洽谈成交</td></tr>
<tr><td>序号</td><td>名称</td><td colspan="3">检查结果</td><td>备注</td></tr>
<tr><td>1</td><td>客户是否通过语言显示成交信号</td><td>□是</td><td>□否</td><td>□其他</td><td></td></tr>
<tr><td>2</td><td>客户是否通过行动显示成交信号</td><td>□是</td><td>□否</td><td>□其他</td><td></td></tr>
<tr><td>3</td><td>客户是否通过表情显示成交信号</td><td>□是</td><td>□否</td><td>□其他</td><td></td></tr>
<tr><td>4</td><td>运用哪种方法引导客户成交</td><td>□直接请求促成法</td><td>□让步成交法</td><td>□其他</td><td></td></tr>
<tr><td colspan="6">第三部分　推荐汽车精品业务</td></tr>
<tr><td>序号</td><td>工作内容</td><td colspan="3">推荐结果</td><td>备注</td></tr>
<tr><td>1</td><td>客户是否选择汽车精品中的防护产品</td><td>□是</td><td>□否</td><td>□其他</td><td></td></tr>
<tr><td>2</td><td>客户是否选择汽车精品中的美容产品</td><td>□是</td><td>□否</td><td>□其他</td><td></td></tr>
<tr><td>3</td><td>客户是否选择汽车精品中的电子产品</td><td>□是</td><td>□否</td><td>□其他</td><td></td></tr>
<tr><td>4</td><td>客户是否选择汽车精品中的其他小产品</td><td>□是</td><td>□否</td><td>□其他</td><td></td></tr>
<tr><td colspan="6">第四部分　推荐汽车相关业务</td></tr>
<tr><td>序号</td><td>工作内容</td><td colspan="3">推荐结果</td><td>备注</td></tr>
<tr><td>1</td><td>客户是否选择二手车置换业务</td><td>□选择</td><td>□不选择</td><td>□其他</td><td></td></tr>
<tr><td>2</td><td>客户是否选择汽车消费信贷业务</td><td>□选择</td><td>□不选择</td><td>□其他</td><td></td></tr>
<tr><td>3</td><td>客户是否选择汽车租赁业务</td><td>□选择</td><td>□不选择</td><td>□其他</td><td></td></tr>
<tr><td>4</td><td>客户是否选择汽车保险业务</td><td>□选择</td><td>□不选择</td><td>□其他</td><td></td></tr>
<tr><td colspan="6">第五部分　项目总结</td></tr>
<tr><td colspan="6"></td></tr>
</table>

注：表格不足可加行。

考评报告

<table>
<tr><td colspan="3">项目名称：新车交付</td><td colspan="3">考核时间：60 分钟（理论）+90 分钟（实操）</td></tr>
<tr><td>姓名：</td><td>班级：</td><td colspan="2">学号：</td><td colspan="2" rowspan="3">教师签字：</td></tr>
<tr><td>自评：□合格
□不合格</td><td>互评：□合格
□不合格</td><td colspan="2">师评：□合格
□不合格</td></tr>
<tr><td>日期：</td><td>日期：</td><td colspan="2">日期：</td></tr>
<tr><td colspan="6">工作流程</td></tr>
<tr><td colspan="6">第一部分　客户信息登记表</td></tr>
<tr><td colspan="6">年　月　日</td></tr>
<tr><td>车主姓名</td><td></td><td>联系电话</td><td></td><td>QQ/ 微信</td><td></td></tr>
<tr><td>车辆品牌</td><td></td><td>车型</td><td></td><td>年 款</td><td></td></tr>
<tr><td colspan="6">备注：</td></tr>
</table>

<table>
<tr><td colspan="6">第二部分　新车交付准备</td></tr>
<tr><td>序号</td><td>准备内容</td><td colspan="3">检查结果</td><td>备注</td></tr>
<tr><td>1</td><td>文件准备</td><td>□完整</td><td>□不完整</td><td>□其他</td><td></td></tr>
<tr><td>2</td><td>车辆准备</td><td>□完整</td><td>□不完整</td><td>□其他</td><td></td></tr>
<tr><td>3</td><td>场地准备</td><td>□完整</td><td>□不完整</td><td>□其他</td><td></td></tr>
<tr><td colspan="6">第三部分　进行新车交付</td></tr>
<tr><td>序号</td><td>工作内容</td><td colspan="3">检查结果</td><td>备注</td></tr>
<tr><td>1</td><td>与客户预约交车</td><td>□完成</td><td>□未完成</td><td>□其他</td><td></td></tr>
<tr><td>2</td><td>交车前的最后准备工作</td><td>□完成</td><td>□未完成</td><td>□其他</td><td></td></tr>
<tr><td>3</td><td>交车接待流程</td><td>□完成</td><td>□未完成</td><td>□其他</td><td></td></tr>
<tr><td>4</td><td>协助客户办理车辆手续</td><td>□完成</td><td>□未完成</td><td>□其他</td><td></td></tr>
<tr><td>5</td><td>新车递交仪式</td><td>□完成</td><td>□未完成</td><td>□其他</td><td></td></tr>
</table>

<table>
<tr><td colspan="6">第四部分　转介客户</td></tr>
<tr><td>序号</td><td>工作内容</td><td colspan="3">检查结果</td><td>备注</td></tr>
<tr><td>1</td><td>介绍服务顾问</td><td>□完成</td><td>□未完成</td><td>□其他</td><td></td></tr>
<tr><td>2</td><td>代驾新车询问</td><td>□完成</td><td>□未完成</td><td>□其他</td><td></td></tr>
<tr><td>3</td><td>目送客户回家</td><td>□完成</td><td>□未完成</td><td>□其他</td><td></td></tr>
<tr><td>4</td><td>做好文件总结工作</td><td>□完成</td><td>□未完成</td><td>□其他</td><td></td></tr>
<tr><td colspan="6">第五部分　项目总结</td></tr>
<tr><td colspan="6"></td></tr>
</table>

注：表格不足可加行。

学习笔记

学习笔记

考评报告

项目名称：售后跟踪		考核时间：60分钟（理论）+90分钟（实操）	
姓名：	班级：	学号：	教师签字：
自评：□合格 □不合格	互评：□合格 □不合格	师评：□合格 □不合格	
日期：	日期：	日期：	

工作流程

第一部分　客户信息登记表

年　月　日

车主姓名		联系电话		QQ/微信	
车辆品牌		车型		年款	
备注：					

第二部分　回访购车客户

序号	工作内容	检查结果			备注
1	确定回访时间	完成	□未完成	□其他	
2	提醒服务	□完成	□未完成	□其他	
3	预约服务	□完成	□未完成	□其他	
4	满意度回访	□完成	□未完成	□其他	
5	客户关爱	□完成	□未完成	□其他	
6	回访信息整理	□完成	□未完成	□其他	
7	回访反馈	□完成	□未完成	□其他	

第三部分　处理客户抱怨投诉

序号	工作内容	检查结果			备注
1	客户抱怨处理前准备工作	完成	□未完成	□其他	
2	客户抱怨处理流程	□完成	□未完成	□其他	
3	客户投诉处理前准备工作	□完成	□未完成	□其他	
4	客户投诉处理流程	□完成	□未完成	□其他	
5	填写客户投诉报告表	□完成	□未完成	□其他	

第四部分　维系客户关系

序号	准备内容	检查结果			备注
1	通过电话与客户建立沟通	完成	□未完成	□其他	
2	通过活动与客户建立沟通	□完成	□未完成	□其他	
3	通过新媒体与客户建立沟通	□完成	□未完成	□其他	
4	通过广告与客户建立沟通	□完成	□未完成	□其他	
5	利用至少两种方式维系客户关系	□完成	□未完成	□其他	

第五部分　项目总结

注：表格不足可加行。

附录 B　知识拓展

集客到店

学习笔记

汽车销售模式

一、常见销售模式

1. 汽车特许经销商

所谓汽车特许经销商，又称为“4S 店”。它是一种汽车销售及服务模式，属于品牌特许经营的范畴。具体而言，它包括集“整车销售(Sale)、配件供应（Spare part）、售后服务（Service）、信息反馈（Survey）”于一体的特许经销一种品牌的汽车销售服务公司。

2. 汽车经销企业

所谓汽车经销企业，又俗称为汽车交易市场。它是指一些小规模经销商（一般是二三级代理商），租借一些汽车市场的摊位或者某个门面开展直接面对客户销售汽车的业务方式。

3. 汽车销售商务平台

所谓汽车销售商务平台，通常被称为“网络销售”，就是通过相关网络来宣传自己的品牌、经销商，推广自己的产品或服务。

二、汽车销售发展趋势

（1）以单一销售产品向综合服务进行转变；

（2）以粗放型销售向组合型销售转变；

（3）以新车销售为主向新车、二手车并重转变。

目前我国汽车销售已经呈现出以新车销售为主，二手车销售为辅的态势。在国内部分发达城市，二手车的销售已经成为汽车销售的主要利润增长业务，目前，国内大部分合资品牌都积极开展了二手车销售业务板块。

汽车 4S 店的组织架构

不同品牌 4S 店销售部组织架构大同小异，岗位设置名称略有所区别（见下图）。为了具有针对性和代表性，本书以奥迪品牌经销商销售部为例介绍。奥迪小规模经销商与中等规模经销商、大规模经销商销售部组织架构关键区别在于：奥迪中等、大规模经销商二手车业务独立出销售部，设置二手车部。

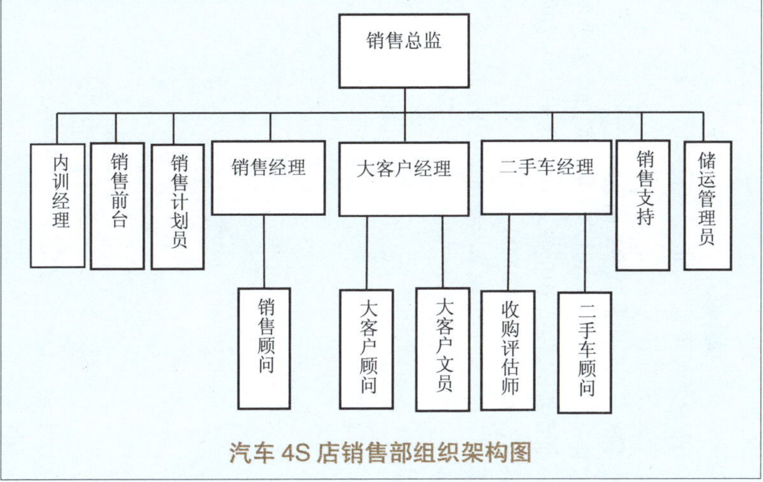

汽车 4S 店销售部组织架构图

学习笔记

集客到店

潜客开发的渠道及转化

一、潜客开发的线下渠道

1. 店头活动

团购会、主题活动等各种以潜客为邀约对象的活动。

2. 户外活动

车展、巡展、团购会、试驾会、异业联盟、主题活动。

3. 户外广告

墙体广告、户外大屏、展架、单页、电影院、KTV、广告机。

4. 车友会

品牌车型的车友会。

二、潜客开发的线上渠道

（1）广播当地收听率较高的广播节目，例如：音乐广播、交通广播。

（2）电视收视率较高的电视节目，例如：地方电视台、湖南卫视。

（3）网站：汽车之家、易车网、太平洋汽车、爱卡汽车等。

（4）电商平台：京东、天猫、淘宝、拼多多等。

（5）微信：微信订阅号、微信服务号、微信社区群、微信大号。

（6）微博：新浪微博、腾讯微博。

（7）QQ：QQ 车友群。

（8）论坛：汽车、美食、摄影、旅游等优秀论坛。

三、潜在客户的开发渠道的管理

潜在客户开发的渠道，需制定相应的开发渠道管理制度，准备相应的渠道管理工具，将潜在客户开发的渠道管理标准化、规范化。从而达到提升潜在客户的转化率，提升销量的目的。潜在客户开发渠道管理，需在年度市场工作计划中体现，线上、线下渠道集客活动的时间节点、主题、形式、时间点需在年度市场计划中体现。

四、潜在客户的转化营销

潜在客户开发后，开始有计划地进行潜在客户跟踪维系，然后组织潜在客户的营销活动，利用营销活动促进潜在客户转化为成交客户。目前，在网络上购车也越来越普遍，所以可以组织线上营销活动，转化潜在客户。

（1）车展：车展规模大，对客户吸引力大，集客容易。

（2）团购会：团购针对性强，集客目标明确。

（3）抢单会：抢单会以价格吸引客户，旨在消化意向强的客户。

（4）试驾会：试驾会重在客户体验，宣传品牌和车辆性能，辅助销售。

（5）厂家直销：频次低，优惠力度大，消化 H 级、A 级客户。

（6）购车节：车展的另一种形式，多以一个集团为单位组织。

（7）主题活动：教师节、七夕、中秋等，以节日购车优惠吸引消化意向的客户。

集客到店

潜客开发的管理

一、潜在客户生命周期管理

潜在客户管理需要有明确的管理流程，不同的流程中，应用不同的管理工具和管理技巧，做好相应的工作，为下一步工作的开展做好铺垫。潜在客户管理的整个过程，需要具有完整的管理制度、配套管理工具和相应的管理技巧。

1. 潜在客户生命周期的管理流程

（1）潜在客户开发管理：通过潜在客户开发渠道开发潜在客户，开拓维系潜在客户开发渠道；

（2）潜在客户培养管理：通过潜在客户的培养，提升潜在客户的意向级别，促进成交；

（3）潜在客户转化管理：通过前期工作的铺垫和潜在客户的转化营销活动，实现成交。

2. 潜在客户生命周期的管理制度

（1）汽车经销商企业需制定潜在客户开发的管理制度。

潜在客户开发制定专人负责制（或者指定团队负责，例如市场部）；每月制定潜在客户开发及潜在客户渠道开发目标，与负责人或团队的绩效挂钩。

（2）汽车经销商企业需制定潜在客户培养的管理制度。

潜在客户培养制定专人负责制（市场部、客服部和销售部）；潜在客户分级培养管理，需制定潜在客户意向级别提升目标、拜访目标（销售顾问）。

（3）汽车经销商企业需制定潜在客户转化的管理制度。

潜在客户转化管理工作制定专人负责制（市场经理或销售经理）；潜在客户转化营销活动需制定全年计划，按计划推进；潜在客户转化营销活动，需确定成交、转化率的目标，制定考核制度。

3. 潜在客户生命周期的管理工具

（1）潜在客户识别模型。

（2）潜在客户开发工具。

（3）潜在客户跟踪、培养工具。

（4）潜在客户转化营销工具。

二、电话邀约的目标管理

企业有企业的目标管理，部门有部门的目标管理，销售人员也应该进行目标管理。汽车销售执行目标管理的方法，汽车销售会取得效果。

1. 数字目标

数字的含义：1、15、7、8、96。一位销售人员一天要打 15 个电话：在这 15 个电话里面，要找出 7 个意向客户。一个星期 5 天，就会找到 35 个意向客户。在这 35 个客户当中，有两个客户能够购买你的车，一个月按四个星期计算，就是 8 个客户，一个月卖了 8 辆车。一年 12 个月就是 96 辆车，这样一年至少能销售 96 辆车，这个数字很有用。

2. 数字的调整

如果今天打了 15 个电话，只有 5 个或者 3 个意向客户，甚至更少。没有关系，你只需要对数字信息进行调整，多打电话，15 个电话不行，打 20 个，直到获得 7 个意向客户为止。

3. 数字的积累

电话的数字是要有一定积累。如果你不是新的销售人员， 要想天天获得 7 个意向客户是有一定难度的，那就需要不断地去接触客户，走出去，将名片发给你认为有可能成为你客户的人。

售前准备

展厅服务环境

一、色彩营销策略的概念

色彩营销策略是指企业在研究顾客心理和消费习惯的基础上，对企业的标志、商品、销售环境等配以恰当的色彩，以吸引顾客的眼球，实现“人心”“色彩”“商品”的统一，将商品的相关信息传达给顾客，以提高销售效率。

二、色彩营销策略的应用

（1）充分运用色彩对顾客心理的影响。

（2）充分运用色彩对顾客购买行为的影响。一般情况下，顾客在面对不同色彩时会有以下四种表现：色彩追求、色彩兴趣、色彩惊讶、色彩愤怒。

三、色彩营销策略

序号	分类	说明
1	红色	以热情、温暖、欢快的感觉，能让人联想到热烈、喜庆与高贵的事物
2	蓝色	以宁静、清洁、理智的感觉，能让人联想到万里晴空、碧波海洋等
3	黄色	以庄重、高贵、明亮、淡雅的感觉，能让人联想到神圣、尊贵、阳光的事物
4	绿色	大自然中普遍存在的色彩，给人以清新、和平、青春的感觉，能让人联想到广阔的田园和牧场等
5	橙色	以充满活力、精神饱满的感觉，能让人联想到成熟的瓜果和丰收的喜悦等
6	紫色	以高贵、沉稳、优雅的感觉，能让人联想到智慧、神秘、威严的事物
7	白色	以明快、纯真、柔软、整洁、雅致的感觉，能让人联想到品质优良、神圣高贵、恬静优雅的事物

四、气氛营销策略的应用

（1）利用照明烘托购物气氛，具体可以从一般照明、重点照明、装饰照明三个方面进行。

（2）利用音响烘托购物氛围，具体方法主要有：播放广告信息、播放背景音乐。

（3）调节店内气味。

学习笔记

展厅接待

客户接待

一、展厅接待的注意事项

1. 迎接客户

销售人员在展厅门口轮流迎宾，当客人到达展厅门口还有三四步远时，销售人员必须主动上前迎接，询问客人有什么需要帮助。常见的两种客户期望：

（1）客户期望“我想销售人员在我走进展厅时至少会给我一个招呼”。

（2）“我不希望在参观展厅时销售人员老是在我身旁走来走去，如果有问题我会问销售人员”。

2. 观察了解客户需求

如果是来买车的，要问客户关注哪一款车，需不需要介绍。如果客户表示要先看一下，就让客户自己先看，销售员不能跟得太近，向客户说句话：“如果您需要，我就在您旁边，有问题叫我一声就可以了。”客户在看车时，销售人员不能离开太远，要在附近关注客户。如果发现客户需要帮助，销售人员必须马上上前提供帮助，避免客户因无人理睬而心情不畅。

3. 帮助客户解决疑难

客户期望“我希望销售人员是诚实可信的，并能听取我的需求和提供给我所需要的信息”；“我希望销售人员能帮助我选择适合我的车，因为这是我的第一部新车”。销售人员必须通过传达直接针对客户需求和购买动机的相关产品的特性，帮助客户了解一辆车是如何符合其需求的。

4. 进行客户意向管理

对客户的购车意向进行整理、记录，包括客户姓名、电话号码、信息来源和联系记录；确定每天要联系的意向客户的名单和数量；不断地联系和管理客户，不断重新认定客户的购车级别，准确把握客户意向变化。

二、客户接待的洽谈和说服技巧

1. 用自信打动客户

汽车销售人员面对顾客要有充分的自信：第一是对自己有信心，服务专业、敬业；第二是对产品有信心，质量、性能优良；第三要对公司有信心，服务好，信誉佳。因此，要做好以下两项的工作。

（1）销售顾问对市场有充分认识，应了解客户的需求，熟悉产品的特点和卖点，在与客户交流的很短时间内确立自己的“专业地位”，增强客户对你的信任感，营造一个较轻松的销售氛围。

（2）真心地为客户利益着想，让客户体会我们是在服务，不是单纯意义上的生意经。用客观事实说服客户；站在客户的立场说服客户；用良好的销售状况说服客户。

2. 激起客户对汽车商品的需求

任何购买行为都是由动机支配的，而动机又是由需要激发的，所以，需要是购买过程的起点。当消费者感到汽车的使用需求要满足时，购买过程就开始了。人的消费需要是由两种刺激引起的：一种是人自身内部的刺激，当人们出行不便利、不舒适，对生活质量产生严重影响时，人们就会主动寻找解决方案——购买私家车；另一种是人体外部刺激，如看到汽车新产品上市、汽车促销宣传，或者看到朋友购置的新汽车后产生很大兴趣，从而产生了购买的欲望。

对汽车销售人员而言，应了解消费者产生了哪些需求，它们是由什么刺激引起的，程度怎样，本汽车销售公司的汽车产品满足消费者哪些内在的需要，可以透过哪些外部刺激使他们的需要趋于强烈，并转化为现实的购买行为。

展厅接待

客户接待

3. 帮助顾客收集商品信息

在消费者购买一些不熟悉的商品时，需要收集相关的信息，他们或者通过网络、杂志等查阅资料，或者向亲友和熟人询问等方式搜集信息。一般来说，越复杂的购买，消费者需要的信息量就越大。有购买意向的客户还会到汽车 4S 店看车、问车、了解车，汽车销售人员要抓住这一有利时机，向客户介绍汽车知识、告知汽车购买的流程、解答客户的问题，巧妙地将本公司的产品特点推介给客户，并对竞争车型的相关信息进行对比分析，达到先入为主的效果。

4. 强化顾客接受商品的正面信息

消费者在购买汽车产品时，不仅要考虑产品品牌效应、质量的优劣、价格的高低、售后服务的质量，还要比较同类汽车产品的安全性、动力性等不同属性。汽车销售公司应该采取下面有针对性的对策，销售接近消费者理想的产品。

（1）修正产品的某些属性，使之接近消费者的理想。

（2）改变消费者心目中的品牌信念，通过营销计划和宣传报道来消除不符合实际的偏见。例如，汽车产品确是物美价廉，而有些消费者却以为价廉的一定不如高价的商品质量好。所以，企业应在这方面进行广泛宣传，改变消费者的偏见。

（3）改变消费者对竞争品牌的信念。当消费者对竞争产品的品牌信念超过实际时，可通过比较性营销计划改变消费者对竞争品牌的信念。

（4）通过营销计划宣传，改变消费对产品性能的注意。

（5）改变消费者心目中理想产品的标准。

5. 用精彩的示范操作打动客户

销售顾问在销售汽车时向客户所做的示范操作应能帮助客户认识汽车商品，让顾客相信，即使是外表普通的商品，也蕴含着丰富的价值。你的销售动作恰恰能够帮助顾客认识汽车商品。当你向顾客推销汽车时，谨慎而细心地触摸，让客户在无形中感受到商品的尊贵与价值。也许你的汽车商品很普通，但是，如果你能用示范动作将商品的使用价值栩栩如生地介绍给客户，也一定会引起客户的注意。如果你所推销的汽车商品具有特殊的性质，那么，你的示范动作就应该把这种特殊性表达出来。让客户感受到汽车商品的尊贵与价值。

6. 树立售后服务的良好形象

消费者购买商品后，通过使用对自己的购买选择进行检查和反省，从中产生满意或不满意的购后感受。若消费者感到满意，则会重复购买，提高对本企业产品的忠诚度，并且还会向他人谈及产品的种种好处，成为企业最好的义务宣传员；反之，则会产生相反的效果。

作为企业的营销人员，应重视消费者的购后感受，随时收集市场反馈的信息，根据消费者的需求，不断改进企业的产品，加强售后服务，进一步改善消费者购后的感受。定期进行客户回访，建立客户档案；提供汽车配件，使服务质量和成本得到双重保证：提供先进的服务设施，提升和完善维修服务质量；多设服务网点，并尽力做到精细周到；加强行业沟通，提供完善的保险和信贷业务。

需求分析

客户需求分析

一、需求的本质

确立客户的需求，就是要了解和发掘客户的现状和他所期望达到的目标，明确这两者之间的差距。

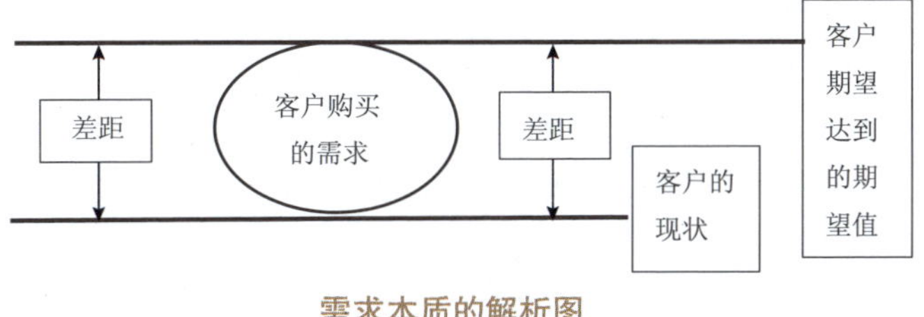

需求本质的解析图

二、需求的目的

需求分析的目的是了解客户的购车背景和需求重点，使客户了解我们的态度和提供总体解决方案的能力（信心）。

在和客户打交道的过程中，客户最关心的是自己的利益，只有通过提问、倾听、了解、发掘客户的购买动机，明确客户的需求，销售人员才能知道在产品介绍的时候如何强调客户的利益，以便将产品有效地介绍给客户，此种销售方式将产生事半功倍的效果。销售人员要知道何时是适当的时机，掌握确认客户需求的工具和有关客户需求的具体内容。

三、确立需求阶段客户的期望

作为潜在客户，客户希望销售顾问能够认真对待自己的需求和喜好，并为其调整其工作方式（行为、进度），当客户再次来展厅时，能叫出客户的姓氏，而且还要熟知客户以前的来访经历，并主动提问和确认客户的需求和喜好是否有变化。

影响客户购车的主要因素

一、购买动机

购买动机是整个购买行为最根源的东西，它决定了购买的需求。

二、客户的需求

1. 显性需求

在汽车销售流程理论里有这样一种说法，对表面的现象称之为显性的问题，又称显性的需求。

2. 隐性需求

对隐藏着的现象称之为隐性的问题，又称隐性的需求。

冰山理论里会经常提到显性和隐性的部分，一个是在水面以上的部分，还有一个是在水面以下的部分。水面以上的部分是显性的，就是客户自己知道的、能表达出来的那一部分；水面以下的是隐藏着的那一部分，就是有的客户连他自己的需求是什么都不清楚。对于需求，客户自己可能也认识不清楚，或者不想说，销售顾问不可以想当然，不可主观臆断，而要弄清楚真正的需求。

三、客户角色的信息

客户的角色信息，包括购买者、决定者、使用者和影响者。每个角色可以是不同的人，当然同一个人也可以有很多角色。

购买者是购买过程中实际支付费用的人，可以是个人也可以是单位。

决定者是购买过程中拥有决定权的那个人。

使用者是购买过程中最终使用车辆的人。

影响者是购买过程中对于购买者、决策者与使用者起到影响作用的人。

创造机会让每一位来访者表达自己的观点和期望，通过提问、观察等方式，便可以有效地辨别。

学习笔记

产品介绍

产品介绍要点

产品介绍标准动作与专业术语的使用

商务礼仪贯穿整个汽车销售的所有环节，在汽车产品介绍的过程中，销售顾问同样需要注意自己的职业素养，要使用标准的商务礼仪动作和亲切的标准用语接待和服务于每一位来展厅的客户。在与客户交流时尽量不要让他们有压迫感，所有的言谈举止，如微笑、打招呼及接待应对都要达到热忱应对的水平，而且要做好自我管理，使每位客户感到满意与信赖销售顾问。若有两人以上同行，销售顾问不可忽视对其他人的招呼应对。

若同时有二、三组人来看车，销售顾问要请求支援，不可有任何人受到冷落。若有儿童随行，则其他业务代表应负责招待，若儿童愿意到儿童游乐区，则引导儿童前往。

倾听客户意见时要有反应，做到与顾客保持目光接触，对顾客的意见表示赞同时，要点头示意，并且要说："是的""我了解了""您说得很有道理"等表示肯定的话语。同时，手里要时刻将交谈的重点记下，以备更好地了解客户的需求。

产品介绍应按要求采用标准的手势和姿势，具体如下：

（1）环车介绍指引手势，带领客户进行环车介绍的时候要做相应的指引手势。

（2）在介绍细节，如轮胎、底盘时要采用标准蹲姿。

（3）在引导客户进入车内进行感受时，要采用顾客进、出门时的遮挡手势。产品介绍结束时，要针对顾客购车要求，总结产品优势与客户的益处，突出强调产品的卖点以及顾客在购车后能够得到的优惠和品牌的售后服务优势。

对于首次来店，在销售顾问介绍完后，表示要离开并去其他 4S 店再作比较的客户，销售顾问可以利用产品的相关资料，针对顾客关心的各项配置，制作书面的总结文件。

竞品介绍分析

竞品比较

所谓竞品分析是指同类型、同级别或相同价格层面上的汽车产品间的各种比较分析。

1. 车型外观比对

很多客户在选车时，首先关注的是车辆的外观，那么这就要求销售顾问对自家车和同档次的竞品车的车辆外观形态有一个较为全面的了解。根据不同类型的顾客，如不同的年龄、职业、性格、性别等，对车辆的外观形态都不一样。

2. 车辆参数及配置比对

车辆参数对于大多数顾客来讲，是评价一辆车的硬件指标，如果销售顾问能将所介绍车型与其相对应的竞品车型非常熟悉地进行客观比对，那么客户对销售顾问将会更加信任，销售顾问的专业性能让客户增加购买信心。在进行参数解说和比对时，数据具有最好的说服力，可以让客户觉得销售顾问既专业又客观，数据分析在解说时要尽量通俗易懂。

3. 车辆的消费者口碑比对

在竞品分析中，消费者的口碑显得很有参考价值。根据调研，消费者主要从车辆的空间大小、动力的强劲与否、操控的感受、油耗大小、驾乘舒适感、外观以及内饰等几个方面对车辆进行综合评价。

4. 车辆价格比对

90% 以上的客户到最后会在价格方面提出异议。因此销售顾问最需要做的就是力求表达自己所介绍车辆的价值，让客户觉得物有所值或物超所值才是重点和关键。

试乘试驾

试乘试驾要点

一、试乘试驾邀请时机

汽车试乘试驾包含三方面的内容，即“试乘”、“换手”和“试驾”。

当客户在销售顾问进行产品介绍之后，如果对车辆表现出兴趣和购买意向，那么销售顾问就应该主动向客户提出，让其进行试乘试驾。在整个试乘试驾过程中，销售顾问需要根据顾客的需求有针对性地介绍、引导顾客感受车辆的卖点，不要口若悬河，时刻注意寻求顾客认同并征询顾客感受，以便让客户在驾乘中进一步感知车辆在静态下所无法诠释的车辆性能和驾乘感受，从而激发其购车欲望。

二、试乘试驾的环节

1. 试乘试驾开始阶段的注意事项

在试乘试驾车辆启动前，销售顾问应先邀请试乘或试驾的客户入座副驾座或后排，并协助顾客完成座椅调节及系好安全带。

接下来，销售顾问要向客户进行车内空间和布局的展示，例如，座椅调节的操作、方向盘调整的操作、仪表台的布局和查看、各种常用功能键的演示操作等。这些说明将更好地让客户对试乘试驾车辆有一个较为系统的了解，以便待会换手后顾客的自行操作。

随后，销售顾问为客户演示车辆的启动操作，并让客户感受点火启动后，发动机沉稳的声音和怠速的稳定。

紧接着，销售顾问带着客户驶离 4S 店，行驶一段距离后，到达预定换乘处，选择安全的地方停车，并将发动机熄火，取下钥匙。

此时，销售顾问与客户进行换手操作，由销售顾问帮助顾客就座，确保顾客乘坐舒适，待顾客进入驾驶位置后，亲手交给顾客钥匙，并提醒顾客调节后视镜、系好安全带。

接下来，销售顾问要请顾客亲自熟悉车辆的操作装备，如刹车、离合和油门的位置。在再次行车前，销售顾问要与顾客确认试车路线，并提醒其安全驾驶的一些注意事项。

2. 试乘试驾中的商品介绍

销售顾问在试驾过程中，要让顾客充分体验，并为其指引路线。客户在驾驶车辆时，销售顾问要适时向客户进行车辆性能的讲解并提示其感受。

在整个试驾过程中，销售顾问还应时刻关注客户驾驶的方式，控制顾客驾驶的节奏，若顾客有危险驾驶动作，及时提醒并在必要时干预。

3. 试乘试驾后留客并填写客户反馈表

试乘试驾结束后，要邀请顾客填写《试乘试驾评估表》。

一般来讲，顾客在试乘试驾后一般有两种态度：

（1）客户感觉良好。当客户对自己看中的汽车比较满意，表现出成交的意愿，那么销售顾问应趁热打铁，着重强调客户比较在意的特性和优点，以打动客户，促成交易。

（2）客户不是特别满意。如果客户对汽车的性能不甚满意，而其解决之道并不在于汽车本身，就无须做无用功，可以转向介绍其他的车型来弥补客户的遗憾。

注意不管客户试乘试驾最终能否达成购车意向，我们都要热情对待，并感谢其参与试驾。

值得提醒的是，销售顾问在客户填写反馈意见前，要及时将客户的有效证件进行归还，以防客户在试乘试驾结束匆忙离开后，造成不必要的麻烦。

学习笔记

异议处理

客户异议

一、客户异议原因

顾客异议处理环节中，顾客为了能够获得更好的成交价格，会提出很多异议，如果没有妥善处理这些异议，就给了顾客议价的机会或者造成顾客流失，所以妥善处理顾客异议，是成交前至关重要的一步。

通过对顾客异议的分析，了解顾客异议是真实异议还是表面异议，然后再根据异议的具体内容进行处理。

二、客户异议的分类

顾客异议是销售过程中必然的现象，顾客异议是销售成交的障碍，也是成交的前奏和信号，正确对待顾客异议，妥善处理顾客异议，就离最终成交更近一步，根据顾客异议产生的原因，可将顾客异议分为以下类型：

1. 顾客异议的性质

（1）真实异议。

（2）表面异议。

2. 源于顾客自身原因

（1）购买需求的异议。

（2）购买力的异议。

3. 源于销售方的异议

（1）服务异议。

（2）价格异议。

异议处理技巧

一、客户异议技巧

1. 事前做好准备

“不打无准备之仗”是销售顾问战胜客户异议应遵循的一个基本法则。销售顾问在走出公司大门之前就要将客户可能会提出的各种异议列出来，然后考虑一个完善的答复。面对客户的异议，做一些事前准备可以做到心中有数、从容应对。反之，则可能惊慌失措、不知所措，或不能给客户一个圆满的答复以说服客户，国外（尤其是美国和加拿大）的许多企业经常组织一些专家来收集客户的异议并制定标准应答用语，销售顾问要牢记、运用。

2. 选择适当时机

优秀销售顾问所遇到的客户异议的概率只是普通销售顾问的十分之一，主要原因在于：优秀的销售顾问对客户的异议不仅能给予一个比较圆满的答复，而且能选择恰当的时机进行答复。可以说，懂得在何时回答客户异议的销售顾问会取得更大的成绩。

（1）在客户异议尚未提出时解答。防患于未然是消除客户异议的最好方法，销售顾问觉察到客户会提出某种异议，最好在客户提出之前就主动提出并给予解释，这样可使销售顾问争取主动，做到先发制人，避免因纠正客户看法或反驳客户的意见而引起不快。销售顾问完全有可能预先揣摩客户异议并抢先处理，因为客户异议的发生有一定的规律性，如销售顾问谈论产品的优点时，客户很可能会从最差的方面去琢磨问题。有时，客户没有提出异议，但其表情、动作、措辞和声调却可能有所流露，销售顾问觉察到这种变化时可以抢先解答。

（2）在异议提出后立即回答。绝大多数异议需要立即回答，这样，既可以促使客户购买，又表示对客户的尊重。

异议处理

学习笔记

异议处理技巧

（3）过一段时间再回答。有些异议需要销售人员暂时保持沉默，当异议显得模棱两可、含糊其辞、让人费解时；当异议显然站不住脚、不攻自破时；当异议不是三言两语就可以辩解得了时；当异议超过了销售人员的能力水平时；当异议涉及较深的专业知识，不易为客户马上理解时，等等。急于回答客户的此类异议是不明智的。经验表明：与其仓促答错十题，不如从容答对一题。

（4）不回答。许多异议不需要回答，如无法回答的奇谈怪论、容易造成争论的话题、废话、可一笑置之的戏言、明知故问的发难等。销售顾问可以采取以下处理技巧：沉默；装作没听见，按自己的思路说下去；答非所问，悄悄扭转对方的话题；幽默一番，最后不了了之。

3. 争辩是销售的第一大忌

不管客户如何批评，销售顾问永远不要与客户争辩，这是因为，争辩不是说服客户的好方法，正如一位哲人所说：“你无法凭争辩去说服一个人喜欢啤酒。”与客户争辩，失败的永远是销售人员。一句销售行话是：“占争论的便宜越多，吃销售的亏越大"。

4. 给客户留“面子”

销售顾问要尊重客户的意见。客户的意见无论对还是错、深刻还是幼稚，销售顾问都不能表现出轻视的样子（如不耐烦、轻蔑、走神、东张西望、绷着脸、耷拉着头等）。销售顾问要双眼正视客户，面部略带微笑，表现出全神贯注的样子。

二、客户异议的消除

1. 顾客对此汽车及交易条件有全面的了解

在汽车销售实践中可能发现，顾客比较熟悉汽车销售员销售的汽车商品，会表现出购买的热情，或表现出想与汽车销售顾问沟通的意向，甚至接受汽车销售顾问的建议。反之，他们往往会毫不客气地拒绝汽车销售顾问，包括汽车销售员销售的汽车产品。因此，在达成交易前，汽车销售员必须根据顾客的不同心理，多给顾客了解汽车产品的时间和机会。

2. 顾客对汽车销售员及所代表的公司有良好的信任度

顾客对汽车销售员以及公司如果没有足够的信心和信赖，那么即使汽车销售员手中的汽车商品质量再好，价格再优惠，顾客购买汽车商品的决心也会产生动摇、变化。因此，汽车销售员要取得顾客的信任，这是成交的必要条件。

3. 顾客对此汽车产品有强烈的购买欲望

当顾客具有一定购买能力时，某一种欲望就有转化成需要的可能或条件。汽车销售就是通过有技巧的说服工作，设法影响顾客将欲望转化在需要上，而该汽车产品正是可以满足这种特定需要的商品。因此，汽车销售员的工作重心应始终放在做好汽车销售说服工作上，这样才能影响和带动顾客的购买欲望和购买能力的产生

4. 有适当的促使顾客做出购买决策的动机出现

作为汽车销售人员，要等待合适的成交时机，但必要时也要想办法制造合适的时机，促使顾客做出购买决策。“事在人为”，只要通过努力，任何事物的发展和变化都是有可能改变的。如与顾客的谈话达到成交的时机，都是汽车销售员可能创造或利用的机会。

5. 最后阶段的洽谈工作销售顾问具有较充分的准备

在洽谈的最后阶段，如何处理顾客提出来的意见，如何使顾客自始至终对汽车销售人员的汽车销售工作及所销售的汽车商品保持浓厚的兴趣，如何引导顾客积极参与汽车销售员的销售工作，这些都应该在汽车销售行动方案中有明确和细致的安排。

学习笔记

报价成交

报价分析

一、汽车价值与价格

正确的营销方式，不是价格调得越低销量越大，也不是钱花得越多越好。而是充分利用价值与价格的关系，以整合的方法来提高消费者对产品的满意度。就是以相对小的投入，为产品或服务增加尽可能多的品牌价值。消费者在购买产品的同时，还能享受到增值的服务和需求的满足。汽车价值与价格的关系，使顾客产生不同的感受：

汽车价格 + 相关服务 = 价值

价格 = 价值 = 顾客考虑

价格＞价值 = 贵

价格＜价值 = 便宜

所以我们进行价值价格商谈的过程，就是通过报价、处理顾客异议，让顾客感觉到价值远远大于价格的过程，价值价格商谈的工作任务就是通过提供汽车相关服务，来提升汽车产品的价值，从而满足客户的需求，促成成交，而不是通过价格的降低实现销售。

二、报价的技巧

1. 报价前做好充分准备

（1）了解顾客的背景：① 顾客的购车经历；② 顾客的决策行为类型。

（2）建立顾客的舒适感。

（3）销售顾问利用专业知识、热情的服务，赢得顾客的信任和好感。

（4）关心顾客的需求，让顾客感觉到，销售顾问是在帮助其购买到最合适的车，而不是销售顾问将车卖给这个客户。

2. 报价技巧

（1）提出比自己心里正在想要价格还要高的价格，但注意拿捏好分寸，给自己一些谈判的空间，给顾客一些还价的空间，避免产生僵局，提升产品或服务的价值感，让顾客感觉到物超所值。

（2）四步报价法，结合大多数汽车销售是在第四次让价后成交的，所以一般情况下把报价分四次进行：通过第一次、第二次、第三次的报价，让价平稳，逐渐减少，明显让顾客意识到价格已经到底了，没有让价空间了。

（3）对半报价法，第一次报价之后，探询顾客的期望价格，在自己的报价和顾客期望的价格找中间值，在应用对半报价法时，第一次报价至关重要，把自己最后想要成交的价格设定为第一次报价和顾客期望价格的中间值，或者是中间值稍高于自己最终想成交的价格，如果客户再次进行还价时，还有一定的空间。例如：顾客期望价格是 160 000 元，最终自己想成交价格是 168 000 元，报价为 176 000 元或高于 176 000 元。

（4）利用吉利数字的报价技巧，汽车销售的最后成交价往往包含 6、8、6 600、8 800，越高档的汽车最终成交价客户越能接受吉祥数。例如：报价是 149 800 元，通过三次优惠后到 146 300，顾客会习惯要求 145 000 元，并且会一直坚持，我们将会在 145 800 元坚守，146 000 元很难守住；通过三次优惠后到 146 800，在 146 000 元应该守得住；通过三次优惠后到 147 800，到 147 000 可能守的住，并且 146 800 还会有支撑。

（5）模糊报价法

“这款车型从 149 800 万到 189 800 万不等，请问您具体是指什么配置呢？我先带您看一下车子，确定一下是哪个配置的车型。”

新车交付

PDI 检查

一、PDI 检测必要性

PDI 检测是一项售前检测证明，是新车在交车前必须通过的检查。因为新车从生产厂到达经销商处经历了上千公里的运输路途和长时间的停放，为了向顾客保证新车的安全性和原厂性能，PDI 检查必不可少。越是高档车辆，其电子自动化程度越高，PDI 项目的检查也就越多。

二、PDI 检查原则

PDI 检车是新车交付前重要的一个环节，它既使销售顾问对所交付的新车状况加以再次的确认，同时又使客户提取新车时多了一份保障，是保证和提升客户满意度的一个环节。

（1）对于所有交付客户之前的销售车辆，进行 100% 检查。

（2）所有 PDI 检查人员必须经培训并取得资格证书方可上岗。

（3）PDI 检查前，车辆必须按照规定的程序进行洗车。

（4）为避免天气和阳光变化而引起检查结果的变化，PDI 在规定的场地进行，或类似的亮度条件下进行，场地要求如下：检验场地应在室内或遮阳棚下进行，室内或棚内灯光强度在车辆腰线处大于 1 100 Lux。

（5）PDI 检查流程：分为“动态检查”和“静态检查”部分。PDI 检查推荐分车内 / 车外两名检验员；如果是一人则应保证覆盖所有检查内容。外观检查应离车 1 米，必须用气压计检查轮胎气压符合规范要求。缺陷判断标准根据《售前车辆缺陷判断标准》判定。将检查结果填写在《售前检查单》上，并将相关信息上报。

（6）PDI 整个检查流程时间视车辆复杂程度控制在 20 分钟左右。

三、PDI 检车流程

PDI

四、新车缺陷判断标准

1. 缺陷分类

包括储运质损和功能性质损。

（1）储运质损：包括运输质损和储存质损。运输质损指整车在储运过程中，造成的整车（含随车附件）的损坏、遗失、污染、附件与车型不符，以及出现非原厂规定部件的质损。储存质损指在储存过程中发生的车身油漆表面斑点、电瓶馈电、内外饰脏污等质损情况。

（2）功能性质损：指由产品本身质量因素造成的功能性失效、配置错误等质损。一般指无外界破坏因素的功能性损伤；零部件的漏装错装；零部件本身的缺陷；无外界破坏因素的部件由内往外凸起；完好保护膜、保护纸下的车身漆缺陷；其他经总厂质量部门确认为功能性质损的缺陷。

2. 缺陷车辆处理

对于储运质损，应在收车检查时查出，并在《整车分拨交接单》上记录，板车司机与经销商双方签字确认。缺陷车辆送修维修站，费用可走运输索赔；对于功能性质损，应在新车到后 7 天内检查，查出的缺陷上报信息系统。缺陷车辆直接送修维修站，费用可走售前索赔。

五、新车交付工作要点

汽车销售顾问是为客户提供顾问式的专业汽车消费咨询和导购服务的汽车销售服务人员，其立足点是以客户的需求和利益为出发点，向客户提供符合客户需求和利益的产品销售服务。

在热情交付即交车阶段，最重要的是有针对性和专业性，是理性交车和感性交车的完美融合。

售后跟踪

客户回访

一、客户回访的目的

客户回访是企业用来进行产品或服务满意度调查、客户消费行为调查、进行客户维系的常用方法，属于客户服务的重要内容，做好客户回访是提升客户满意度的重要方法。

对于汽车销售企业而言，针对到店未购车客户和购车客户的回访，可以得到客户的认同，建立公司与客户之间双向交流的渠道，获取有价值的信息，及时反映市场动态。客户提供的信息是企业在进行回访或满意度调查时的重要目的。客户回访不会只产生成本，充分利用客户回访技巧，特别是利用 CRM 来加强客户回访会得到意想不到的效果。

一般来说，客户对于具有品牌知名度或认可其诚信度的汽车企业的回访往往会比较放心，愿意沟通和提出一些具体的意见。

二、客户关系维系的意义

汽车售后跟踪与客户维系是指销售顾问在成交后，公司派员工继续与顾客交往，并完成与成交相关的一系列工作，以便更好地实现售后服务目标的行为过程。顾客需要有完善的售后服务，售后服务可以创造更大的价值，因此成交后跟踪及维系仍是一项重要的工作。

1. 它体现了以满足客户需求为中心的现代推销观念

售后跟踪及客户关系维系使客户在购买商品后还能继续得到客服人员在车辆使用、保养、维修等方面的服务，以及购买后如果在质量、价格等方面出现问题能得到妥善的解决。这两个方面使客户需求得到真正意义上的满足，使客户在交易中获得真实的利益。所以说，售后跟踪及客户关系维系是在现代推销观念指导下的一种行为。

2. 售后跟踪及客户关系维系有利于提高企业的竞争力

随着科学技术的进步，同类产品在其品质和性能上的差异越来越小。企业间竞争的重点开始转移到为消费者提供各种形式的售后服务。售后服务是否完善，已成为消费者选择商品时要考虑的一个重要方面。而各种形式的售后服务，也是在售后跟踪过程中完成的。

3. 售后跟踪及客户关系维系有利于获取重要的市场信息

通过售后跟踪及客户关系维系，推销人员可以获取客户对产品数量、质量、花色品种、价格等方面要求的信息。因此，售后跟踪过程，实际上就是获取客户信息反馈的过程，便于企业开发新的产品。

4. 售后跟踪及客户关系维系有利于和客户建立良好的合作关系

以往车子卖给客户以后就万事大吉了，后来大家慢慢意识到客户关系维系非常重要。因为开发一个客户很难，但客户介绍新客户就容易得多。售后跟踪及客户关系维系工作可以加强推销人员和客户之间的联系。通过为客户提供服务，了解客户的习惯、爱好和职业，从而有利于和客户建立比较紧密的个人情感联络，有利于客户重复购买或者推荐其朋友购买汽车。

三、客户关系维系的方法

由于顾客需要的多样性，售后跟踪及客户维系所包含的内容是非常丰富的，主要的方法手段也很多。销售及客服人员应积极主动地、经常地深入顾客之中，加强彼此之间的联系。联系的方法多种多样，主要有信函（电子邮件、短信、微信、QQ）、电话、走访、联谊活动、售后服务、上门维修等形式。

参考文献

[1] 刘秀荣，吴风波 . 汽车顾问式销售 [M]. 北京：机械工业出版社，2019.
[2] 戴华，赵江，苏忆 . 汽车销售顾问实务 [M]. 北京：清华大学出版社，2016.
[3] 王丽霞，韩艳君 .4S 店主营业务与汽车营销 [M]. 北京：人民邮电出版社，2015.

学习笔记

学习笔记